Touren für Entdecker

# Wandern in München

## 40 Touren durch Parks, am Wasser und zu kulturellen Highlights

J. BERG

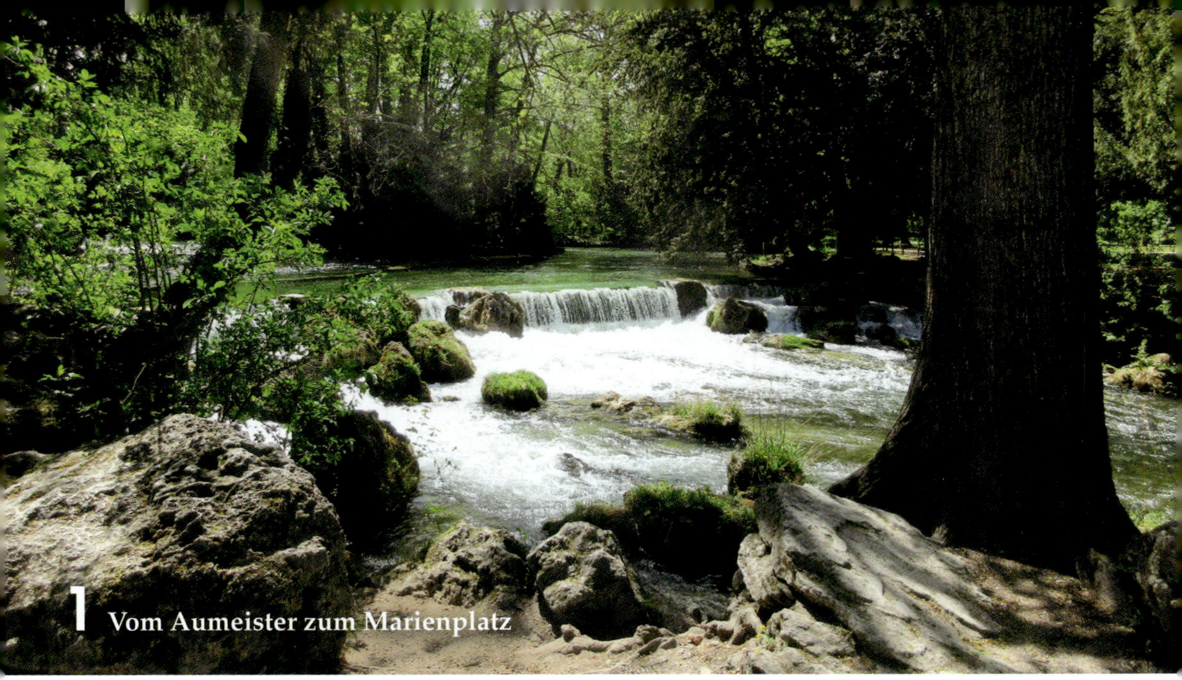
1 Vom Aumeister zum Marienplatz

# Inhalt

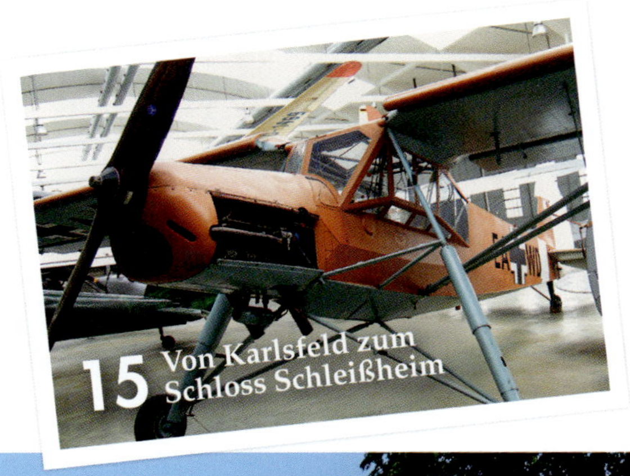
15 Von Karlsfeld zum Schloss Schleißheim

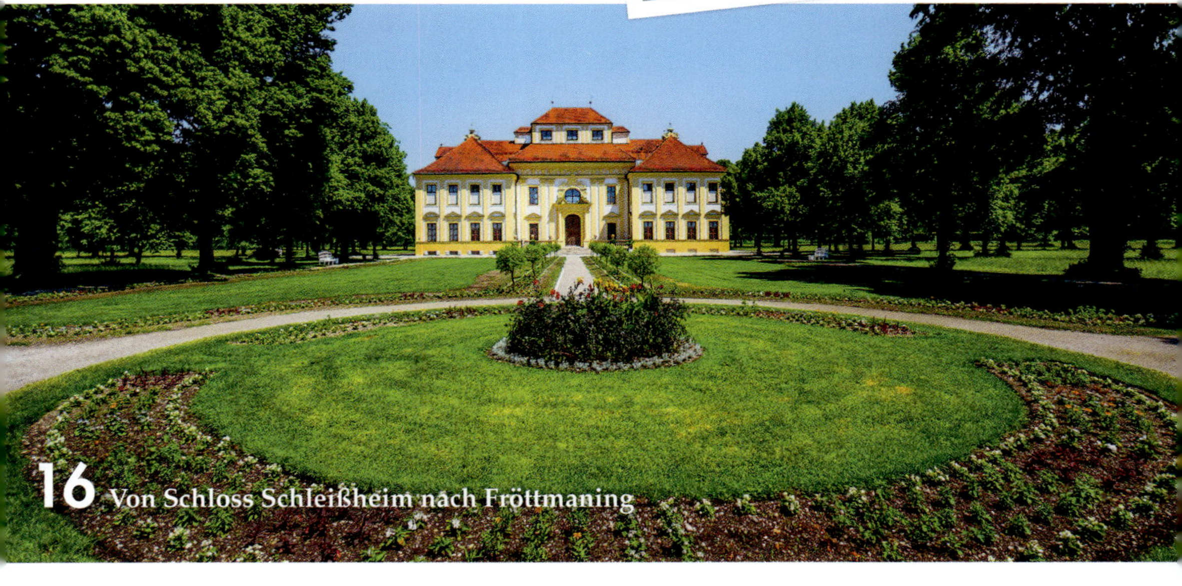
16 Von Schloss Schleißheim nach Fröttmaning

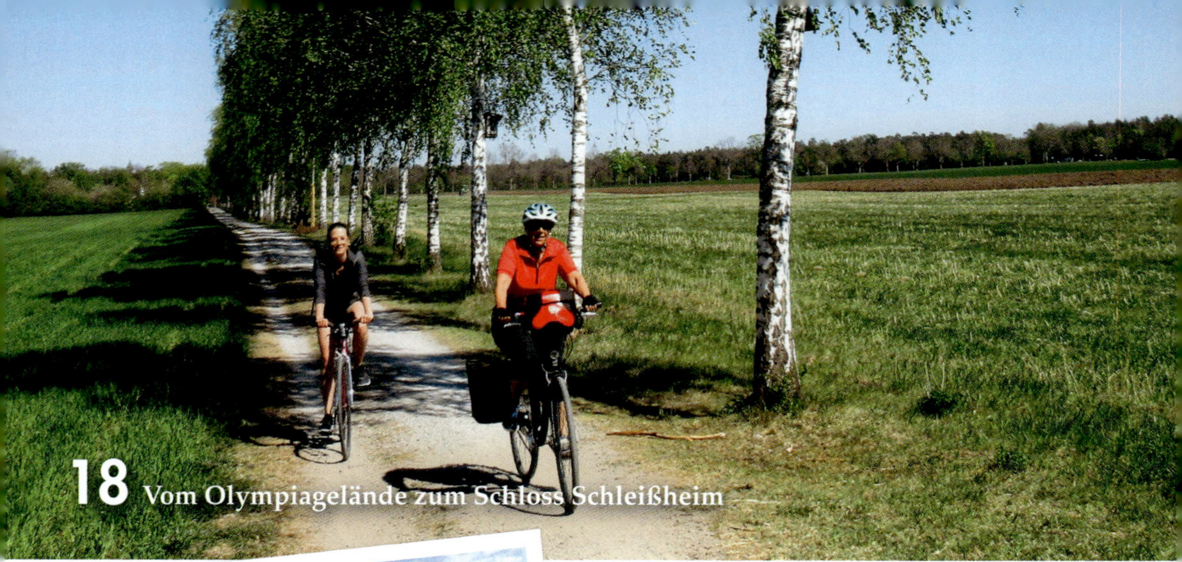
18 Vom Olympiagelände zum Schloss Schleißheim

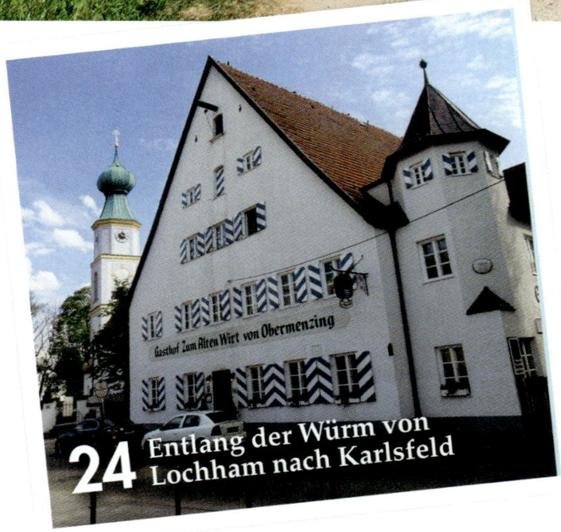
Gasthof Zum Alten Wirt von Obermenzing
24 Entlang der Würm von Lochham nach Karlsfeld

# Tourenüberblick

| | Tour | | | | | | | | | |
|---|---|---|---|---|---|---|---|---|---|---|
| 1 | Vom Aumeister zum Marienplatz | 9 km | – | 2.30 Std. | • | • | • | • | | |
| 2 | Durch den Englischen Garten | 15 km | – | 4 Std. | • | • | • | • | | |
| 3 | Im Nymphenburger Schlosspark | 13 km | – | 3 Std. | • | • | • | • | • | |
| 4 | Von Pasing zum Olympiapark | 12 km | 50 Hm/50 Hm | 3 Std. | • | • | • | • | • | |
| 5 | Vom Luitpoldpark zum Aumeister | 8,5 km | 50 Hm/50 Hm | 2.15 Std. | • | • | • | • | | |
| 6 | Über die Theresienwiese zum Westpark | 5,5 km | 30 Hm/15 Hm | 1.30 Std. | • | • | • | • | • | |
| 7 | Luitpoldpark und Olympiapark | 6,5 km | 75 Hm/75 Hm | 2 Std. | • | • | • | • | • | |
| 8 | Isar 1: Von Großhesselohe nach Fröttmaning | 20 km | – | 5 Std. | • | • | • | • | | • |
| 9 | Isar 2: Die Hochleite | 16 km | 40 Hm/55 Hm | 4 Std. | • | • | • | • | | |
| 10 | Von Pasing zum Westfriedhof | 10,5 km | – | 3 Std. | • | • | • | • | • | |
| 11 | Von Harlaching zum Harras | 6,5 km | 55 Hm/65 Hm | 2 Std. | • | • | | • | | |
| 12 | Vom Luitpoldpark zum Harthof | 6,5 km | 35 Hm/35 Hm | 2 Std. | | • | | • | • | |
| 13 | Die Seenplatte im Münchner Norden | 16,3 km | – | 4.30 Std. | • | • | • | • | • | • |
| 14 | Von Fröttmaning nach Feldmoching | 13 km | – | 3.30 Std. | | • | • | • | • | |
| 15 | Von Karlsfeld zum Schloss Schleißheim | 11,5 km | – | 3 Std. | • | • | • | • | | |
| 16 | Von Schloss Schleißheim nach Fröttmaning | 18 km | – | 4.30 Std. | • | • | • | • | | |
| 17 | Durch das Schwarzhölzl | 14,5 km | – | 4 Std. | • | • | | • | • | • |
| 18 | Vom Olympiagelände zum Schloss Schleißheim | 13,5 km | – | 3.30 Std. | | • | | • | | |
| 19 | Von der Panzerwiese nach Oberschleißheim | 12 km | – | 3 Std. | • | • | • | • | • | |
| 20 | Von Nymphenburg nach Karlsfeld | 9 km | – | 3.30 Std. | • | • | • | • | | |

| Tour | | km | | | | | | | | |
|---|---|---|---|---|---|---|---|---|---|---|
| 21 | Von Harthaus nach Lochhausen | 9 km | 80 Hm/80 Hm | 2.30 Std. | ● | ● | ● | ● | ● | |
| 22 | Von Langwied nach Karlsfeld | 8 km | – | 2 Std. | | ● | | ● | ● | |
| 23 | Von Lochhausen nach Karlsfeld | 11,5 km | – | 3 Std. | ● | ● | ● | ● | ● | ● |
| 24 | Entlang der Würm von Lochham nach Karlsfeld | 12 km | – | 3.30 Std. | ● | ● | ● | ● | | |
| 25 | Von Pasing zum Klinikum Großhadern | 8 km | – | 2 Std. | | ● | ● | ● | | |
| 26 | Durch den Lochhamer Schlag nach Großhadern | 6,5 km | – | 1.45 Std. | | ● | ● | ● | | |
| 27 | Vom Südpark nach Großhadern | 7 km | – | 2 Std. | ● | ● | ● | ● | | |
| 28 | Von Freiham nach Maria Eich | 10 km | – | 2.30 Std. | | ● | ● | ● | | |
| 29 | Am Rand des Forstenrieder Parks | 9 km | – | 2.30 Std. | ● | ● | | ● | | |
| 30 | Durch den Forstenrieder Park nach Baierbrunn | 14 km | 200 Hm/200 Hm | 3.30 Std. | ● | ● | ● | ● | | |
| 31 | Die Grünwalder Runde | 10 km | 130 Hm/130 Hm | 2.30 Std. | ● | ● | ● | ● | | |
| 32 | Am Hachinger Bach | 17 km | – | 4.30 Std. | ● | ● | | ● | ● | ● |
| 33 | Durch den Perlacher Forst zur Kugler Alm | 13 km | – | 3.30 Std. | ● | ● | ● | ● | | |
| 34 | Vom Riemer Park nach Waldperlach | 10,5 km | 25 Hm/25 Hm | 2.45 Std. | ● | ● | ● | ● | | |
| 35 | Von der Josephsburg nach Waldperlach | 9 km | – | 2.15 Std. | | ● | ● | ● | | |
| 36 | Von Bogenhausen nach Johanneskirchen | 7 km | – | 2 Std. | | ● | ● | ● | | |
| 37 | Die Feldkirchner Tangente | 8,5 km | – | 2.15 Std. | | ● | | ● | | |
| 38 | Von Johanneskirchen nach Ismaning | 11 km | – | 3 Std. | ● | ● | | ● | ● | ● |
| 39 | Am Hüllgraben entlang | 8,2 km | – | 2 Std. | | ● | | ● | ● | |
| 40 | Vom Marienplatz nach Großhesselslohe | 11,5 km | 120 Hm/90 Hm | 3 Std. | ● | ● | ● | ● | | |

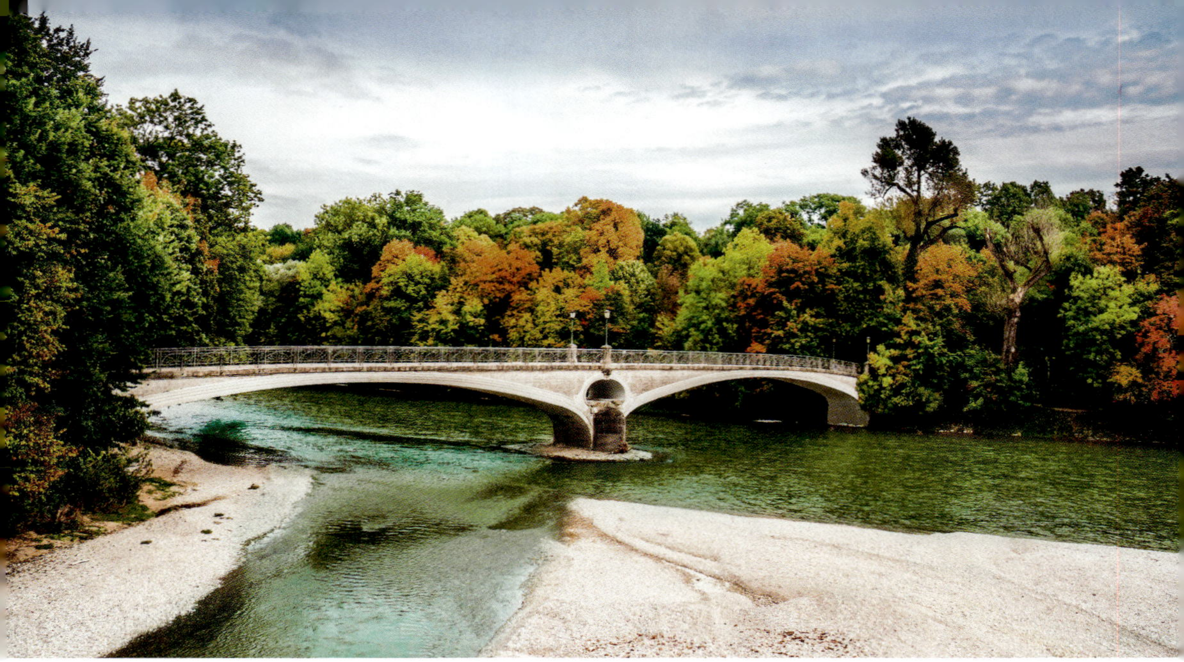

Der Kabelsteg über die Kleine Isar

# Statt eines Vorworts – warum dieses Buch?

Eigentlich braucht es dieses Buch nicht, jeder kann in München wandern, dazu benötigt man nur einen Stadtplan und die Fähigkeit, diesen auch lesen zu können. Aber München ist groß, und wer kennt schon jedes Eck dieser Millionenstadt? Was dem Moosacher vertraut, ist dem Perlacher völlig unbekannt. Warum aber soll man immer nur dieselben Spaziergänge machen? Deshalb ist dieses Buch vielleicht doch recht nützlich. Es soll Anregungen zum Selbstentdecken geben, ohne »Geheimtipps« anzupreisen, denn das ist dort, wo über zwei Millionen Menschen auf engstem Raum zusammenleben, wohl nur schlecht möglich.

## Kleine Wege ganz groß

Die Kunst, in München zu wandern, besteht in erster Linie darin, zwischen den vielen Grünflächen, Feldern, Parks und Gehölzen möglichst Wege zu finden, die nicht – oder wenigstens nur kurz – durch Häuserschluchten führen. Bei manchen Touren werden Hardliner sich an dem Begriff Wanderungen stören. Doch der Weg ist das Ziel, und auch die längste Weitwanderung führt nicht immer nur durch unberührte Natur. Hier muss man die Stadt München loben, versucht sie doch möglichst viele Grün-

züge gemeinsam mit den Bürgern zu erhalten und neue zu verwirklichen, um den Münchnern eine besondere Lebensqualität zu sichern.
Ziel war es, Wanderungen zu finden, die im Stadtgebiet München liegen. Solch klassische Touren folgen dem Verlauf der Isar und der Würm oder auch dem Nymphenburger Kanal. Zum Ausprobieren seien die großen Parks empfohlen, wie Englischer Garten oder Westpark. Man schaue sich nur einmal den Streckenverlauf des Silvesterlaufs im Olympiapark an, zehn Kilometer kommen da schnell zusammen. Wem also eine Strecke zu kurz ist, der findet sicher noch einen Schlenker. Mit diesen Vorgaben wäre es aber ein sehr dünnes Bücherl geworden. Also mussten Touren erkundet werden, die durch Grünzüge führen oder die am Stadtrand beginnen und bei der nächsten S-Bahnstation außerhalb Münchens enden.
Und warum mitten in der Stadt? Dafür gibt es eine Menge Gründe: Das Wetter ist für eine längere Tour zu schlecht, es ist Ferienzeit oder Wochenende und alle Straßen sind verstopft, man hat keinen ganzen Tag Zeit, man ist zu spät aufgestanden, man hat am Abend noch etwas vor oder weil's jemanden einfach »g'freit«, in der Stadt, in der er wohnt, zu wandern.
Manche träumen vom großen Abenteuer Jakobsweg. Insider wissen, dass man vor allem in Spanien weite Strecken neben Autostraßen entlangpilgert, und auch einige große Städte wie Burgos und Leon liegen am Weg. Da muss man einfach stur der Muschel-Markierung nachlaufen, oft eben auch mitten durch wenig attraktive Neubauviertel. Fazit: Dieses Buch kann also durchaus als Einstimmung für einen der ganz großen Wanderwege dienen.

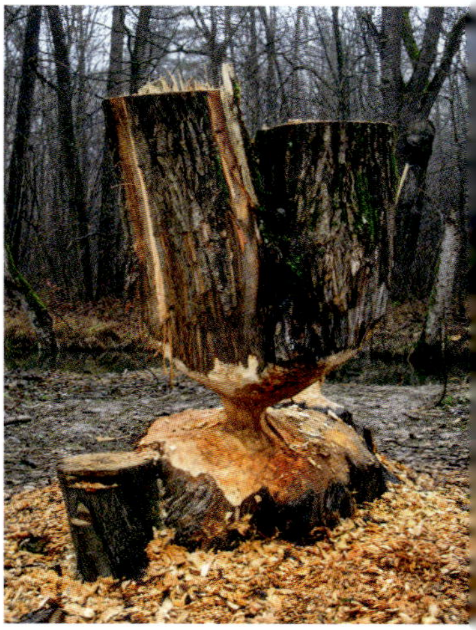

Landschaftskunst: ein Biber als Holzbildhauer

## Stichwort Umweltbewusstsein

Die meisten dieser Touren haben den Vorteil, dass man sie das ganze Jahr über unternehmen kann, auch bei Regen, Schnee, Hitze ... Sie sind beliebig verlänger- oder abkürzbar und zu jeder Tag- und Nachtzeit möglich. Bei anderen Wanderführern wird eine (zu) kurze Unternehmung oft mit dem Zusatz »Für Langschläfer« angepriesen – man muss also nicht unbedingt viele Kilometer fahren, um schnell mal auf ein Gipferl zu steigen oder fünf Kilometer spazieren zu gehen. Das geht innerhalb Münchens auch billiger und umweltbewusster: Stichwort

$CO_2$-Einsparung. Für alle Touren steht der MVV bereit, ob Bus, Tram, U- oder S-Bahn. Und jeder hat heutzutage ein Handy und kann mit der MVV-App herausfinden, wo sich die nächste Bus- oder Tramhaltestelle, der nächste U-, bzw. S-Bahnhof befindet, also wie und wann er wieder nach Hause kommt.

**Informationen**

www.mvv-muenchen.de
www.schloesser.bayern.de
www.muenchen.de/sehenswuerdigkeiten

Ein weiterer Vorteil liegt darin, dass man nur wenig, oft gar kein Gepäck schleppen muss, vielleicht nur eine Regenjacke. In München gibt es jede Menge Gaststätten, Cafés, Kioske, Stehcafés und nicht zu vergessen: Biergärten, in denen man seinen Hunger und Durst stillen kann. Darum wurde auch jeweils in den Infokästen bei der »Einkehr« nur eine Auswahl aufgenommen, denn hat in München mal ein Wirtshaus gerade geschlossen, geht man einfach zum nächsten weiter oder kauft sich in einem Stehcafé einen Cappuccino und ein Nusshörndl.

## Abenteuerliches und Erfrischendes

Wenn man mit Kindern wandert, sollte man immer ein Ziel haben. Für den Nachwuchs ist die Wanderung selbst meist nicht so großartig, das Ziel hingegen schon. Und hier bieten sich innerhalb der Stadtgrenzen natürlich jede Menge Spielplätze an. Für größere Kinder gibt es weitere interessante Ziele, z. B. ein Schloss, ein Denkmal oder auch einen Trimm-Dich-Pfad. Und im Sommer kann am Ende der Wanderung einer der Münchner Seen locken – auch für Erwachsene kein schlechter Abschluss einer Tour. Und wenn man die Wanderung dann nicht zu Ende gebracht hat, macht das auch nichts, denn man kann sie sich bei schlechterem Wetter oder in der kalten Jahreszeit wieder vornehmen. Toilettenproblem? In München gibt es jede Menge öffentlicher Toiletten, z. B. an U-Bahnhöfen, Friedhöfen, aber auch in Gaststätten.

## Auf was man achten sollte

Natürlich birgt auch ein Wanderweg in der Großstadt Gefahren, sie sind aber bei Weitem nicht so groß wie bei einer Tour im Gebirge. Trotzdem muss man manchmal aufpassen. Die größte Gefahr ist wohl der Verkehr, und zwar nicht nur der Autoverkehr.

Im Wandergebiet sind oft auch Kampfradler unterwegs, und man ist gut beraten, ihnen Platz zu machen. Gefährliche Tiere dürfte es auch nicht geben, denn die Münchner Zamperl sind meist wohlerzogen. Nachts im unbeleuchteten Park, auch das kann ins Auge gehen. München ist eine Millionenstadt, eine sehr sichere zwar, aber vielleicht wissen das nicht alle Junkies oder Kleinkriminellen.

## Wandern bei jedem Wetter

Bei Gewittern sollte man die üblichen Vorsichtsmaßnahmen treffen. Die beste wäre, gar nicht erst in einem blitzschlaggefährdeten Gelände unterwegs sein. Im Winter oder nach starken Regenfällen können Wege glatt sein – entsprechendes Schuhwerk oder Eissporne sind dann eine feine Sache. Bei starkem Wind besteht die Gefahr, dass in Parks und Wäldern Äste abbrechen. Und nach Stürmen ist es gut möglich, dass umgestürzte Bäume den Weg versperren. Besonders in den Leitenwäldern des oberen Isartals besteht die Gefahr, dass nach Unwettern Hangwege abgerutscht sind und dann gesperrt werden. Man sollte sich an die

Der MVV – unverzichtbar bei Wanderungen in und um München

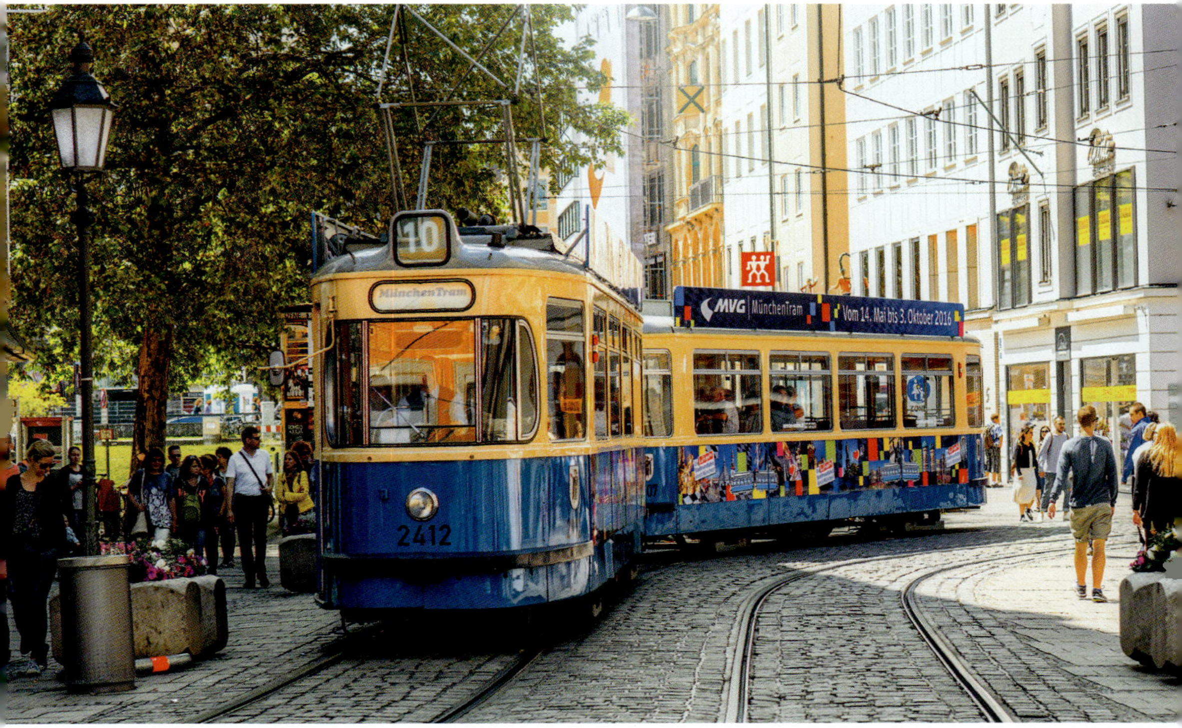

Sperrungen halten und die mittlere Etage des Isartals an diesen Tagen nicht begehen. Ist man zu spät dran, dann ist es sehr hilfreich, eine Taschen- oder Stirnlampe dabeizuhaben.
Eine letzte Gefahr ist typisch für Großstädte: Die riesigen Friedhöfe und der Nymphenburger Schlosspark werden nachts abgesperrt. Allerdings gibt es Notausgänge – aber, wie Sie richtig vermuten, immer auf der falschen Seite.

## Karten und Stadtpläne

Jede Tour ist nur ein Vorschlag, jeder Ausgangspunkt kann beim nächsten Mal der Endpunkt sein, und es ist nicht verboten, sich seine eigenen Touren auszudenken (s. Tour 40). Neben den Kärtchen im Buch ist ein Stadtplan hilfreich, und für die Wanderungen über die Münchner Stadtgrenzen hinaus wird man sich eine Wanderkarte besorgen müssen. In Frage kommen die amtlichen Topografischen Karten:

Kanadagans am Feldmochinger See

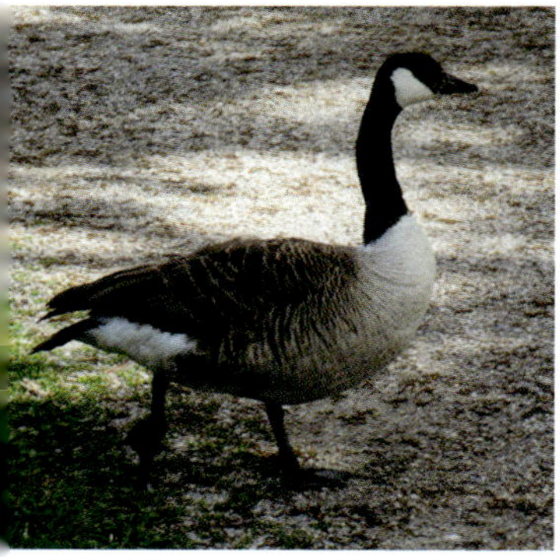

- O10 Starnberg
- O11 München-Süd
- N10 Fürstenfeldbruck
- N11 München-Nord
- N12 Garching b. München (alle 1:25 000)
- UK50-40 München Nord und West
- UK50-41 Ammersee, Starnberger See mit München Süd
- UK50-42 München Ost Maßstab (alle 1:50 000)
- sowie das Kompass-Karten-Set 184, München und Umgebung (1:50 000).

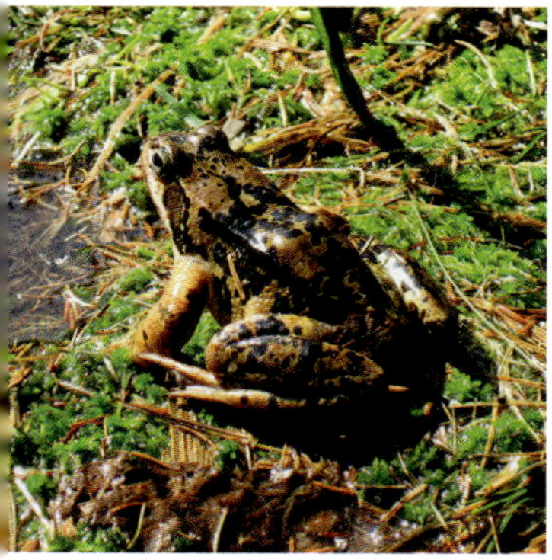

Grasfrosch am Laichgewässer

Man kann aber auch im Internet Karten finden und (legal) ausdrucken, z. B.:

- Bayernviewer: https://geoportal.bayern.de/bayernatlas
- Kompasskarten: www.kompass.de/touren-und-regionen/wanderkarte
- Openstreetmap: www.openstreetmap.de

Auch die kostenlose Rad-App Bike Citizens bietet sich mit auf das Fahrradfahren konzipierten Karten und Höhenprofilen usw. an. Dank einer Kooperation zwischen Bike Citizens und dem Landkreis München gibt es die Region München – Stadt und Land bis Ende April 2021 sogar gratis zum Downloaden. Wer die App einmal auf dem Smartphone hat, kann sie danach unbegrenzt weiter nutzen. Man kann sie über die Homepage des Landkreises downloaden.

## Strecken und Zeiten

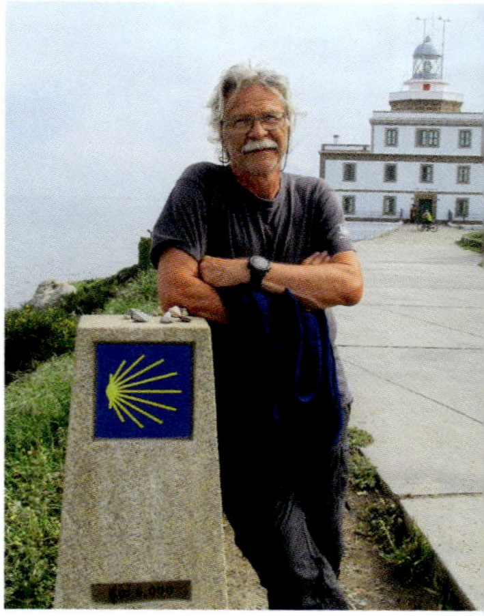

Finisterre: der letzte Pilgerstein des Jakobswegs

Da man oft die öffentlichen Verkehrsmittel benutzen kann (und wird), sind die meisten Touren als Streckenwanderungen beschrieben, d.h., Ausgangs- und Endpunkt sind verschieden. Viele Wanderungen kann und wird man natürlich auch als Radler oder Jogger absolvieren. Hier bieten sich vor allem Touren an, bei denen am Ende eines der zahlreichen Münchner Bäder angestrebt wird, z.B. das Müllersche Volksbad. Und mit dem Radl muss man halt ab und zu auf einen Stadtplan oder die App Bike Citizens schauen, weil nicht jeder Wanderweg geeignet oder das Radfahren ganz einfach verboten ist (z.B. im Nymphenburger Schlosspark). In einer Großstadt wie München, in der ständig neu gebaut oder etwas Altes weggerissen wird, findet man sich am besten mithilfe eines Stadtplans und/oder den Kärtchen in diesem Buch zurecht – nicht alle wollen auch stur nur der Beschreibung hinterherlaufen. In München kann man sich auch nicht so schnell verlaufen, und wenn doch, ist das nicht weiter schlimm – vielleicht findet man ein Fleckerl, das einem gefällt und das man noch nicht kannte.
Übrigens: In der Stunde legt man als Fußgänger etwa vier bis fünf Kilometer zurück – bei einer zwölf Kilometer langen Wanderung braucht man dann etwa zweieinhalb bis drei Stunden, und wenn die Gegend schön ist, können leicht auch vier daraus werden.

## Markierungen

Markierte Wege in München? Ja, die gibt es, doch meist nicht für den Wanderer. Beschildert ist z.B. der RadlRing München, der anlässlich der Bundesgartenschau München 2005 vom Planungsverband Äußerer Wirtschaftsraum München projektiert wurde. Auch das Baureferat der Stadt München hat mehrere Routen vom Marienplatz zum Stadtrand konzipiert sowie den Inneren und den Äußeren Radlring. Alle diese Wege sind aber für Radfahrer gedacht, kleine Pfade – für Wanderer interessant – tauchen deshalb nicht auf. Der Isartalverein hat seine Wanderwege mit Wegweisern ausgestattet. Und auch im Münchner Süden sind einige markierte Wege zu finden, z. B. der Wallfahrerweg nach Maria Eich. Und nicht zu vergessen: der Münchner Jakobsweg, der vom Angerkloster ins obere Isartal führt und mit der bekannten gelben Muschel auf blauem Grund gekennzeichnet ist.

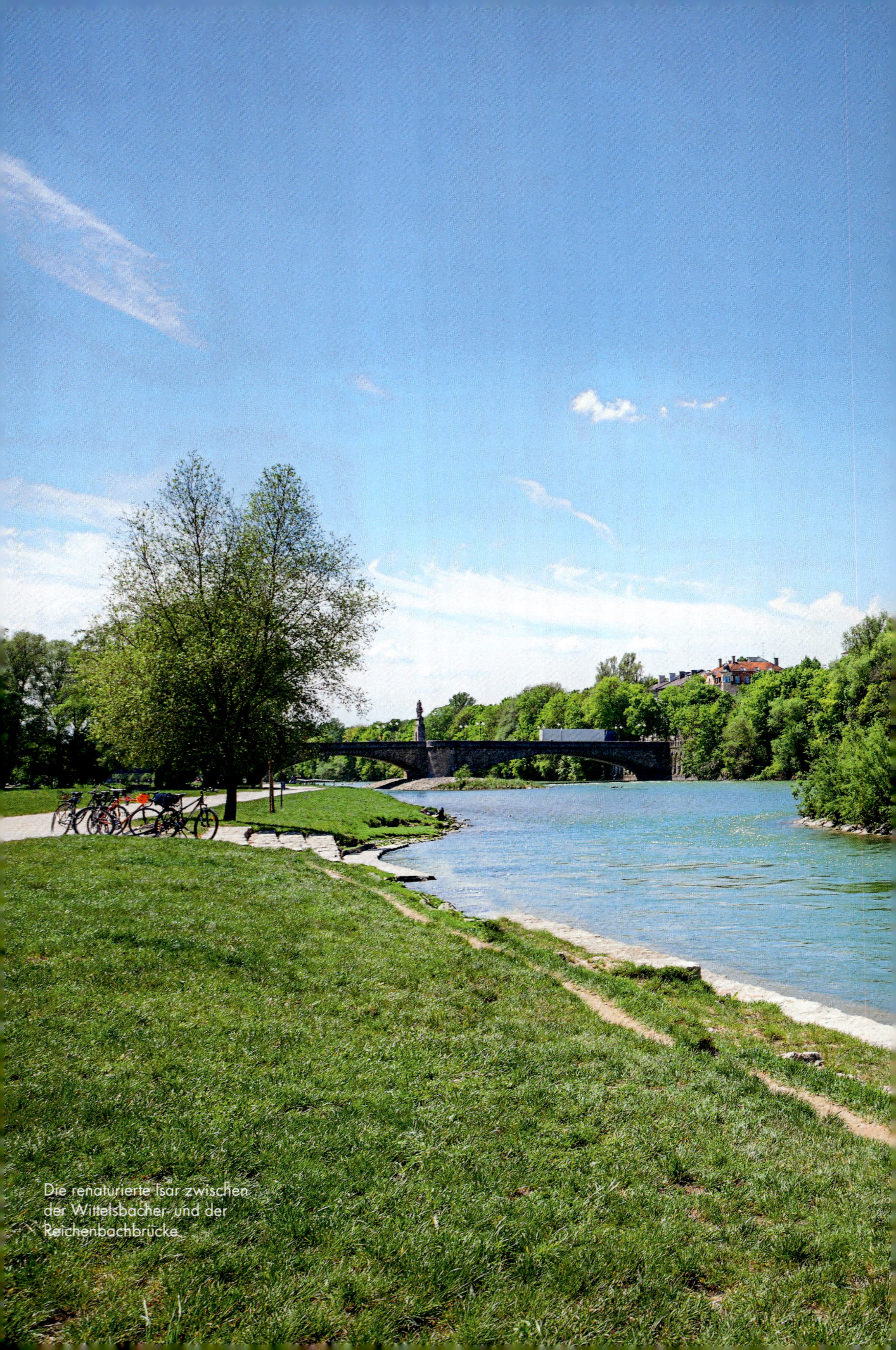

Die renaturierte Isar zwischen der Wittelsbacher- und der Reichenbachbrücke

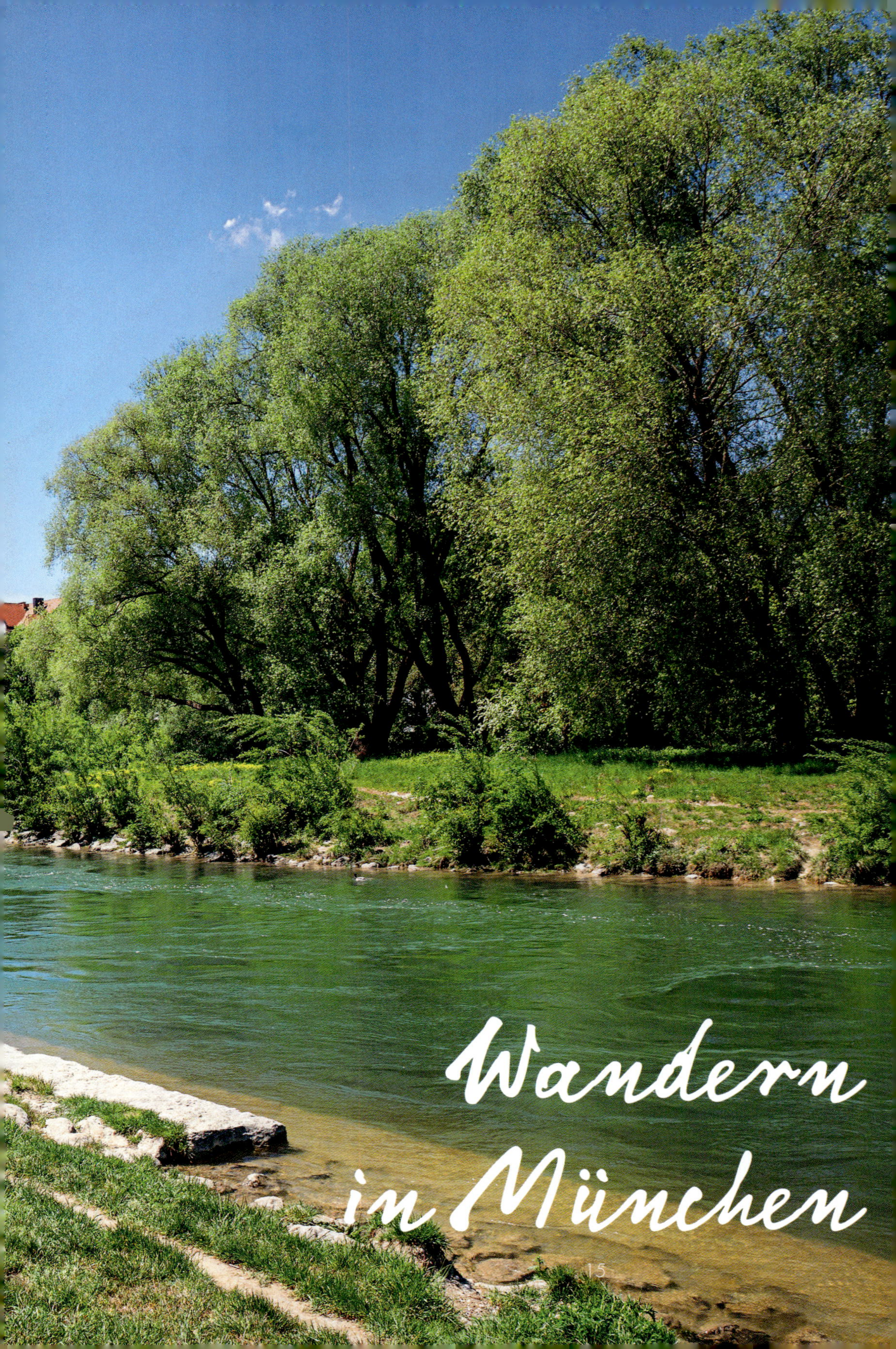

# Wandern in München

# 1 Vom Aumeister zum Marienplatz

## Durch den schönsten Park der Welt

Leicht | 9 km | Keine Hm | 2.30 Std.

**Tourencharakter**
Überwiegend Kiespfade

**Ausgangspunkt**
U-Bahnhof Studentenstadt (U6). GPS: 48.18364, 11.60827

**Endpunkt**
Marienplatz (zentraler S- und U-Bahnhof)

**MVV**
Man kann die Tour an vielen U-Bahnhaltestellen unterbrechen – die U6 verläuft parallel zur Wanderung.

**Einkehr**
U. a. Aumeister, Kleinstes Hofbräuhaus, Hirschau, Seegarten, Kiosk Seeeinlauf, Chinesischer Turm, Milchhäusl-Kiosk, Kiosk »Fräulein Grüneis« (an der Eisbachwelle)

**Diese Tour ist ein Klassiker innerhalb der Stadtgrenze und wurde daher ganz bewusst als erste ausgewählt. Nachdem man durch einen der schönsten und berühmtesten Parks der Welt gewandert ist, endet die Wanderung im Herzen Münchens, am Marienplatz. Auf dem Weg durch den Englischen Garten sind viele Varianten möglich; ein Blick auf den Park-Plan lässt uns immer wieder den richtigen Weg finden. Oder wir suchen uns hier selbst einen Weg.**

### Aumeister und Schwammerlweiher

Wir verlassen den **U-Bahnhof Studentenstadt** am Ausgang C und nehmen geradeaus die Grasmeierstraße. Nach etwa einem halben Kilometer erreichen wir den **Englischen Garten** und biegen kurz vor der Brücke über den Schwabinger Bach links ab. Wir folgen dem Bach, überqueren die nächste Brücke und kommen zum **Aumeister**.

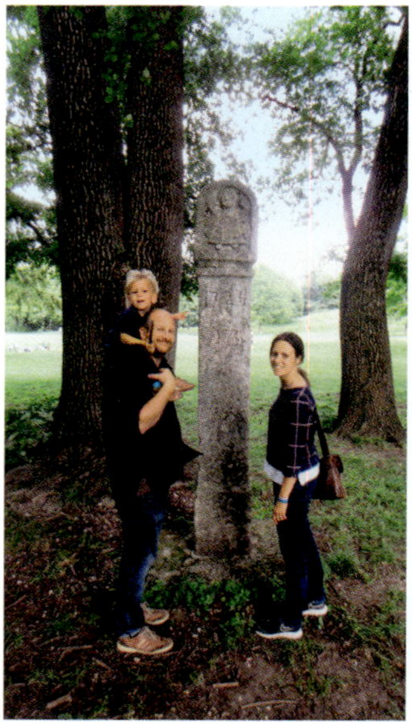

Hier war München zu Ende: die Burgfriedenssäule 13 von 1724.

Rechte Seite: Sommertag am Eisbach: Die Münchner lieben ihre Parks, besonders den Englischen Garten.

Alsdann überqueren wir diese Brücke über den Schwabinger Bach, nehmen den linken geteerten Abzweig und biegen gleich darauf rechts in den Kiesweg ein. Nach einem knappen Kilometer queren wir wieder die Teerstraße und folgen weiter dem Kiesweg bis zum **Schwammerlweiher**. Links oder rechts um diesen herum wandern wir auf der Ostseite des Oberstjägermeisterbachs weiter, bis wir beim **Biergarten Hirschau** kurz vor dem Isarring (Mittlerer Ring) auf die andere Bachseite wechseln und über eine Fußgängerbrücke den Südteil des Englischen Gartens erreichen.

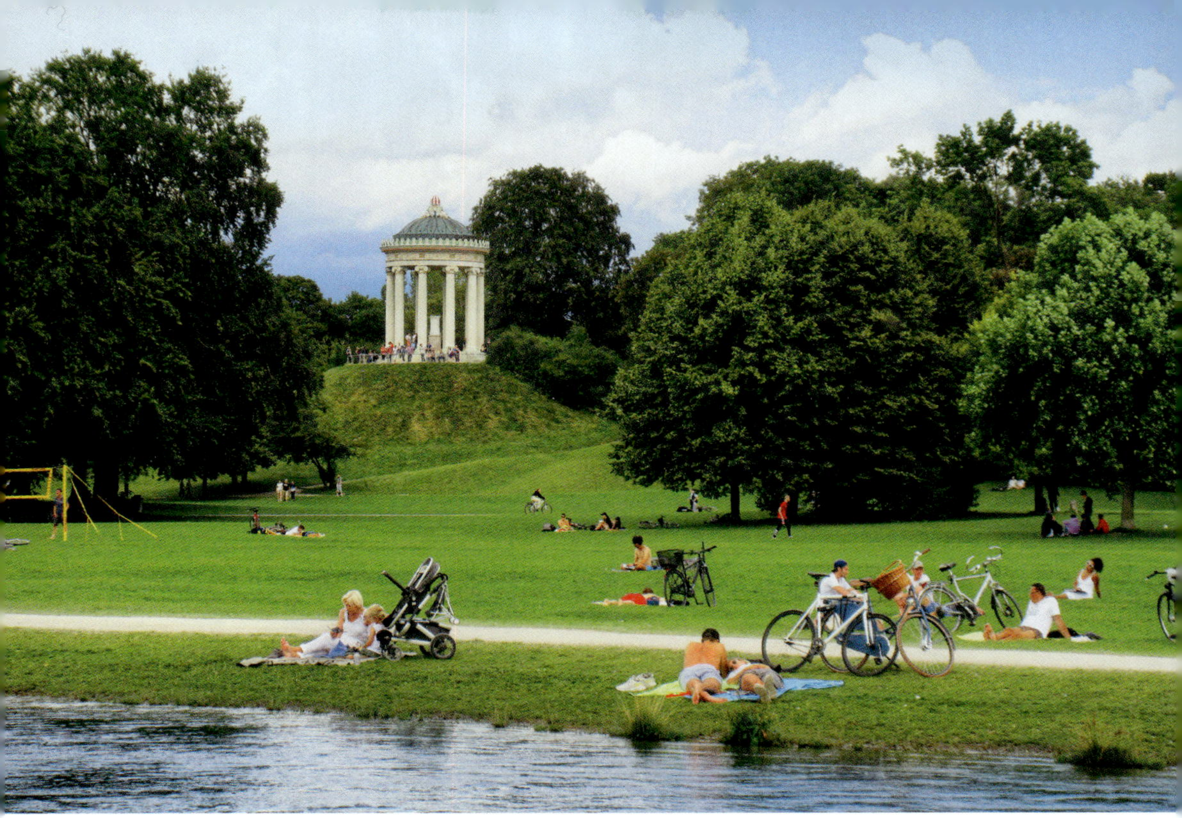

## Wissenswertes

Sagen Sie nie zu einem Münchner »Chinaturm« – er kennt oder will nur den **Chinesischen Turm** kennen. Es gibt ihn schon seit 1790. Er brannte auch öfter mal ab, die rund 25 m hohe Holzkonstruktion wurde jedoch stets neu aufgebaut, zuletzt 1952 nach dem Zweiten Weltkrieg. Mit 7000 Plätzen ist der Biergarten am Turm nach dem im Hirschgarten der zweitgrößte in München. Die Münchner Biergartentradition erlaubt, dass dort die selbst mitgebrachte Brotzeit verzehrt werden darf; nur die Getränke – eiserne Regel! – müssen an der Schenke gekauft werden. Einmal im Jahr strömen noch vor Tagesanbruch Hunderte TänzerInnen in bayerischer Tracht oder Kostümen aus der Zeit um 1900 zum Kocherlball. Benannt wurde dieser nach einem Brauch der Münchner Dienstboten (unter einem »Kocherl« verstand man damals eine Köchin), die sich vor dem Ersten Weltkrieg an schönen Sommersonntagen vor Beginn der Arbeit – also vor 7 Uhr morgens – hier zum Tanzen trafen. Inzwischen ist dieses »Event« leider zu einem touristisch genutzten Rummel verkommen. In der Adventszeit findet man hier am Turm einen der großen Münchner Christkindlmärkte.

Ein **Monopteros** ist ein Rundtempel im griechischen Stil. In München gibt es sowohl im Englischen Garten als auch im Nymphenburger Schlosspark ein solches Tempelchen. Beide wurden von Leo von Klenze im Auftrag König Ludwigs I. errichtet. Im Winter kann am Monopteros bei entsprechender Schneelage natürlich gerodelt werden, wenn auch die Hänge nicht sonderlich lang sind.

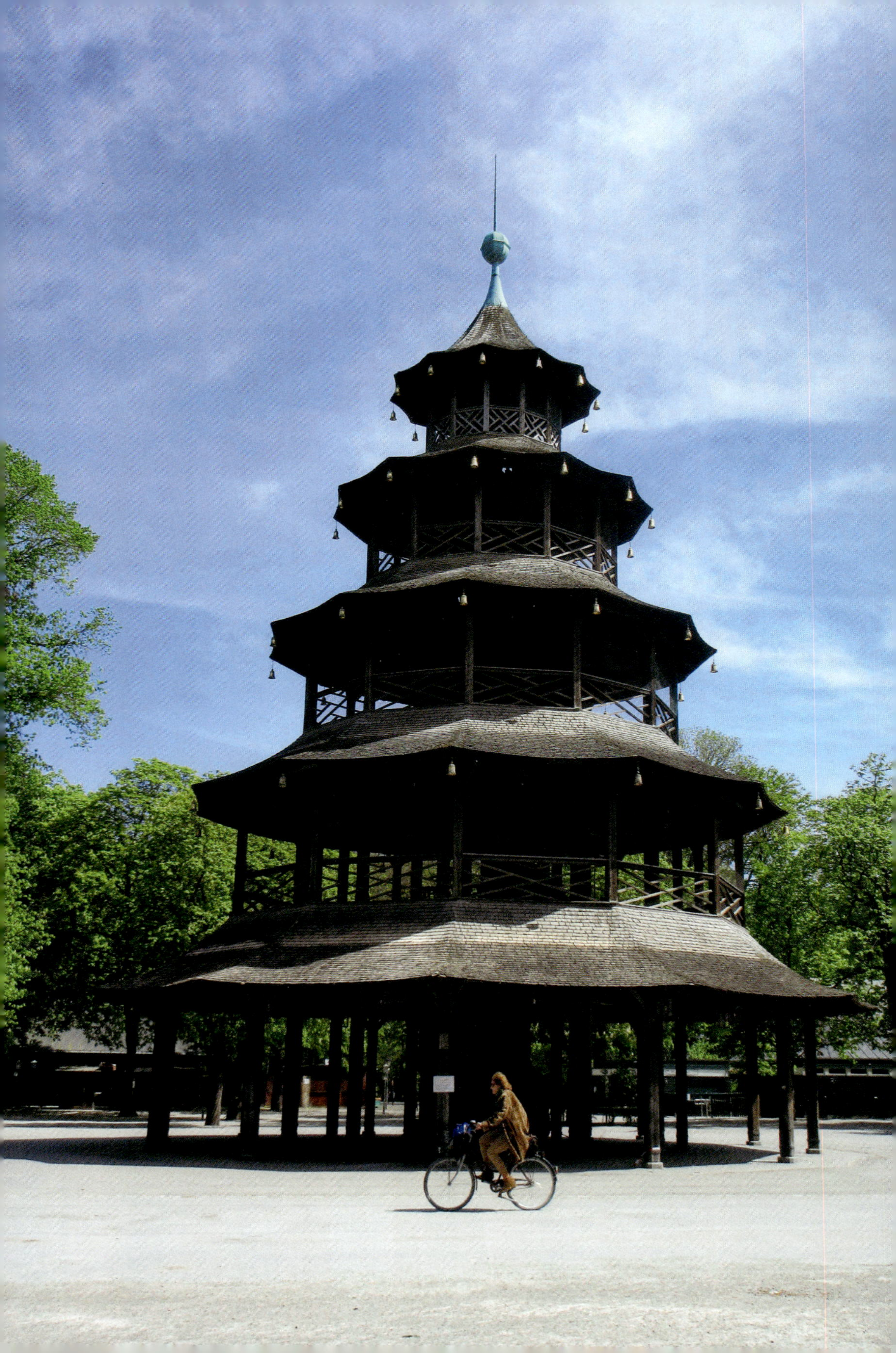

Chinesischer Turm und Monopteros Wir gehen nun entweder links oder rechts um den **Kleinhesseloher See** herum – beide Wege treffen am Kiosk Seeeinlauf wieder zusammen. Dort folgen wir weiter dem Oberstjägermeisterbach, bis wir nach etwa einem halben Kilometer eine geteerte Autostraße überqueren – Vorsicht vor dem Verkehr (MVV-Busse). Kurz darauf erreichen wir den **Chinesischen Turm**, wo sich im Sommer eine gute Gelegenheit für einen Biergartenbesuch bietet.

Wir folgen weiter dem breiten Kiesweg, bis wir kurz darauf nach der Brücke über den Entenbach auf den Hügel des **Monopteros** treffen. Natürlich müssen wir ihn besteigen, um den Blick über den südlichen Englischen Garten und auf die Skyline der Münchner Innenstadt genießen zu können.

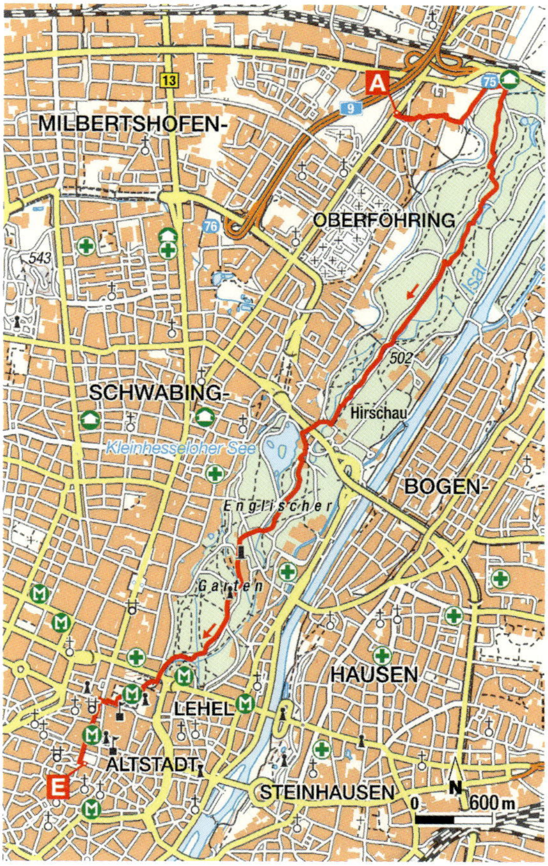


Japanisches Teehaus und Hofgarten Wir steigen auf der anderen Seite wieder den Hügel hinab und wandern quer über die Wiese an der **Burgfriedenssäule** von 1724 vorbei zur Brücke am **Schwabinger Bach**. Im Sommer werden die Wiesen beiderseits des Bachs von sonnenhungrigen Münchnern (die meisten nackert, wie man hier sagt) in Beschlag genommen. An der Kreuzung Schwabinger Bach/Eisbach biegen wir nach rechts ab und kommen am **Japanischen Teehaus** vorbei zur Fußgängerunterführung, die uns in den **Hofgarten** bringt.

Wir gehen durch diesen hindurch in Richtung der Theatinerkirche und erreichen beim **Odeonsplatz** die Münchner Fußgängerzone. An der **Feldherrnhalle** vorbei nehmen wir entweder die Residenz- oder die Theatinerstraße und kommen nach wenigen Hundert Metern zum **Marienhof**. Ab hier ist es nicht mehr weit bis zum **Marienplatz** mit der Mariensäule.

## Varianten

Es gibt unzählige Wegvarianten (s. auch Tour 2).

Linke Seite: Einsam und verlassen: der Chinesische Turm während des Lockdowns im April 2020

# 2 Durch den Englischen Garten

## Ausgedehnte Tageswanderung durch Münchens grüne Oase

Leicht | 15 km | Keine Hm | 4 Std.

**Tourencharakter**
Überwiegend Kiespfade und Asphalt

**Ausgangs-/Endpunkt**
U-Bahnhof Odeonsplatz (U3, U6). GPS: 48.14237, 11.57766

**MVV**
Man kann die Tour an allen U-Bahnhöfen zwischen Odeonsplatz und Fröttmaning (U6 und z. T. U3) unterbrechen.

**Einkehr**
Siehe Vorschläge bei Tour 1

**Der Englische Garten gehört für München-Wanderer zum Pflichtprogramm – vom Hofgarten bis zu den Isarauen, in denen inzwischen der Biber wieder heimisch geworden ist, in dem Rothirsche leben und der als grünes Band bis nach Freising zieht. Ganz so wild lassen wir es aber nicht angehen, diese Tour kann eher als ausgedehnterer Spaziergang betrachtet werden: Sie führt vom Odeonsplatz zum Aumeister und wieder zurück.**

Durch den Hof- zum Englischen Garten Vom **U-Bahnhof Odeonsplatz** (Ausgang C oder D) spazieren wir zuerst in den Hofgarten. Wenn wir die **Feldherrnhalle** und die **Theatinerkirche** noch nicht kennen, wäre das eine gute Gelegenheit zu einem Besuch. Wir durchqueren den **Hofgarten**, werfen dabei einen kurzen Blick auf die **Bayerische Staatskanzlei**, den Amtssitz des bayerischen Ministerpräsidenten im früheren Armeemuseum. Dann gehen wir am **Prinz-Carl-Palais**, dem heute nur noch für Repräsentationszwecke genutzten ehemaligen Amtssitz des bayerischen Ministerpräsidenten, vorbei durch die Fußgängerunterführung, die uns in den **Englischen Garten** bringt.

Zum Kleinhesseloher See Noch vor dem kleinen Teich, auf dessen Insel das Japanische Teehaus steht, schwenken wir nach links. Nun folgen wir dem Weg auf der Westseite des Parks, der direkt unterhalb der Kante der Altstadtterrasse entlangführt. Wir kommen am **Milchhäusl-Kiosk** vorbei (wo es natürlich auch andere Getränke gibt), überqueren die breite Teerstraße, auf der die städtischen Busse den Englischen Garten durchqueren, und erreichen am Schwabinger Bach entlang den **Kleinhesseloher See**. Wir gehen zwischen dem See und dem Isarring weiter bis zur Fußgängerbrücke, die uns in den Nordteil des Englischen Gartens, die **Hirschau**, bringt. Wir halten uns weiterhin rechts neben dem Schwabinger Bach und erreichen, nachdem wir an der **Schwabinger Bucht** vorbeigekommen sind, den **Aumeister**.

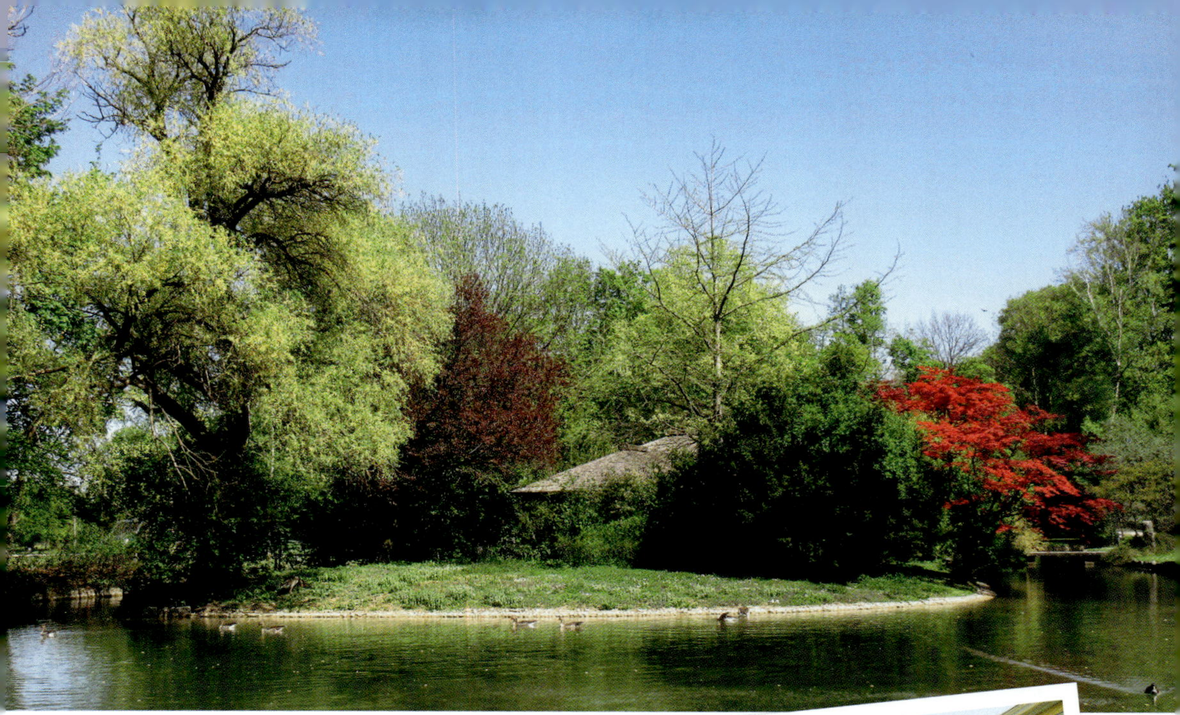

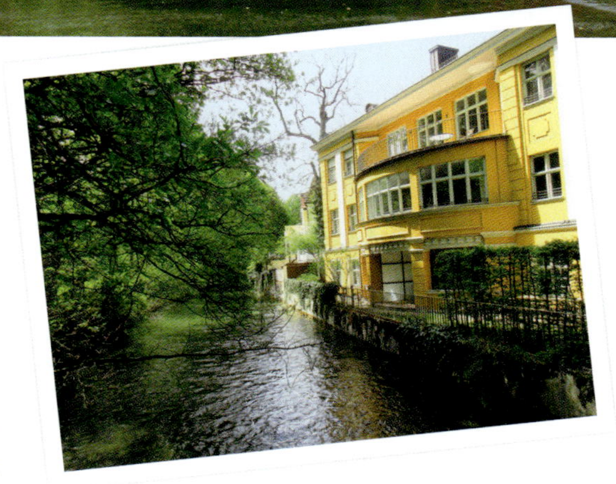

Idylle am Schwabinger Bach

Ganz oben: Auf einer kleinen Insel im Eisbach liegt idyllisch das Japanische Teehaus Kanshoan.

Hier ist mal wieder eine zünftige Brotzeit in einem Münchner Biergarten angesagt, d. h., dass man seine Brotzeit selbst mitbringen kann und nur die Getränke beim Wirt kaufen muss.

Rückweg Anschließend machen wir uns auf den Rückweg. Dazu gehen wir über die Brücke, biegen zweimal links ab und stehen nach etwa einem halben Kilometer vor dem **Entenfallweiher**. Auf dem kleinen Weg direkt neben ihm kommen wir schließlich zur **St.-Emmeram-Brücke**. Nun wandern wir die Isar aufwärts und erreichen nach einem weiteren Kilometer die **Wehranlage Oberföhring**.

Als Weiterweg empfiehlt sich der Kiesweg neben der Isar, bis wir auf die Gyßlingstraße treffen. Bei der ersten Möglichkeit biegen wir rechts ab und gelangen so zum **Mini-Hofbräuhaus**, einer kleinen Wirtschaft, bei der sich vor allem Hundefreunde einfinden. Unser Weg führt weiter zum **Oberstjägermeisterbach**, dem wir bachaufwärts folgen, bis wir kurz nach der **Wirtschaft Hirschau** den Isarring erreichen. Neben einer Autostraße erreichen wir durch eine Unterführung wieder den Südteil des Englischen Gartens. Weiter am Oberstjägermeisterbach entlang

## Wissenswertes

Der **Münchner Hofgarten** entstand ab 1613 außerhalb der damaligen Stadtbefestigung im Norden der Residenz unter Herzog Maximilian I., dem späteren ersten Kurfürsten von Bayern. Zentrum des Renaissancegartens ist der 1615 errichtete Pavillon. Er wird heute von einer Kopie der »Tellus Bavarica« bekrönt (nicht der Göttin Diana, wie man in manchen München-Führern lesen kann), einer monumentalen Bronzefigur, die die Reichtümer Bayerns (Getreide, Wild, Wasser, Salz) verkörpert.

Im Jahr 1811 wurde der Dienstsitz des königlichen Aujägermeisters in den Nordteil des Englischen Garten verlegt, dort, wo sich heute die **Wirtschaft Aumeister** befindet. Hier wurden damals die Teilnehmer der Hofjagden und auch Spaziergänger und Wanderer mit Speis und Trank versorgt. Seit 1914 ist der Aumeister nur noch eine Gaststätte mit Biergarten.

Der erste Park, speziell für die Erholung der Münchner Bürger geschaffen, entstand schon um 1800. Aus dem Jagdrevier der bayerischen Kurfürsten im Norden der Münchner Residenz entstand einer der ersten Landschaftsparks nach englischem Vorbild, deshalb auch der Name **Englischer Garten**. Die Bezeichnung »Englischer« bezieht sich auf den Gegensatz zu den vor 1800 beliebten, streng geometrisch angelegten französischen Gärten. Der Englische Garten gehört mit einer Fläche von 375 ha zu den größten Parkanlagen der Welt. Ausländische Besucher sind immer wieder erstaunt, dass man ihn ohne Eintritt betreten darf. Er liegt am Westufer der Isar und ist insgesamt ca. 5 km lang. Er wird durch den Isarring (Teil des Mittleren Rings) in einen größeren Nordteil, die Hirschau, und einen Südteil, den eigentlichen Englischen Garten, geteilt.

In der Auenlandschaft nördlich der Münchner Residenz ließ Kurfürst Carl Theodor 1789 auf Vorschlag des bayerischen Kriegsministers Benjamin Thompson, des späteren Grafen von Rumford, Militärgärten anlegen. Im selben Jahr befahl er auch die Einrichtung eines Volksparks(!) östlich der Gärten, der im Frühjahr 1792 für die Münchner Bevölkerung geöffnet wurde. Beliebt war dieser Kurfürst bei den Münchnern jedoch nie – er war halt nur ein zugezogener Pfälzer.

Der Aushub des künstlichen **Kleinhesseloher Sees** ergab den **Monopteroshügel**. Heute stellt der Englische Garten ein beliebtes Naherholungsgebiet dar, als bekannte Touristenattraktion kommen jährlich ca. 3,5 Mio. Besucher. Das Wegenetz ist unglaubliche 78 km lang, davon sind 12 km offizielle Reitwege, für deren Benutzung man allerdings eine Jahresgebühr berappen muss. Die Schönfeldwiese und die Schwabinger Bucht im Nordteil sind offiziell für FKK freigegeben. Im Englischen Garten finden sich auch eine ganze Reihe von Sehenswürdigkeiten, so z. B. der **Chinesische Turm**, die Denkmäler von Rumford, Sckell und Werneck, das **Rumfordschlössl**, die beiden **Eisbach-Surferwellen** und die Burgfriedensäule Nr. 13 von 1724, die die Grenze des damaligen Gerichtsbereichs der Stadt München markierte. Heute ist der Englische Garten ebenso wie der Nymphenburger Schlosspark im Besitz der Bayerischen Verwaltung des Bayerischen Staats. Der Verwalter hat seine Dienstwohnung im Park in der Nähe des Chinesischen Turms.

gelangen wir zur **Wirtschaft am Chinesischen Turm** mit Gelegenheit zur Einkehr.

Berühmte Eisbachwelle In Richtung Süden spazierend kommen wir zum **Eisbach**, den wir an der Brücke in der Nähe der Sportanlage Am Hirschanger überqueren und so zur weltberühmten **Eisbachwelle** an der Prinzregentenstraße gelangen. Hier ist eine Pause unumgänglich, müssen wir doch den Surfern zuschauen, die selbst im Winter versuchen, ihre Welle zu bezwingen. Der **Kiosk »Fräulein Grüneis«** daneben, eine ehemalige Bedürfnisanstalt, wartet mit Kaffee und Kuchen auf.
Auf der anderen Bachseite wandern wir zur Kreuzung Schwabinger Bach/Eisbach und vorbei am **Japanischen Teehaus** zur Unterführung unter dem Altstadtring. Den Weg durch den Hofgarten zurück zum **U-Bahnhof Odeonsplatz** kennen wir schon.

## Varianten

Im Englischen Garten sind viele verschiedene Varianten möglich, eine so schön wie die andere. Also eigene Wege ausprobieren!

Surfen in München: die weltberühmte Eisbachwelle

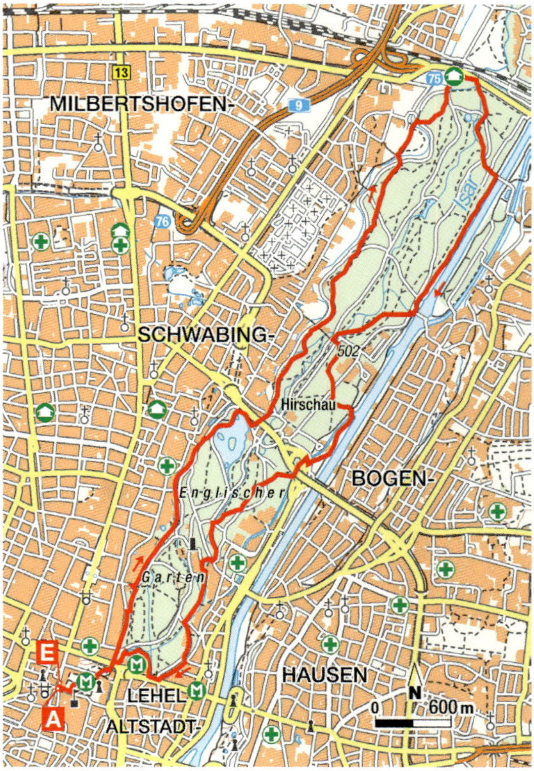


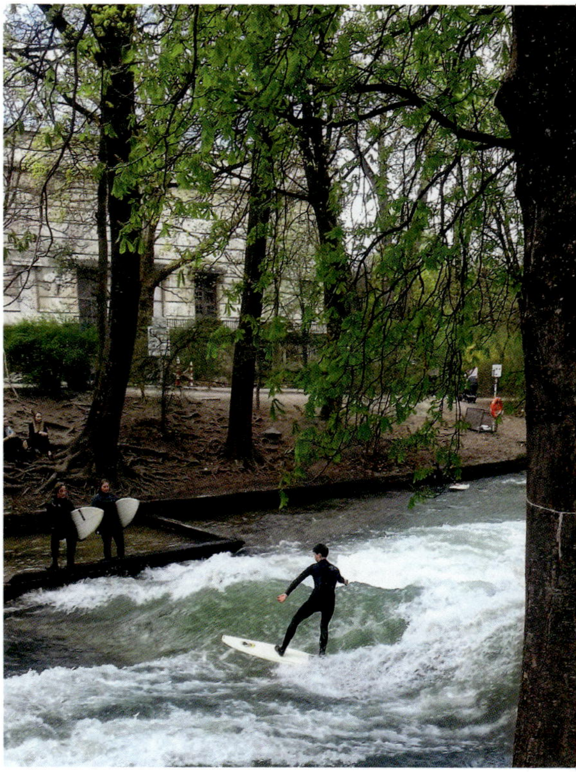

# 3 Im Nymphenburger Schlosspark

## Besuch der Sommerresidenz der Wittelsbacher

Leicht | 13 km | Keine Hm | 3 Std.

**Tourencharakter**
Meist gekieste Parkwege. Im Park kann die Tour beliebig verlängert oder gekürzt werden.

**Ausgangspunkt**
Trambahnhaltestelle Steubenplatz (Linien 16, 17). GPS: 48.150111, 11.520329

**Endpunkt**
U-Bahnhof Gern (U1, U7)

**MVV**
Man kann die Tour an der Haltstelle Nymphenburg (Tramlinie 17; Buslinien 51, 151) abkürzen.

**Einkehr**
Königlicher Hirschgarten mit Münchner Biergarten, Schlosscafé Palmenhaus

**Die Tour ist eher ein Spaziergang, kann aber zu einer tagesfüllenden Angelegenheit ausgedehnt werden. In den 1950er- und 1960er-Jahren war diese Tour ein beliebter Ausflug der Münchner. An- und Abreise mit der Straßenbahn, die meisten hatten ja noch kein Auto, also war der obligatorische Biergartenbesuch völlig problemlos. Mit der Benutzung der Öffis ist das auch heute kein Thema.**

Zum Schloss Nymphenburg  Unsere Wanderung beginnt an der **Trambahnhaltestelle Steubenplatz**. Wir überqueren die Arnulfstraße und gehen in die Grünanlage **Hirschgarten**. Unser Weg führt nach Westen in Richtung des Biergartens der **Gaststätte Königlicher Hirschgarten**. Vielleicht ist es zur Einkehr noch zu früh, vielleicht auch nicht. Früher oder später werden wir uns südwestlich in Richtung La-Paz-Straße auf den Weg machen (müssen).

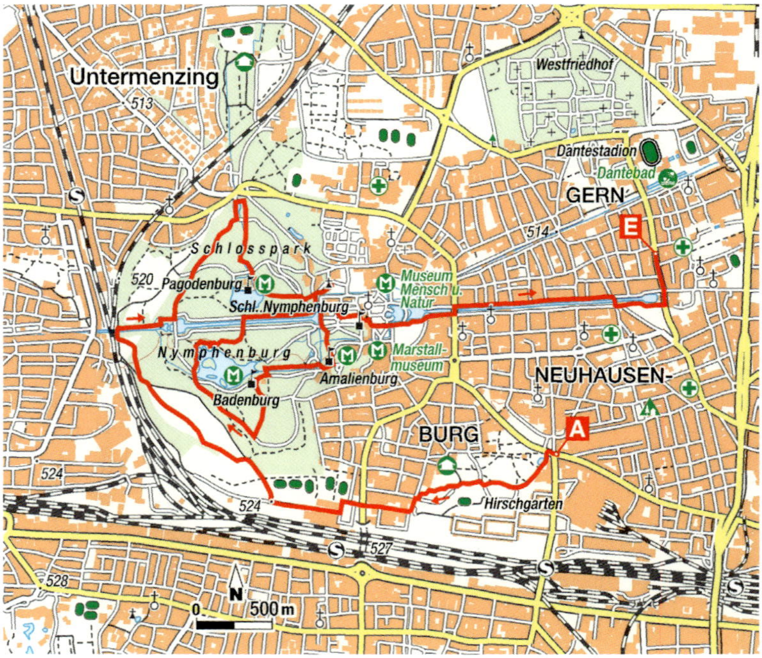

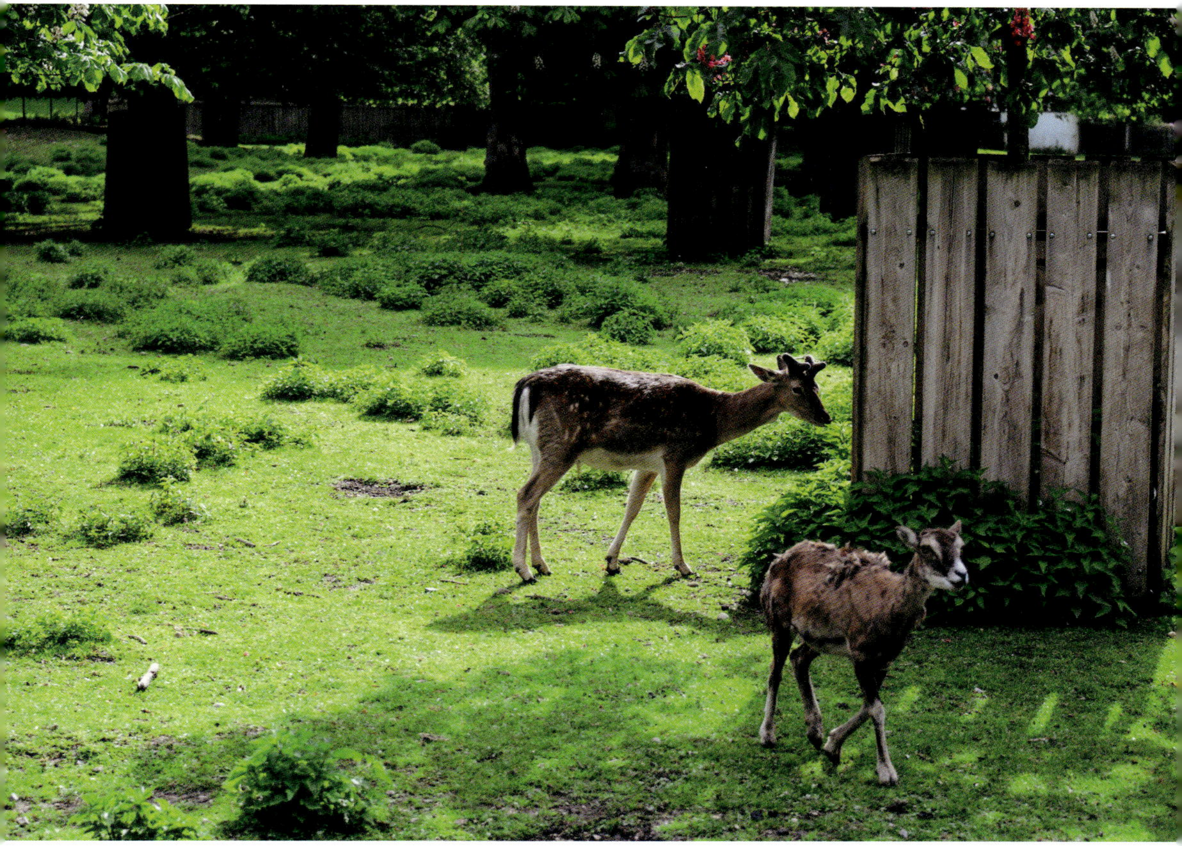

Wir gehen nun die Winfriedstraße entlang bis zur Wotanstraße, überqueren diese und folgen gegenüber dem Grünzug an der Margarethe-Danzi-Straße. Bald darauf erreichen wir die Schlossmauer. Hier befindet sich auch ein Tor, durch das wir schon jetzt in den Schlosspark gelangen könnten. Unser Weg führt aber zuerst außerhalb der Schlossmauer entlang, entweder direkt neben ihr oder durch die große Wiese, bis wir nach gut eineinhalb Kilometern den **Nymphenburger Kanal** erreichen. Wir überqueren die kleine Brücke, wenden uns nach rechts und gehen in den Park hinein. Von der Großen Kaskade erblicken wir direkt das weiße Hauptgebäude des **Schlosses Nymphenburg**.

Vom Biergarten aus lassen sich auch die Tiere beobachten.

Pagoden- und Amalienburg Hier gehen wir links, bis wir den **Kugelweiher** erreichen, aus dem der Hartmannshofer Bach entspringt. Wir umrunden ihn, und auf der anderen Seite des Weihers führt unser Weg bachaufwärts durch das Pagodenburger Tal zur **Pagodenburg**. Wir biegen links ab und gehen durch die

## Wissenswertes

Der **Nymphenburger Schlosspark** ist wohl der älteste Park Münchens, allerdings wurde er erst 1792 (nach anderen Quellen erst 1823) für die Münchner geöffnet. Vorher war er Teil einer repräsentativen Sommerresidenz der Wittelsbacher Kurfürsten und Könige und somit für Otto Normalverbraucher tabu.
Ein Aha (auch Ha-Ha genannt) ersetzt eine sichtbare Parkmauer. Ein tiefer Graben mit einer Mauer, die man erst sieht, wenn man davor steht (»*Aha*, da geht's also rein!«) soll verhindern, dass Tiere und vor allem ungebetene Besucher in den Garten gelangen, ohne dass der Blick auf das Gelände und die umgebende Landschaft durch die Mauer verstellt wird. Die barocke Gartenkunst liebte Sichtachsen mit dem Schloss des Herrschers im Mittelpunkt.

Übrigens ist eine Smartphone-App »Schlosspark Nymphenburg« in deutscher und englischer Sprache kostenlos erhältlich. Man kann sie im Google Play Store und im iTunes Store kostenfrei herunterladen und mit ihr die historische Parkanlage erkunden. An 23 ausgewählten Stationen erhält man Informationen zur Geschichte des jeweiligen Standorts.
Der Schlosspark ist Landschaftsschutzgebiet und Heimat von einigen geschützten Tier- und Pflanzenarten – deshalb sind Fahrradfahren, Langlaufen und das Betreten der Wiesen streng verboten, und Hunde ohne Leine sind ebenfalls nicht erlaubt. Im Park, vor allem wenn man auch die abgelegenen Teile besucht, kann man sich kaum noch vorstellen, mitten in der Stadt München zu sein.

Wiesen des Nördlichen Durchblicks auf das Schloss zu bis zum Nördlichen Schlossgartenkanal. Noch vor der Brücke wenden wir uns nach links und kommen nach 200 Metern zur **Magdalenenklause**.
Wir wandern zurück zum Großen Parterre, dem Französischen Garten direkt beim Hauptgebäude des Schlosses, überqueren auf den Brücken sowohl den Nördlichen als auch den Südlichen Schlossgartenkanal und kommen zur **Amalienburg**. Der Weiterweg führt wieder über eine kleine Brücke zum Dörfchen mit dem Grünen Brunnhaus und dem **Hirschgartenbrunnhaus**. In Letzterem betreiben seit 1803 zwei von Joseph von Baader konstruierte Pumpwerke die parkseitige Fontäne. Sie gelten als Meilenstein der Ingenieurkunst, sind sie doch die ältesten ständig arbeitenden Maschinen Europas.

Romantischer Badenburger See Wir gehen den Südlichen Kanal weiter aufwärts und kommen zum **Badenburger See**, links steht die **Badenburg**, das erste Hallenbad Europas oder gar der Welt; es war allerdings nur für den Kurfürsten Max Emanuel und seine Gespielinnen geöffnet. Unser Weiterweg führt durchs Löwental genau nach Süden, kurz vor der Schlossmauer biegen wir rechts ab und kommen bald wieder zum Badenburger See, den wir im Uhrzeigersinn umrunden. Dabei passieren wir den **Monopteros**, einen kleinen Rundtempel, der mit dem anderen im Englischen Garten in Bezug auf Größe nicht mithalten kann, der aber romantisch am kleinen See steht.

Wir gehen weiter zum zentralen Schlossgartenkanal und zum Schloss Nymphenburg. Durch eines der Tore verlassen wir nun den Park und wandern über das Schlossrondell zur **Ludwig-Ferdinand-Brücke**, die die Notburga- mit der Menzinger Straße verbindet. Von ihr genießt man noch einmal einen wunderschönen Blick auf das Schloss. Hier könnten wir an der Haltestelle der Tramlinie 17 die Wanderung beenden. Wir aber gehen noch die **Nördliche oder Südliche Auffahrtsallee** weiter bis zum **Hubertusbrunnen** und erreichen von dort aus links haltend in Kürze den **U-Bahnhof Gern**.

**Achtung:** Der Park wird nachts abgesperrt, also muss man ihn irgendwann verlassen, auch wenn er noch so schön ist.

Winterfreuden am Nymphenburger Kanal: Schlittschuhlaufen und Eisstockschießen

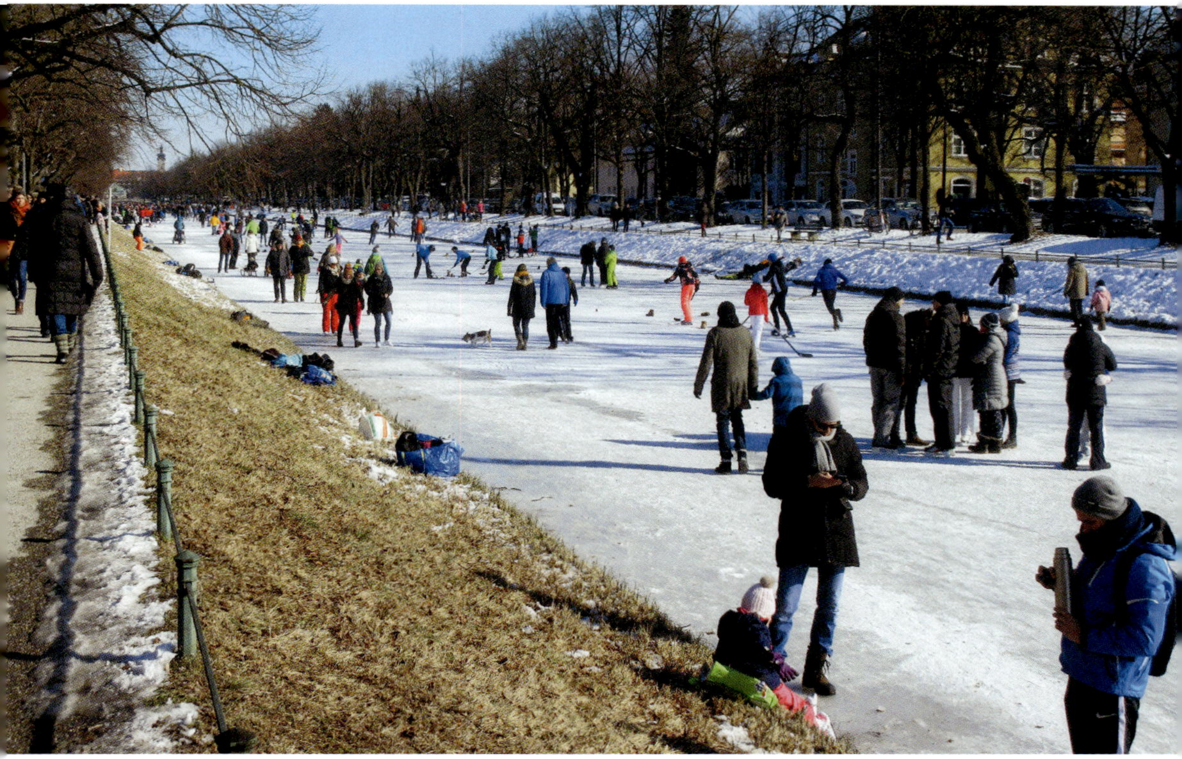

# 4 Von Pasing zum Olympiapark

## Entlang des Nymphenburger Kanals

Leicht | 12 km | ↑↓ 50 Hm | 3 Std.

**Tourencharakter**
Überwiegend Asphalt und Kiespfade

**Ausgangspunkt**
S-Bahnhof Pasing (S3, S4, S6, S8). GPS: 48.15035, 11.46178

**Endpunkt**
U-Bahnhof und Trambahn-Endhaltestelle Petuelring (U3, Tramlinie 27)

**MVV**
Man kann die Tour an folgenden MVV-Haltestellen unterbrechen: Meyerbeerstraße (Buslinie 160), Paul-Gerhardt-Allee (Buslinie 162), Schloss Nymphenburg (Tramlinie 17), Dachauer Straße (Tramlinien 20, 21), Olympiazentrum (U3, U8), Petuelring (U3, U8, Tramlinie 27).

**Einkehr**
Schlosscafé Palmenhaus, Taxisgarten (s. Variante), Olympia-Alm

**Diese Tour ist ein Paradebeispiel für Wanderungen innerhalb der Stadtgrenzen: Sie führt von Pasing, das erst 1938 eingemeindet wurde, über Obermenzing (auch ehemals ein Dorf weit vor der Münchner Stadtgrenze) und Nymphenburg in den Olympiapark. Obwohl es dabei mitten durch die Stadt geht, ist man meist im Grünen unterwegs. Die Tour kann natürlich auch umgekehrt gemacht und an mehreren Stellen unterbrochen werden.**

Am königlichen Kanal entlang Wir verlassen den **S-Bahnhof Pasing** auf der Nordseite und wenden uns nach links. Vorbei an der Pasinger Fabrik erreichen wir den **Nymphenburger Kanal**, der hier aus der Würm abgeleitet wird und dessen Lauf wir nun bis zum Nymphenburger Schlosspark folgen. Dabei ist es egal, für welche Bachseite wir uns entscheiden. Nach einem guten halben Kilometer biegt der Kanal nach Osten ab, nach ca. 400 Metern überqueren wir die Meyerbeerstraße und nach etwa einem weiteren knappen Kilometer die Paul-Gerhardt-Allee.
Nun wenden wir uns kurz nach rechts und folgen sogleich der Straße Am Nymphenbad, gehen an deren Ende links durch die Unterführung und biegen gleich danach links ab. Wir haben nun wieder einen weiteren Abschnitt des Nymphenburger Kanals erreicht, der hier in den **Nymphenburger Schlosspark** fließt.

Spätbarockes Vergnügen Nun sind viele Wege möglich, man kann sich also auch für eine völlig andere Route entscheiden – schön sind alle. Mein Vorschlag für dieses Wanderung: Wir gehen hinunter zur sogenannten **Großen Kaskade** und können am anderen Ende des Kanals das weiße Schloss sehen. Nun geht's nach rechts und weiter in Richtung **Monopteros**, einem kleinen Rundtempel am Großen See, auch **Badenburger See** genannt, und an dessen Ufer weiter zur **Badenburg**, einem spätbarocken Badehaus, dem ersten Hallenbad Deutschlands. Nun spazieren wir nach Norden, überschreiten dabei auf einer Brücke den

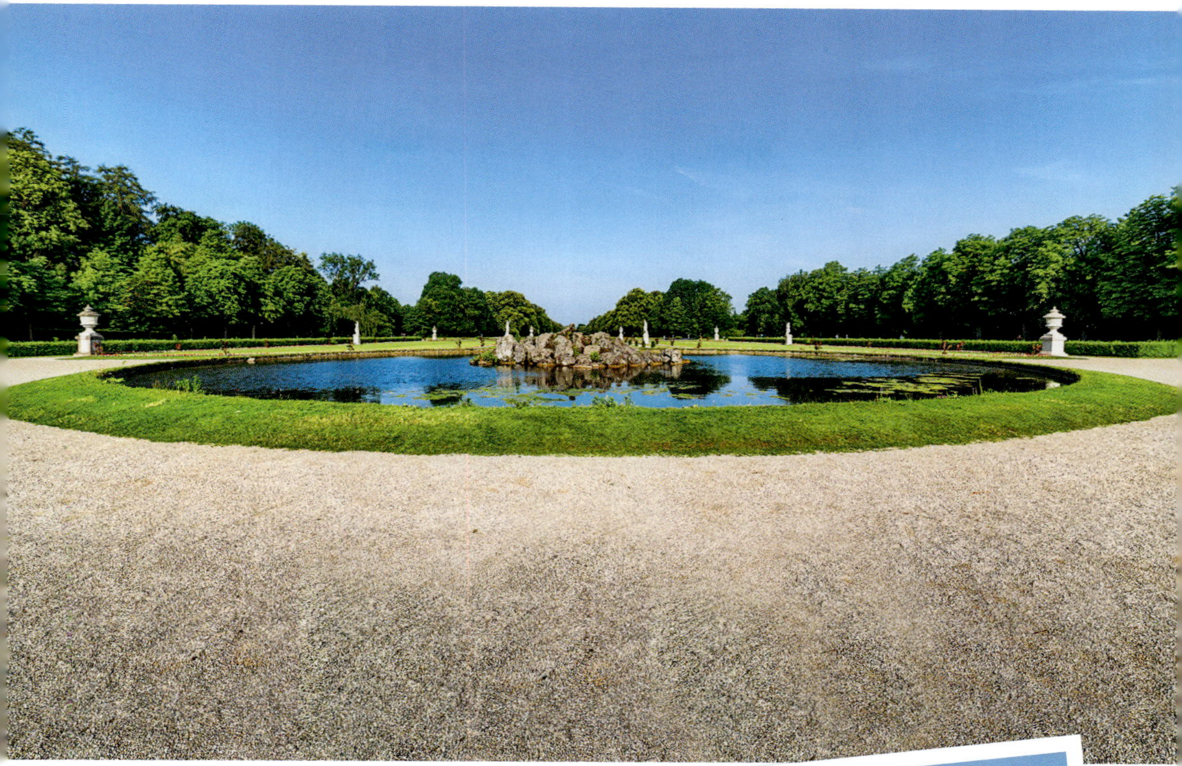

zentralen Schlossgartenkanal, riskieren schnell wieder einen Blick auf das Schloss, und erreichen den Kleinen See, auch **Pagodenburger See**. Wir umrunden ihn, indem wir uns nach links wenden, und stehen bald vor der **Pagodenburg**, einem weiteren kleinen Lustschlösschen.

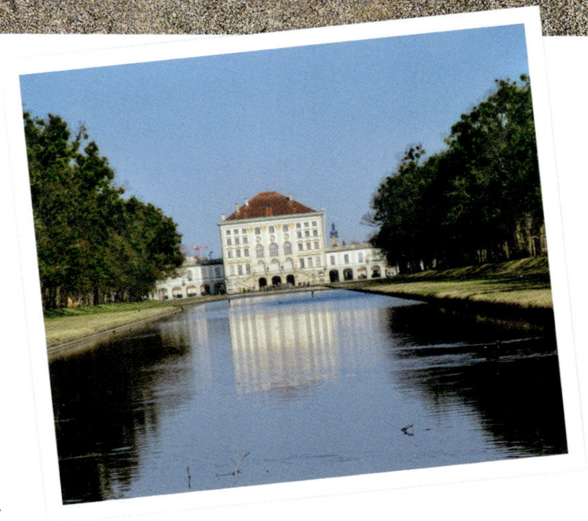

Der Traum der Kurfürstin Henriette Adelaide: Borgo delle ninfe

Ganz oben: Viele Wege führen durch den herrlichen Nymphenburger Schlosspark.

In den Olympiapark Weiter führt der Weg zum Schloss, durch eines der **Tore** hinaus zum östlich gelegenen großen **Schlossrondell** und weiter zur Brücke, welche die Notburga- mit der Menzinger Straße verbindet. Hier wenden wir uns nach links und treffen nach ca. 200 Metern wieder auf den Kanal, der nun **Nymphenburger-Biedersteiner Kanal** genannt wird. Wir folgen ihm weiter, überqueren dabei nach ca. 1,3 Kilometern die Dantestraße und kommen nach einem weiteren guten Kilometer ab der Dachauer Straße in den **Olympiapark**. Am Willi-Gebhardt-Ufer

Rechte Seite: Im Sommer kann man mit einer venezianischen Gondel eine Lustfahrt auf dem Nymphenburger Kanal unternehmen.

entlang können wir noch den **Olympiaberg** »mitnehmen«, was besonders bei Föhn äußerst lohnend ist, sieht man dann doch von hier aus das komplette oberbayerische Alpenpanorama von den Tannheimer bis zu den Berchtesgadener Bergen. Dazu wenden wir uns nach der Unterführung am Spiridon-Louis-Ring nach rechts und steigen auf dem breiten geteerten Weg hinauf zum »Gipfel«.

Weiter geht es dann an der **Olympia-Alm** vorbei geradeaus hinab zur Lerchenauer Straße, an der Ampel über die Straße und die Birnauer Straße am Kanal entlang bis zum **U-Bahnhof Petuelring**.

## Varianten

Im Nymphenburger Schlosspark sind viele verschiedene Varianten möglich. **Achtung:** Der Park wird nachts abgesperrt!

- Am Nymphenburger-Biedersteiner Kanal nach der Waisenhausstraße die zweite Abzweigung (Taxisstraße) nehmen und einen Zwischenstopp im Münchner Biergarten Taxisgarten einlegen
- Am Willi-Gebhardt-Ufer immer am Olympiasee entlang und den Olympiaberg rechts liegen lassen
- Von der Olympia-Alm hinunter zum Olympiasee, über eine Brücke hinüber zum »Sea-Life« und zwischen dem Olympiaturm und der Eissporthalle über eine zweite Brücke über den Mittleren Ring vorbei an der BMW-World zur U-Bahnstation Olympiazentrum

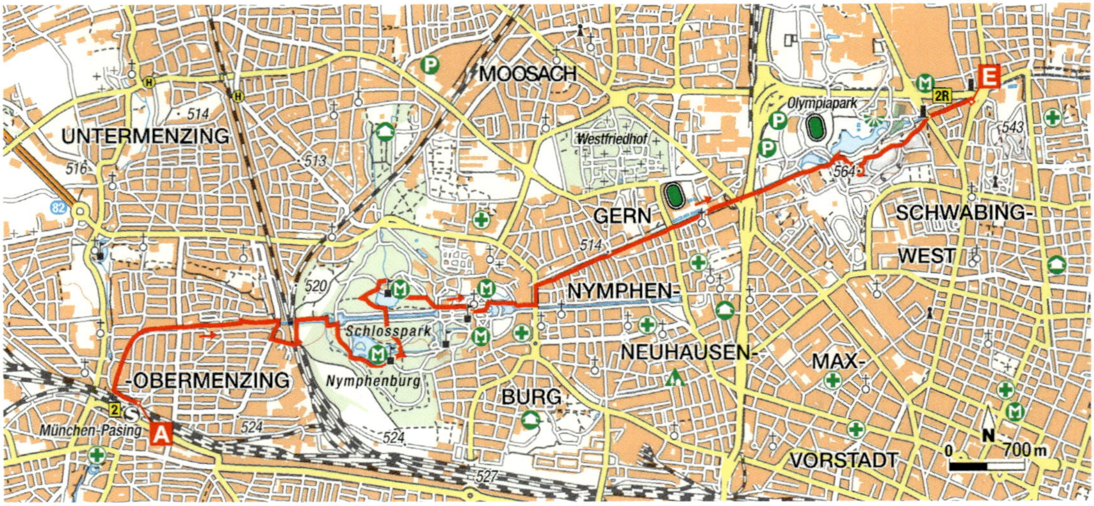

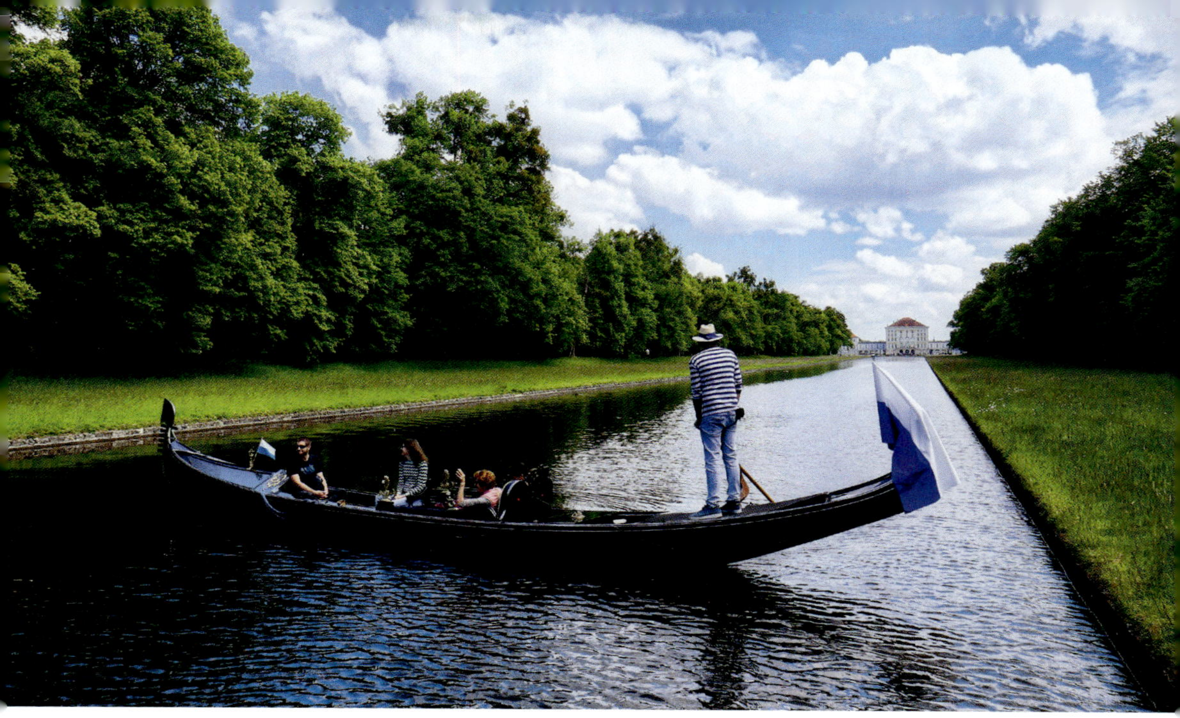

## Wissenswertes

Bei dieser wie auch einigen anderen Touren in diesem Buch wandert man an **Kanälen** entlang, die im 17./18. Jh. angelegt wurden. Noch heute verbindet dieses Kanalsystem aus der Barockzeit die Schlösser Nymphenburg, Schleißheim und Dachau. Es wurde kunstvoll in die natürlichen Fließgewässer eingefügt und versorgt bis heute die Schlossgärten des Nymphenburger und des Schleißheimer Schlosses mit Wasser aus der Würm und der Isar. Die Kanäle stehen in ihrer Gesamtlänge von 50 Kilometern unter Denkmalschutz.

Noch vor 100 Jahren gab es im Münchner Norden riesige Moore, z. B. das Dachauer Moos (Moos bedeutet im Bairischen auch Niedermoor, wohingegen ein Hochmoor als Filz, Mehrzahl: Filzen, bezeichnet wird, z. B. die Königsdorfer Filzen südlich von Wolfratshausen – s. auch das Kapitel: »Natur- und Landschaftsräume in und um München«). Schon um 1600 begann man mit ersten Versuchen, Teile dieser Moore trockenzulegen. Der Bau des Würmkanals sollte der Wasserversorgung der Musterschwaige in Schleißheim dienen, dem Alterssitz Wilhelms V. Sein Urenkel Kurfürst Max Emanuel ließ in den 1690er-Jahren den Dachau-Schleißheimer und den Schleißheimer Kanal bauen. Dass hier, wie vielfach behauptet, türkische Kriegsgefangene zum Einsatz kamen, ist aber nicht bewiesen und eher unwahrscheinlich. Ab 1701 erfolgte auch der Bau des Nymphenburger Kanals, der bei Pasing aus der Würm abgeleitet wird und die Seen und Kanäle im Nymphenburger Schlosspark speist. Verschwunden ist heute der Türkengraben, der die Münchner Residenz mit den anderen Schlössern im Norden Münchens verbinden sollte.

Die neuen Kanäle dienten einerseits als Transportwege, z. B. für das Baumaterial des Neuen Schlosses Schleißheim, andererseits auch für die Wasserspiele in den Schlossgärten.

# 5 Vom Luitpoldpark zum Aumeister

## Am Nymphenburg-Biedersteiner Kanal

Leicht | 8,5 km | ↑↓ 50 Hm | 2.15 Std.

**Tourencharakter**
Überwiegend Asphalt und Kiespfade

**Ausgangspunkt**
U-Bahnhof Hohenzollernplatz (U2, U8). GPS: 48.16211, 11.56886

**Endpunkt**
U-Bahnhof Studentenstadt (U6)

**MVV**
Man kann die Tour an folgenden MVV-Haltestellen unterbrechen: Leopoldstraße/Petuelring (Buslinien 140, 141), Berliner Straße (Tramlinie 23), an der Ungererstraße die U-Bahnhöfe Dietlindenstraße oder Nordfriedhof (U6).

**Einkehr**
Bamberger Haus im Luitpoldpark, Café Ludwig im Petuelpark, Wirtschaft »Zum Brunnwart«

**Diese wunderbare Tour ist die logische Fortsetzung der vorherigen – man kann sie auch ganz gut zusammen absolvieren, sie wird dann halt etwas lang. Am Ende muss man sich auch entscheiden, welches öffentliche Verkehrsmittel man benutzen will – da kommen ganz schnell noch einmal zwei, drei Kilometer zusammen.**

Luitpoldpark und -hügel Wir verlassen den **U-Bahnhof Hohenzollernplatz** auf der Nordseite und folgen der Mittermayrstraße bis zum **Bayernpark**. Wir durchqueren ihn und wechseln an der Ampelanlage an der Karl-Theodor-Straße in den **Luitpoldpark**. Nachdem wir am Obelisken vorbeigegangen sind, halten wir uns rechts, um den **Luitpoldhügel** zu besteigen, einen der Schuttberge Münchens, die nach dem Zweiten Weltkrieg aus den Ruinen der zerbombten Stadt aufgeschüttet wurden.

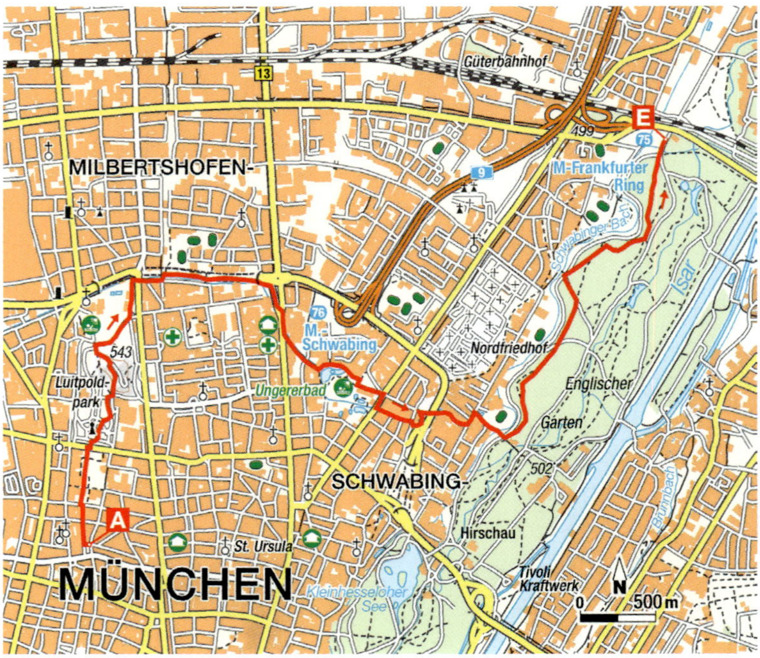

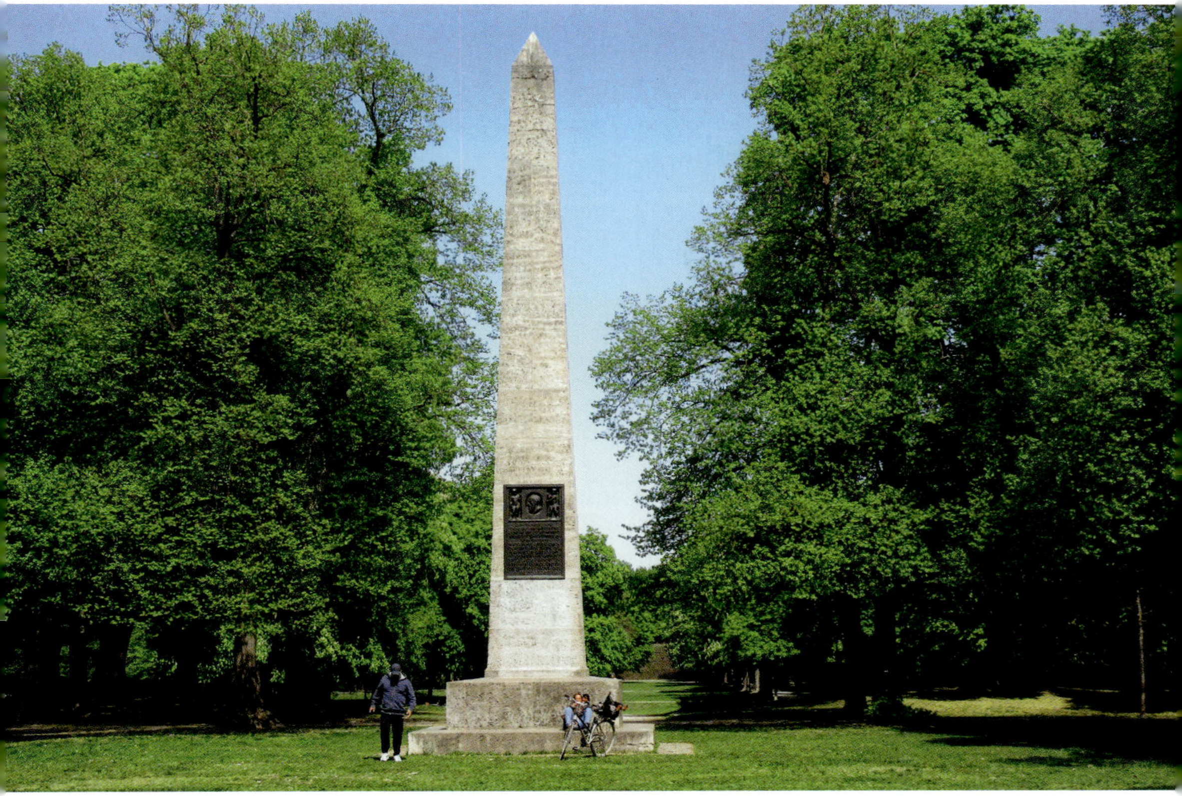

Der Luitpoldpark, ein Geburtstagsgeschenk an einen Monarchen, der nicht »Kini« (König) sein wollte

Wir steigen nach Norden wieder hinab und erreichen den **Biedersteiner Kanal**, die Fortsetzung des Nymphenburger Kanals (s. Tour 4). An der Ampel überqueren wir die Belgradstraße und gehen kurz am Kanal entlang, bis uns eine Rampe hinauf zum **Petuelpark** leitet, der Grünanlage, die über dem Petueltunnel angelegt wurde.

Schwabinger See und Brunnwart Weiter geht es durch den sehr schmalen Park zur Leopoldstraße. Bei ihr wenden wir uns nach rechts und benutzen die Ampelanlage ca. 200 Meter stadteinwärts. Nun folgen wir dem hier wieder offen fließenden Kanal ins **Berliner Viertel**, überqueren vorsichtig die Straßenbahngleise und die Berliner Straße und erreichen durch eine Hauspassage den **Schwabinger See**.
Wir wandern an seinem Nordufer weiter, bis wir zur Traubestraße kommen, der wir bis zur Ungererstraße folgen. Diese überqueren wir an einer Ampelanlage, wenden uns auf der anderen Straßenseite nach rechts und gehen weiter, bis wir bei der

Stengelstraße erneut auf den Biedersteiner Kanal treffen. Hier haben wir den namensgebenden Schwabinger Ortsteil **Biederstein** erreicht. Am Kanal entlang gehen wir weiter bis zur **Wirtschaft »Zum Brunnwart«**, die wir rechts umrunden, falls wir den Verlockungen des Biergartens widerstehen können.

Unten: Schnurgerade zieht sich der Nymphenburg-Biedersteiner Kanal zum Olympiasee hin.

Im Englischen Garten Hinter der Gaststätte fließt der Kanal von der Altstadtterrasse zur Hirschaustufe hinab und treibt dabei die Kleinwasserkraftanlage am Biederstein an. Ab hier wird der Kanal auch »Schwarze Lacke« genannt. Wir nehmen den Fußweg durch die Grünanlage und überqueren rechts auf der Amsterdamer Straße mithilfe einer Fußgängerbrücke den Mittleren Ring. An der Osterwaldstraße biegen wir links ab, um gleich darauf nach rechts in die Schwedenstraße einzubiegen, die in ihrer Fortsetzung Ernst-Penzoldt-Weg heißt und direkt in den **Englischen Garten** führt.

## Wissenswertes

Der **Luitpoldpark** ist ein Geburtstagsgeschenk des Münchner Magistrats für den Prinzregenten. Im Jahr 1911 wurde Prinzregent Luitpold 90 Jahre alt. Ihm zu Ehren errichtete man einen Obelisken und pflanzte 90 Linden (eine für jedes Lebensjahr) und 25 Eichen (eine für jedes Jahr seiner Regierung). Um diesen Hain legte man einen öffentlichen Park an. Nach dem Zweiten Weltkrieg schüttete man im Nordteil des Parks einen 37 m hohen Hügel aus dem Schutt der zerbombten Überreste der Stadt auf – den **Luitpoldhügel**.

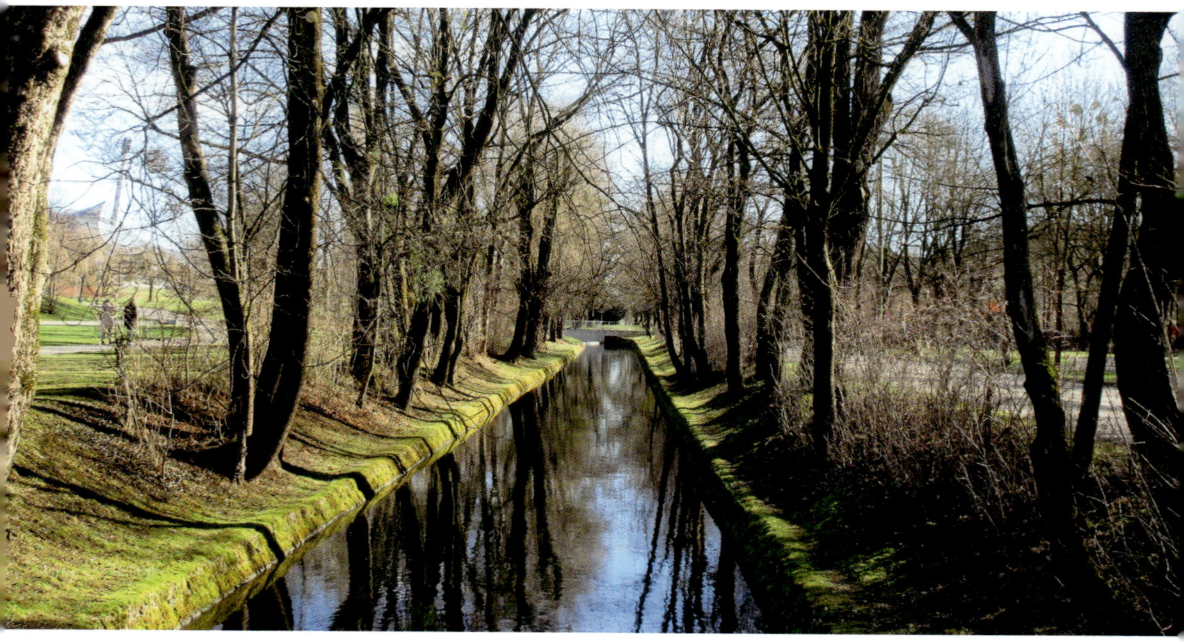

Um zur Mündung des Biedersteiner Kanals in den **Schwabinger Bach** zu kommen, müssen wir nun gleich den nächsten Weg nach links einschlagen. Die Mündung liegt hinter Gebüsch verborgen und ist nur im Winter deutlich zu sehen. Unsere Wanderung endet eigentlich hier, aber irgendwie müssen wir auch noch eine U-Bahnstation erreichen.
Es bietet sich als Fortsetzung der Weg zum **Aumeister** an, von wo man zum **U-Bahnhof Studentenstadt** gelangt. Man kann aber auch ganz gemütlich durch den Englischen Garten zu den U-Bahnhöfen Nordfriedhof oder Münchner Freiheit wandern (s. Touren 1 und 2).

## Varianten

- Man kann die Wanderung am U-Bahnhof Scheidplatz (U2) beginnen und von dort direkt zum Luitpoldhügel im Luitpoldpark gelangen.
- Von der Mündung der »Schwarzen Lacke« zurück und am Schwabinger Bach entlang bis zur Fußgängerbrücke über den Isarring. Nun nach rechts um den Kleinhesseloher See herum und die erste Brücke rechts hinüber zur Liebergesellstraße, dann kurz nach links in die Biedersteiner Straße und bei der Pfarrkirche St. Sylvester rechts in die Haimhauser Straße abbiegen, die direkt zum U-Bahnhof Münchner Freiheit (U6) führt.

Sommerliche Blumenpracht im Luitpoldpark

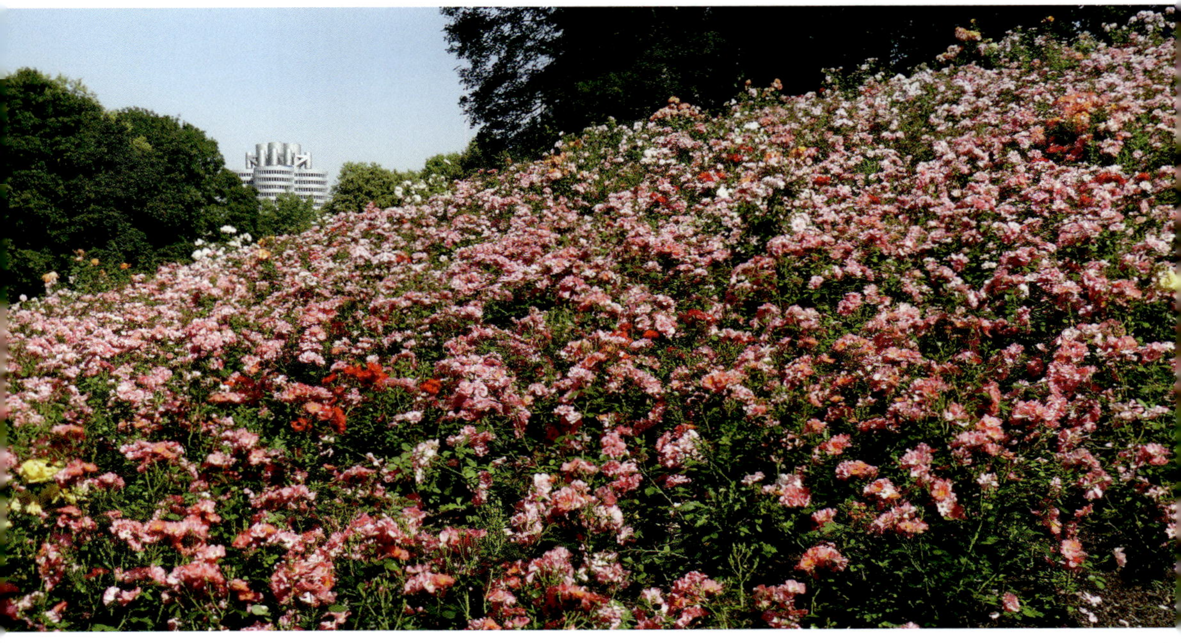

# 6 Über die Theresienwiese zum Westpark

## Von der Wiesn zum ehemaligen IGA-Gelände

Leicht | 5,5 km | ↑30 Hm ↓15 Hm | 1.30 Std.

**Tourencharakter**
Überwiegend Asphalt

**Ausgangspunkt**
U-Bahnhof Theresienwiese (U4, U5). GPS: 48.135507, 11.552231

**Endpunkt**
Tramhaltestelle Stegener Weg (Linie 18)

**MVV**
Man kann die Tour an der Ganghoferbrücke (Buslinien 53, 134) und an der Hinterbärenbadstraße (Buslinie 63) abbrechen.

**Einkehr**
Wirtshaus am Bavariapark, Café »Gans am Wasser«, Kiosk am Wasserspielplatz, Biergarten am Rosengarten

**Man kann zu diesem hier vorgestellten längeren Spaziergang im Westpark zusätzlich noch einige Runden drehen, sodass man auch auf seine Kosten oder Wanderkilometer kommt. Außerdem kann man sich dort einige Pfade abseits der großen Wege suchen und dabei sogar hier einsame Stellen finden.**

Von der Bavaria zum Westpark Wir verlassen den **U-Bahnhof Theresienwiese** Richtung Festwiese und gehen zur **Bavaria**, steigen die Treppen zu ihr hinauf und können einen Blick auf die Altstadt von München werfen – ab August auch auf das Oktoberfest, wobei man Ende September die Wanderung besser verschieben sollte, würde man doch wahrscheinlich auf der Wiesn hängen bleiben. Für Unternehmungslustige noch ein Tipp: Man kann der Bavaria auch in den Kopf steigen. Der Ausblick ist aber

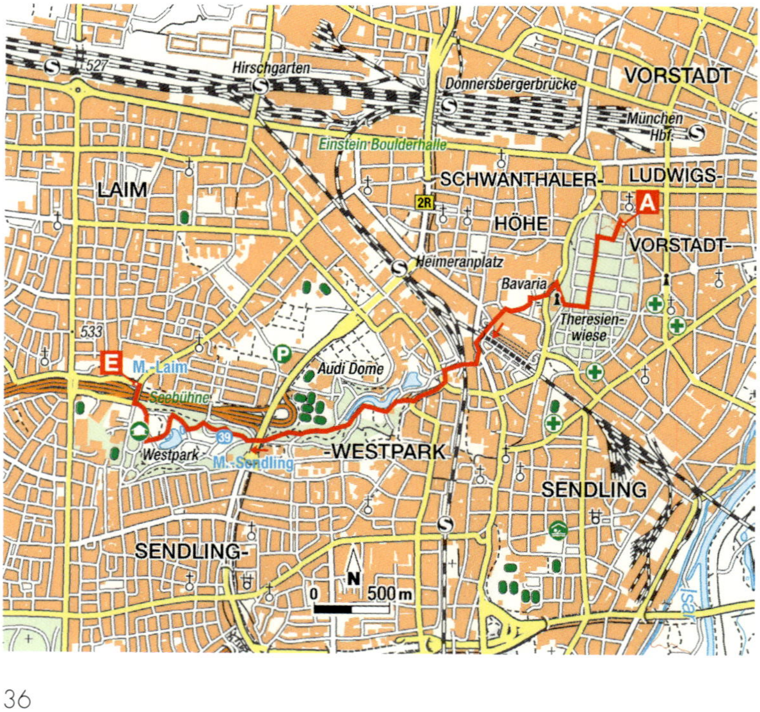

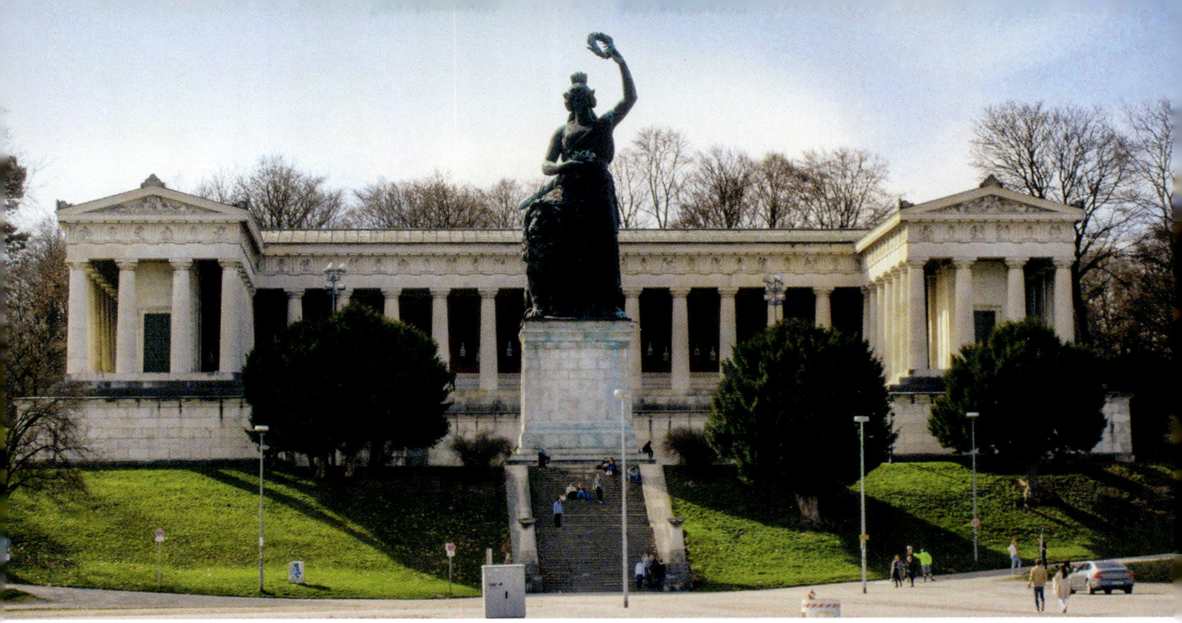

Bavaria und Ruhmeshalle auf der Theresienwiese

auch nicht viel besser. Nun geht es links oder rechts um die Ruhmeshalle herum, über die Theresienhöhe (Straße) und in den **Bavariapark** hinein. Wir wandern durch den kleinen, aber feinen Park und wenden uns am anderen Ende nach links zum Sinti-Roma-Platz. Dort geht es die Rampe des **Max-Hirschberg-Wegs** hinauf und über die Eisenbahngleise. Wir kommen zur Ganghoferstraße, die wir mithilfe einer weiteren Brücke überqueren. Durch einen Torbogen führt der Weg zu einer dritten Brücke über Bahngleise, bis wir schließlich nach Überschreitung einer vierten Brücke über die Hansastraße den **Westpark** erreichen. Das hört sich reichlich kompliziert an, ist es aber nicht.

Mollsee und Westsee Nun sind – wie in allen Parks – viele Wege möglich, wie folgender Vorschlag: Wir gehen bis zum Ende des **Mollsees**, überqueren auf einer Fußgängerbrücke den Mittleren Ring (Garmischer Straße) und erreichen so den Westteil des Westparks. Wir bleiben auf dem Hauptweg, kommen am Bayerwaldhaus vorbei und biegen kurz vor dem **Westsee** nach rechts ab, um die **Pagoden** und die **fernöstlichen Gärten** zu besichtigen.

Wir gehen um den See herum, sehen vielleicht einige Wasserschildkröten, die hier von »Tierfreunden« ausgesetzt wurden, und steuern am Grillgelände vorbei den **Biergarten am Rosengarten** an. Nun geht es weiter nach Norden den Hügel hinauf, wobei wir den Parkplatz links liegen lassen. Dann verlassen wir den Westpark und gehen über die Brücke über die A 96 zur **Trambahnhaltestelle Stegener Weg**.

# 7 Luitpoldpark und Olympiapark

## Über die Münchner Schuttberge

Leicht | 6,5 km | ↑↓ 75 Hm | 2 Std.

**Tourencharakter**
Überwiegend Asphalt und Kiespfade

**Ausgangspunkt**
U-Bahnhof Scheidplatz (U2, U3, U8). GPS: 48.17128, 11.5739

**Endpunkt**
Trambahnhaltestelle Olympiapark West (Linien 20, 21)

**MVV**
Man kann die Tour am U-Bahnhof Olympiazentrum (U3, U8) abbrechen.

**Einkehr**
Bamberger Haus, Gaststätte »Zum Brunnergarten« in der Kleingartenanlage im Norden des Luitpoldparks, Olympia-Alm

**Sowohl der Olympiaberg als auch der Luitpoldhügel sind sogenannte Schuttberge, zwar die größten in der Umgebung, aber nicht die einzigen. Sie wurden nach dem Zweiten Weltkrieg mit dem Schutt der zerstörten Stadt aufgeschüttet. Beide Parks werden von den Münchnern geliebt, sie nutzen sie zum Joggen, Spazierengehen und Entspannen.**

Olympische Genüsse Vom **U-Bahnhof Hohenzollernplatz** gehen wir die Mittermayrstraße nach Norden und erreichen nach etwa einem halben Kilometer den **Bayernpark**. Geradeaus weiter führt der Weg über die Karl-Theodor-Straße in den **Luitpoldpark**. Am **Obelisken** vorbei schlendern wir nach rechts zum Scheidplatz und erklimmen nun den ersten »Gipfel« des Tages, den **Luitpoldhügel**. Es sind mehrere Wege möglich – man wird schon hinauffinden und auch wieder hinunter.
Unser Weiterweg führt dann zwischen der Kleingartenanlage und den Hochhäusern zur Schleißheimer Straße und zum **U-Bahnhof Petuelring**. Wir überqueren die Schleißheimer Straße und folgen der Birnauer Straße bis zum **Olympiapark**. Im Park

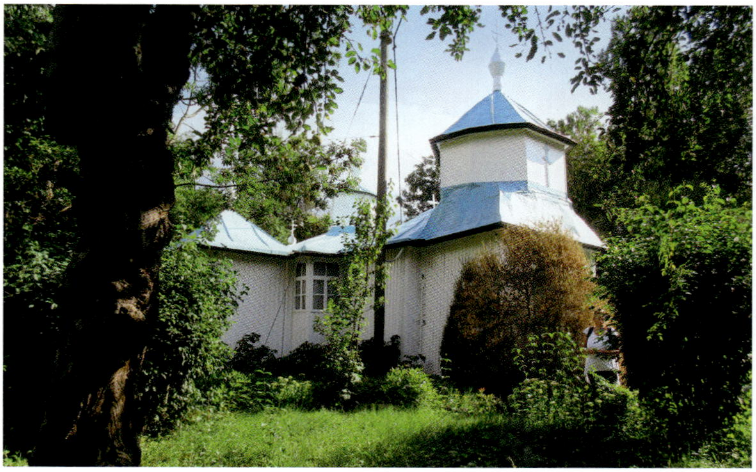

Rechts: Ein Ort der Stille: die Ost-West-Friedenskirche

Rechte Seite: Winterliche Abendstimmung im Olympiapark

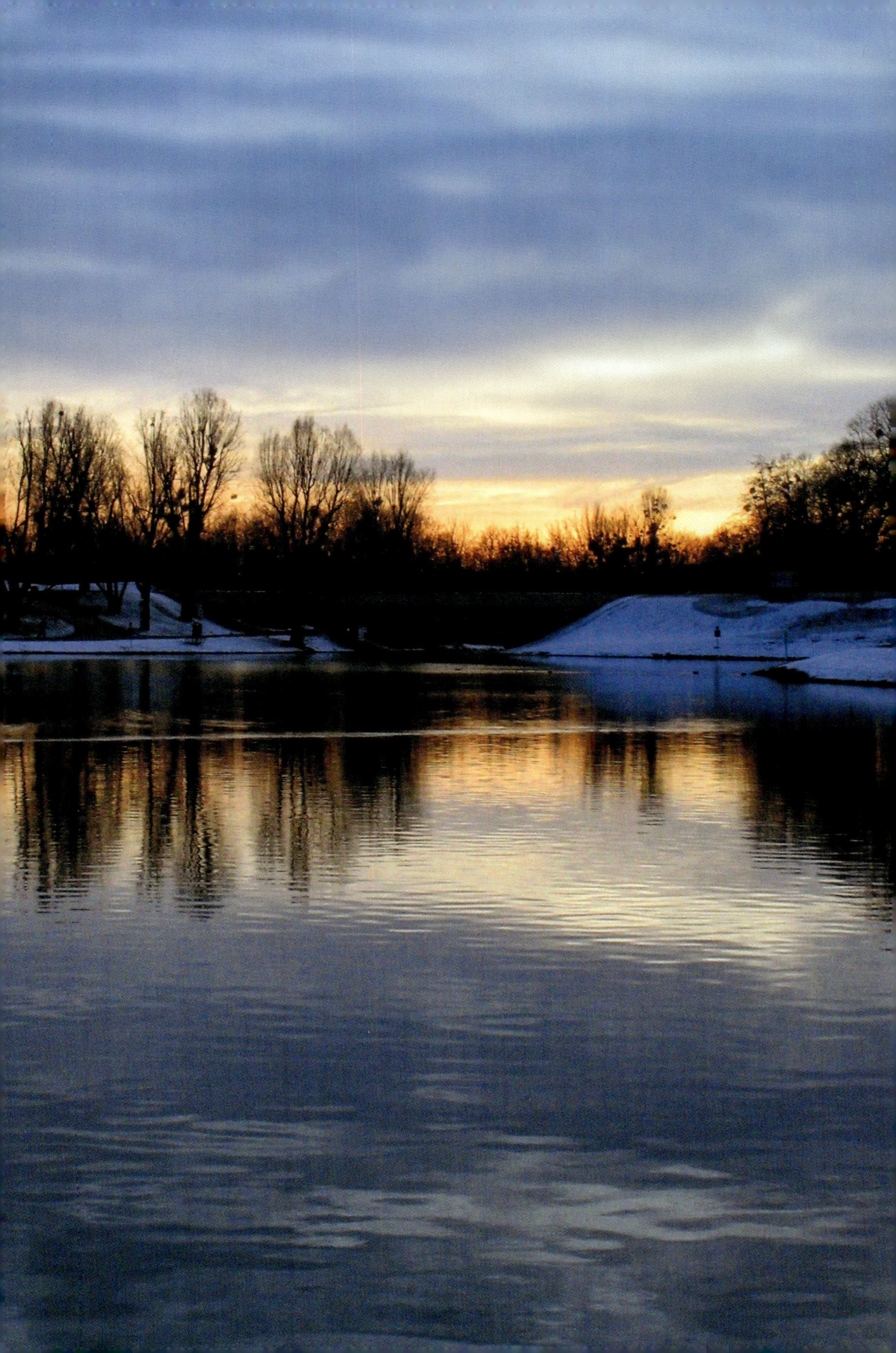

halten wir uns leicht links und steigen den **Olympiaberg** hinauf. Auch hier sind verschiedene Wege möglich. Und ganz gleich, welchen wir einschlagen: Nach kurzer Zeit haben wir unseren zweiten Tagesgipfel »bezwungen«. Der Ausblick über das Olympiagelände und den Münchner Norden ist fantastisch, der Blick auf die bayerischen Berge bei Föhn unbeschreiblich. Wir sehen auch schon die Ost-West-Friedenskirche, unser nächstes Ziel – wenn wir nicht vorher noch bei der **Olympia-Alm** einkehren.

Friedenskirche und Olympiasee Alsdann geht es auf Sicht hinunter zur **Ost-West-Friedenskirche**, die kurz nach dem Zweiten Weltkrieg von einem russischen Emigranten – von den Münchnern liebevoll Väterchen Timovej genannt – ohne Erlaubnis oder

## Wissenswertes

Warum gibt es die **Münchner Schuttberge**? Sie sind Überbleibsel des Zweiten Weltkriegs. 74 Luftangriffe forderten über 6000 Tote, fast 16 000 Menschen wurden verletzt, es traf vor allem die Zivilbevölkerung. Dabei wurden über 50% der Stadt, die Altstadt sogar zu 90% zerstört. Auf beiden Gipfeln finden sich deshalb Gedenkkreuze für die Opfer.

Zeitzeugen berichteten, dass die Angriffe am Tag von den Amerikanern geflogen wurden, dass aber die Nachtangriffe der britischen RAF viel schlimmer waren, galten sie doch überwiegend zivilen Zielen. Man flüchtete sich in die Luftschutzkeller und wusste nicht, ob man diese wieder lebend und unverletzt verlassen können würde und ob dann noch das Haus stehen würde, in dem man wohnte.

Damit man eine Vorstellung von den Schrecken dieser Tage bekommt: Auf München wurden rund 450 Luftminen, 61 000 Sprengbomben, 3 316 000 Stabbrandbomben und 142 000 Flüssigkeitsbrandbomben abgeworfen. Dadurch wurden ca. 300 000 Einwohner obdachlos, 81 500 Wohnungen ganz oder teilweise zerstört. Nach dem Krieg überlegte man deshalb ernsthaft, ob München wieder in seinen alten Grenzen aufgebaut werden oder ob man nicht gleich die Stadt ganz woanders völlig neu errichten sollte. Heute, fast 75 Jahre später, werden bei Bauarbeiten immer noch nicht detonierte Bomben (Blindgänger) gefunden.

Den **Olympiapark** zu erkunden, lohnt sich allemal. Er zählt zu den 10 Highlights Münchens, die man bei einem Städte-Trip unbedingt gesehen haben muss. Entsprechend groß ist der Andrang der Touristen, welche die eine oder andere Sehenswürdigkeit besuchen wollen – eine kurze Aufzählung ohne Anspruch auf Vollständigkeit: das Olympiastadion mit seiner einzigartigen Zeltdachkonstruktion von Behnisch & Partner, die Olympiahalle, die Olympiaschwimmhalle, der Fernsehturm mit seinem drehbaren Restaurant und dem Rockmuseum, der »Munich Olympic Walk of Stars« am großen Olympiasee, das »Sea Life«, die BMW Welt und das BMW-Museum, um nur die wichtigsten zu nennen.

gar Rücksicht auf irgendwelche Vorschriften erbaut wurde. Man sollte sie sich unbedingt anschauen. Während des Sommer-Tollwood-Festivals müssen wir uns allerdings den Weg durch das Veranstaltungsgelände bahnen.

Nun geht es ein kurzes Stück zurück zur Brücke über den **Nymphenburger Kanal**. Vorsicht, hier verkehren MVV-Busse. Wir umrunden den **Kleinen Olympiasee** entgegen dem Uhrzeigersinn, gehen bachaufwärts am Willi-Gebhard-Ufer Richtung Dachauer Straße, wechseln dabei noch einmal die Bachseite und kommen schließlich zur **Trambahnhaltestelle Olympiapark West**.

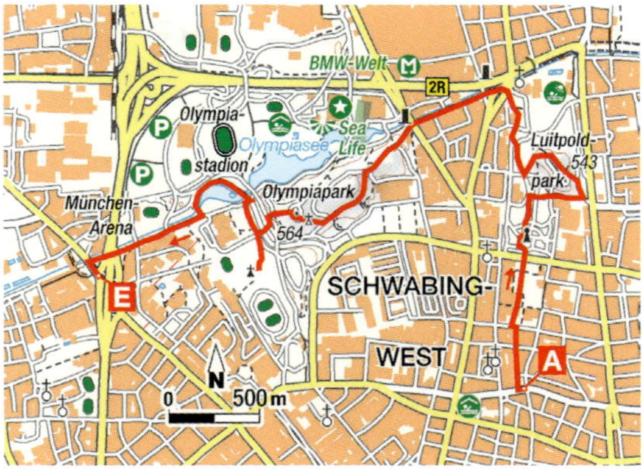


## Varianten

Falls uns die Wanderung zu kurz erscheint: Sowohl im Luitpold- als auch im Olympiapark sind mehrere Varianten möglich. Interessant ist ein Streifzug durch das nördliche Olympiagelände, besonders durch das Olympische Dorf, in dem man sich ganz schön verlaufen kann. Sei's drum, man muss es einmal gesehen haben!

Die weltweit bekannte Zeltdachkonstruktion des Olympiastadions von Behnisch & Partner galt bereits zur Bauzeit als wegweisende Architektur.

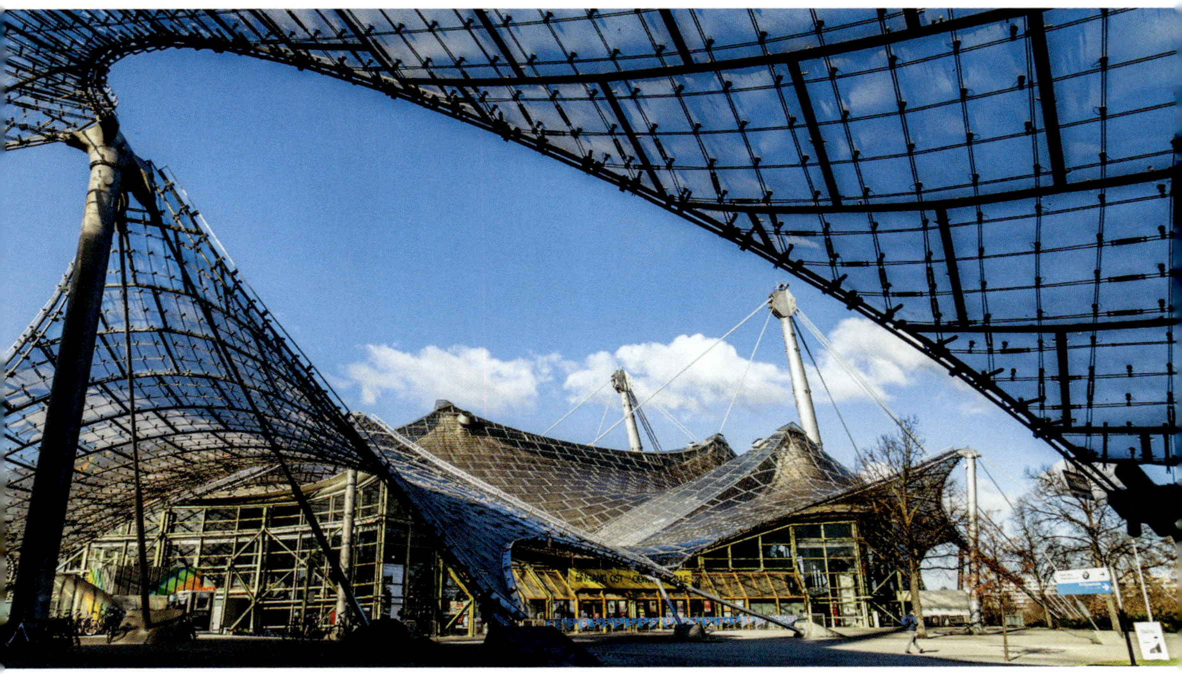

# 8 Isar 1: Von Großhesselohe nach Fröttmaning

## Die große Tour entlang der Lebensader Münchens

| Leicht | 20 km | Keine Hm | 5 Std. |
|---|---|---|---|

**Tourencharakter**
Überwiegend Asphalt und Kieswege. Es geht immer leicht bergab, zumindest wenn man von Süden nach Norden wandert. Streckenlänge mit Varianten 1 und 7 ca. 33 km

**Ausgangspunkt**
Trambahnhaltestelle Großhesseloher Brücke (Linien 15, 25). GPS: 48.07639, 11.55024

**Endpunkt**
Bushaltestelle Wallnerstraße (Linie 181) in der Nähe des Islamischen Zentrums und des Fröttmaninger Parks bzw. U-Bahnhof Fröttmaning (U6)

**MVV**
Da die Tour mitten durch die Stadt führt, kann man sie an vielen Stellen abbrechen. Ein Blick auf den Stadtplan bzw. die Übersichtskarte des MVV genügt.

**Einkehr**
Biergarten Menterschwaige, Flaucherwirtschaft (Biergarten), mehrere urige Kioske an der Isar, mehrere Cafés (z. B. etwas abseits am Max-Weber-Platz), Gaststätte St. Emmeramsmühle (Biergarten)

**Das zweite Highlight dieses Bücherls stellt die längste Wanderung in München dar, besonders, wenn man die Varianten 1 und 7 miteinbezieht. Sie kann jedoch an verschiedenen MVV-Haltestellen abgebrochen und auf mehrere Etappen aufgeteilt werden. Es sind auch immer wieder kleine Varianten möglich. Hinweis: Diese Wanderung an einem sonnigen Sonntag zu unternehmen, könnte enttäuschen – viele Münchner wissen, wie schön es an der Isar ist, entsprechend überlaufen sind dann die Wege.**

Marienklause und Tierpark An der **Trambahnhaltestelle Großhesseloher Brücke** überqueren wir die Geiselgasteigstraße und folgen ihr ein kurzes Stück. Kurz vor der Eisenbahnbrücke biegen wir nach rechts in die Holzkirchner Straße und folgen ihr bis zur **Großhesseloher Eisenbahnbrücke**. Wir steigen die Treppe ins Tal hinab und folgen der Isar. Dabei gibt es drei Möglichkeiten: auf dem breiten Kiesweg, direkt am Isarufer oder einem Steig auf halber Höhe des Isarhangs, der manchmal gesperrt sein kann. Wie auch immer, nach etwa zwei Kilometern erreichen wir die **Marienklause** und den Tierpark Hellabrunn (sagen Sie als Münchner Neubürger niemals »Zoo«!). Wir wandern entweder auf dem Damm am Tierpark entlang oder gehen zum Isarufer hinab; nach etwa einem knappen Kilometer erreichen wir die **Thalkirchner Brücke**.

Von Brücke zu Brücke Wir folgen weiter den Wegen entlang der Isar und kommen über die **Brudermühlbrücke** und den Nacktbadebereich zur **Braunauer Eisenbahnbrücke**, passieren die **Wittelsbacherbrücke**, die **Reichenbachbrücke** und die **Corneliusbrücke**. So erreichen wir das Deutsche Museum und schlussendlich die **Ludwigsbrücke**. Für viele ist hier die Wanderung zu Ende (z. B. an der Trambahnhaltestelle der Linie 17). Wir wollen jedoch noch weiter isarabwärts wandern: entweder entlang

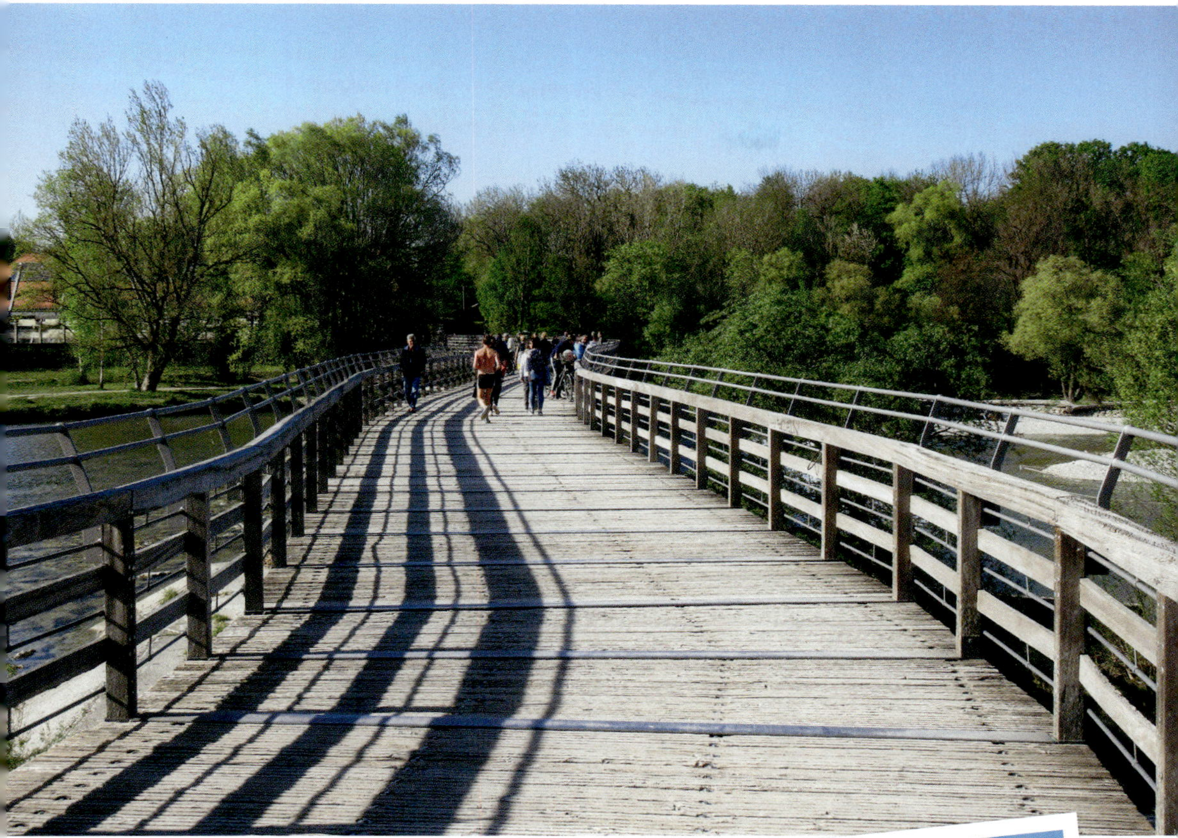

des rechten Isarufers am **Müllerschen Volksbad** vorbei zum Kabelsteg oder auf der Insel zwischen Großer (links) und Kleiner Isar (rechts) über den Wehrsteg und rechts über den **Kabelsteg** zur Fußgängerbrücke über den **Auer Mühlbach**. Kurz darauf erreichen wir die **Maximiliansbrücke** unterhalb des Maximilianeums, dem Sitz des Bayerischen Landtags.

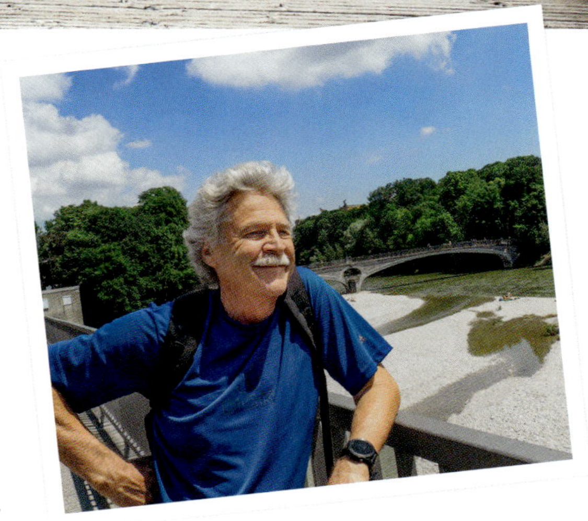

Wandern »dahoam«: an den Ufern der Isar

Ganz oben: Auf dem Flaucher- oder Schindersteg überquert man die Isar auf Höhe der Thalkirchener Überfälle.

Vom Friedensengel nach Fröttmaning Weiter führt unser Weg durch die **Maximiliansanlagen**. Vorbei an der Luitpoldbrücke mit dem **Friedensengel** geht es weiter zur **Max-Joseph-Brücke** und zur **John-F.-Kennedy-Brücke**, bis wir die **Wehranlage Oberföhring** erreichen (hier zweigt Variante 5 ab). Wir folgen immer dem breiten Weg am linken Isarufer, vorbei

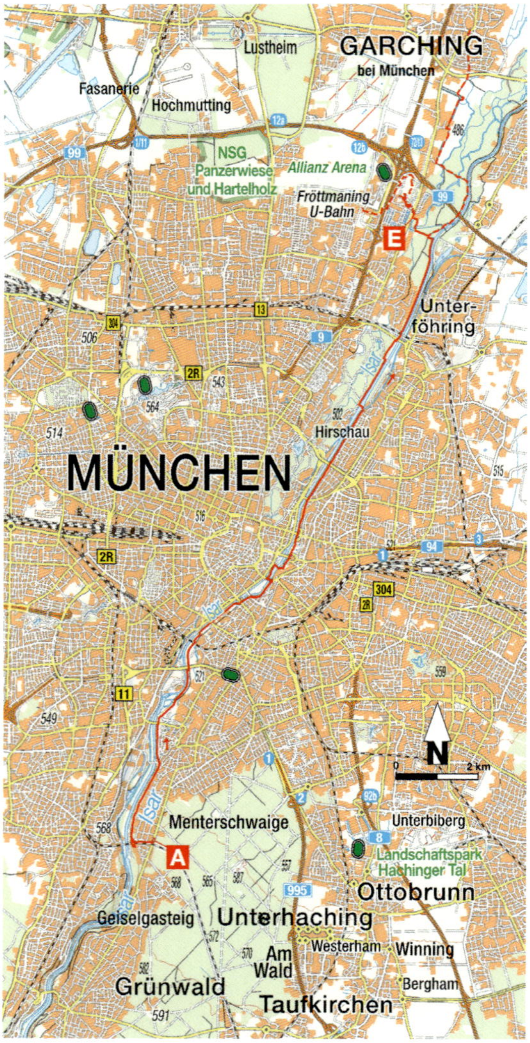


an der **St.-Emmerams-Brücke**, der **Herzog-Heinrich-Brücke** sowie der **Leintaler Brücke** und der Eisenbahnbrücke, bis wir nach etwa eineinhalb Kilometern nach der Eisenbahnbrücke den **Notauslasskanal** der Kläranlage Großlappen erreichen. Hier folgen wir dem Fahrradschild »Allianz-Arena« und wandern, am **Isardüker** vorbei, immer den Wegweisern nach, bis wir die Wallnerstraße nahe des Islamischen Zentrums München erreichen. Gegenüber befindet sich die **Bushaltestelle Wallnerstraße**.

## Varianten

Bei dieser Tour gibt es natürlich eine Vielzahl von Varianten, eine schöner als die andere, z. B.:

- Man startet in Grünwald und wandert im Isartal immer am Ufer entlang bis zur Großhesseloher Eisenbahnbrücke.
- An der Marienklause überqueren wir auf dem Marienklausensteig die Isar und wandern zwischen Isar und Isarwerkkanal zur Thalkirchner Brücke.
- Nach der Thalkirchner Brücke gehen wir nach links und folgen der Isar auf ihrem linken Ufer bis zur Ludwigsbrücke.
- Nach der Thalkirchner Brücke gehen wir nach rechts bis zum kleinen Aubach. Wir folgen ihm bis zum Entenweiher an der Braunauer Eisenbahnbrücke. Hier könnte man einen kleinen Abstecher in den Rosengarten machen.
- Wir bleiben ab der Wehranlage Oberföhring auf der rechten Isarseite und wandern bis zur Gaststätte St. Emmeramsmühle. Über die St.-Emmerams-Brücke kommt man wieder zur Hauptroute. Um die Tour hier zu beenden, geht man die Straße St. Emmeram den Hang hoch und erreicht nach wenigen Hundert Metern die Endhaltestelle der Tramlinien 16 und 17.
- Von der Bushaltestelle gegenüber dem Islamischen Zentrum in Großlappen kann man über den Fröttmaninger Berg zur U-Bahnhaltestelle Fröttmaning (U6) laufen (ca. 3,5 km zusätzlich).

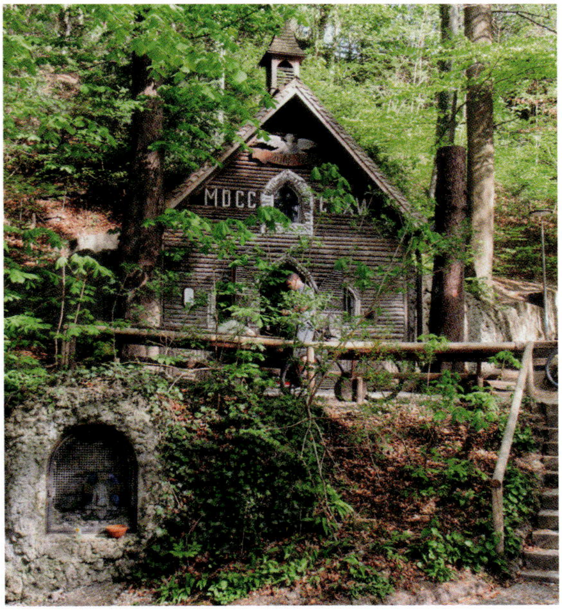

• Eine sehr lohnende Verlängerung der Tour führt entlang des Schleißheim-Isar-Kanals nach Garching. Am Notauslasskanal der Kläranlage Großlappen gehen wir weiter an der Isar entlang, wandern unter der Autobahnbrücke der A 99 hindurch und erreichen nach einem knappen Kilometer eine Abzweigung nach links mit Wegweisern nach Dirnismaning. Nach einem weiteren Kilometer stehen wir auf der Brücke über den Schleißheimer Kanal. Wir folgen nun dem Kanal, der zuerst schnurgerade nach Norden führt und dann nach Westen abbiegt. Wir kommen zu einem landwirtschaftlichen Anwesen, hinter dem wir nach rechts abbiegen. Nun führt unser Weg weiter nach Norden, quert über eine Brücke die B 471 und erreicht die alte Umgehungsstraße. Wir folgen dem Auweg bis zur Münchner Straße, dieser dann nach rechts und haben in Kürze den U-Bahnhof Garching (U6) erreicht.

Die Marienklause wurde an einer Stelle erbaut, wo es nicht nur früher des himmlischen Beistands bedurfte.

## Wissenswertes

Der **Flaucher** erstreckt sich von der Braunauer Eisenbahnbrücke bis zur Thalkirchner Tierparkbrücke zu beiden Seiten der Isar. Er ist heute ein äußerst beliebtes Naherholungsgebiet der Münchner, d. h., besonders an warmen Sommerabenden und an schönen Wochenenden ist er mehr als gut besucht, eher überlaufen. Wen wundert es – hier kann man offiziell picknicken, grillen und in der Isar (nackt-)baden oder im Flaucher-Biergarten einkehren. Der Name Flaucher ist noch gar nicht so alt, erst, als etwa 1870 anstelle eines königlichen Jagdhauses der Münchner Wirt Johann Flaucher die Gastwirtschaft »Zum Flaucher« eröffnete, wurde der Name auf die gesamte Umgebung übertragen. Heute bleibt es leider nicht aus, dass sich im Flaucher die Freizeitgewohnheiten der Münchner und die Belange des Naturschutzes nicht immer im Einklang befinden. Trotz der großen Belastung der Natur bietet der Flaucher einer Vielzahl von Tier- und Pflanzenarten einen einzigartigen Lebensraum innerhalb der Stadtgrenzen. Deshalb wurde er als Fauna-Flora-Habitat-Gebiet für den europäischen Biotopverbund an die Europäische Union gemeldet und genießt hierdurch einen besonderen Schutz. Unter dem Motto »Neues Leben für die Isar« wurde die Flusslandschaft in einem 8 km langen Abschnitt zwischen Großhesseloher Brücke und Museumsinsel renaturiert.

# 9 Isar 2: Die Hochleite

## Am östlichen Hochufer der Isar

Leicht | 16 km | ↓ 40 Hm ↓ 55 Hm | 4 Std.

**Tourencharakter**
Überwiegend Asphalt und Kiespfade. Strecke mit Variante von Grünwald ca. 21 km

**Ausgangspunkt**
Trambahnhaltestelle Großhesseloher Brücke (Linien 15, 25). GPS: 48.07639, 11.55024

**Endpunkt**
Trambahn-Endhaltestelle St. Emmeram (Linien 16, 17)

**MVV**
Im Text wird an ein paar Stellen darauf hingewiesen, an welchen Stellen man die doch sehr lange Tour abkürzen kann. Dazu bieten sich viele MVV-Haltestellen an, u. a. Wettersteinplatz (U1), Ludwigsbrücke (Tramlinie 17), Max-Weber-Platz (U4, U5, Tramlinie 17).

**Einkehr**
Wirtshaus und Biergarten Menterschwaige, Harlachinger Einkehr, Gasthaus Siebenbrunn, Giesinger Bräustüberl, St. Emmeramsmühle, Wirtschaft am Poschinger Weiher (bei Variante 4)

**Als ein weiterer Klassiker war diese Wanderung in den 1950er- und 1960er-Jahren einmal im Jahr ein unverzichtbarer Sonntagsausflug der Münchner. Der folgende Vorschlag führt bis zur Ludwigsbrücke und weiter nach St. Emmeram. Wir wandern auch durch die Au, die bis 1854 nicht zu München gehörte, sondern eine eigene bayerische Stadt war, sogar die zehntgrößte.**

Wirtshaus und Wallfahrtskircherl Wir überqueren an der Ampel bei der **Trambahnhaltestelle Großhesseloher Brücke** die Geiselgasteigstraße und folgen ihr ein Stück Richtung Eisenbahnunterführung. Dort biegen wir rechts ab in die Holzkirchner Straße. Schnell erreichen wir das Isarhochufer bei der **Großhesseloher Eisenbahnbrücke**. Wir wenden uns nach rechts und folgen immer dem Fuß- und Radweg. Nach einem knappen Kilometer kommen wir zum **Wirtshaus Menterschwaige**. In dem schmucken Häuschen daneben soll sich König Ludwig I. mit seiner Geliebten Lola Montez getroffen haben. Ein kleines Schild erinnert daran.
Wir gehen noch einen guten Kilometer weiter, bis wir den Abzweig hinunter zur **Marienklause** erreichen. Hier folgen wir nun aber weiter der Hochleite, zweigen in der Rechtskurve von der Autostraße links ab und kommen zum **Wallfahrtskircherl St. Anna**. Am Fuß der Hangkante liegt der Tierpark Hellabrunn.

Heimat der Sechziger Nach ein paar Metern sehen wir das **Gasthaus Harlachinger Einkehr**. Wir überqueren die Straße und folgen nun dem geteerten Weg, der Harlachinger Straße. Beim Schild »Gasthaus Siebenbrunn« führt ein Weg rechts die Hangkante hinab – hier könnten wir unsere Tour Richtung Flaucher fortsetzen (s. Tour 8) oder wir gehen hinab zum Auer Mühlbach. Auf der Originalroute bleiben wir oben und folgen der Harlachinger Straße, bis wir schließlich kurz vor dem **Sechziger-Stadion** wieder aufpassen müssen. Wir gehen nicht den Drumberg

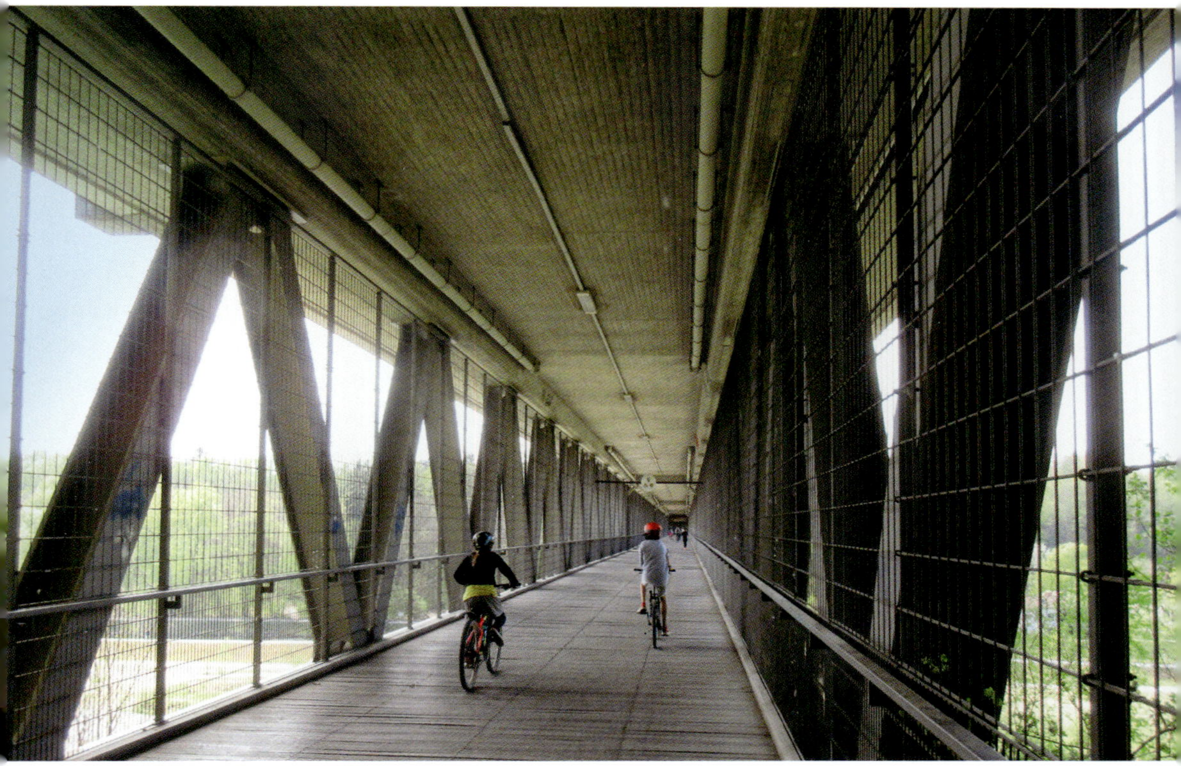

Beim Neubau der Großhesseloher Brücke wurde der Fußgängerüberweg zur Sicherheit komplett vergittert.

links hinunter, sondern bleiben oben und folgen dem Heinrich-Zisch-Weg um das Fußballstadion herum, überqueren auf einer Fußgängerbrücke den Mittleren Ring und gehen weiter, bis wir bei der **Martin-Luther-Kirche** den Giesinger Berg erreichen. Bei der Ampelanlage überqueren wir die Straße und steigen gegenüber auf der Treppe zur **Heilig-Kreuz-Kirche** hinauf.

Zum Wiener Platz Weiter geht's die Straße Am Bergsteig entlang. An der ersten Fußgängerbrücke überqueren wir die Bahngleise und wandern durch den **Kronepark** zu einer zweiten Fußgängerbrücke über die Straße Am Nockherberg. Wir folgen der Hochstraße etwa einen Kilometer, bis wir nach links den Riggauerweg hinunterlaufen können. Noch ein Stück am **Auer Mühlbach** entlang, dann über ein kleines Brückerl nach links, und schon haben wir die Lilienstraße in der Nähe der Ludwigsbrücke erreicht. Hier könnte man am Gasteig (am »gachen«, also steilen Steig) die Wanderung abbrechen.

Wir aber setzen die Tour auf der gegenüberliegenden Straßenseite fort, gehen zur **St.-Nicolai-Kapelle** hoch und nehmen weiter den Weg durch die **Maximiliansanlagen** zum **Maximilianeum**. Wir bleiben oben und folgen der Grütznerstraße bis zum **Wiener Platz**. An den Marktständen, im Biergarten des Hofbräukellers und in den Cafés rundum kann man gut eine Rast bzw. Brotzeit einlegen.

Nach Bogenhausen Die Fortsetzung unseres Weges beginnt hinter dem Maximilianeum, dem Bayerischen Landtag. Wir folgen einem der Wege und kommen an einem **Denkmal für König Ludwig II.**, den Märchenkönig, vorbei. Er wollte hier oben ein Operngebäude für Richard Wagner erbauen lassen – die Münchner waren jedoch dagegen, und so steht es heute in Bayreuth.
Unser Weg führt weiter zum **Friedensengel**, der an den Krieg mit Frankreich 1870 erinnert. Wir überqueren die Prinzregentenstraße, werfen einen kurzen Blick auf die **Stuckvilla** und wandern weiter an der Hangkante entlang in Richtung Norden.
Nach ca. 300 Metern befindet sich rechts im Hildebrandhaus die **Monacensia**, eine der wichtigsten Bibliotheken der Stadt München. Wir gehen weiter durch den Park bis zur Bogenhausener **St.-Georgs-Kirche** – ein Blick hinein lohnt sich. Im kleinen Friedhof sind einige bekannte Münchner und »Zuagroaste« bestattet worden, z. B. Erich Kästner, Lisl Karlstadt, Helmut Fischer und Rainer Werner Fassbinder. An der südlichen Kirchenwand befinden sich die Grabstätten der Familien zweier Bogenhausener »Loambarone«.

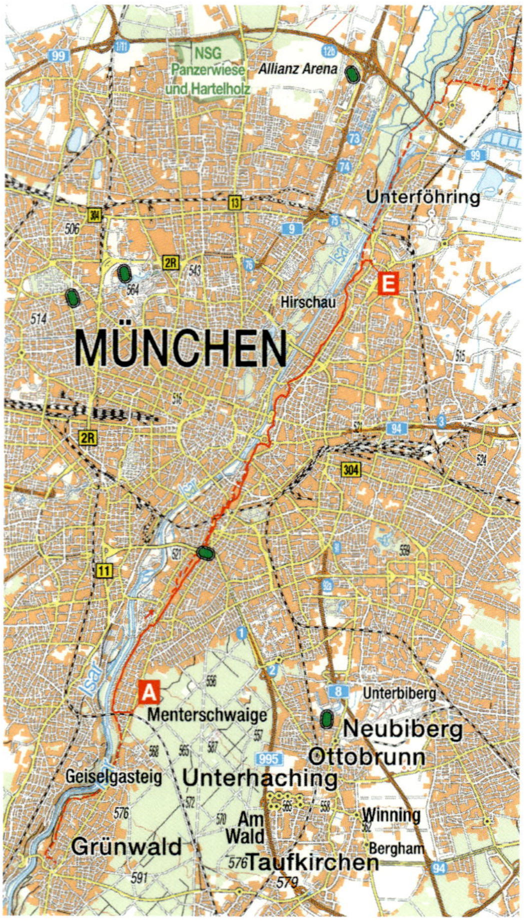


Im nördlichen Isartal Wir folgen nun der Neuberghauserstraße bis zur Möhlstraße, überqueren diese und gehen oben die Weberstraße entlang bis zur Montgelasstraße. Nachdem wir auch diese überquert haben, folgen wir dem Gustl-Waldau-Steig in der Grünanlage hinab bis zum Fuß des Hangs. Weiter durch den Grünzug kommen wir zum **Isarring**.
Im nördlichen Isartal wurde das Isarhochufer nicht unter Landschafts- oder Natur-

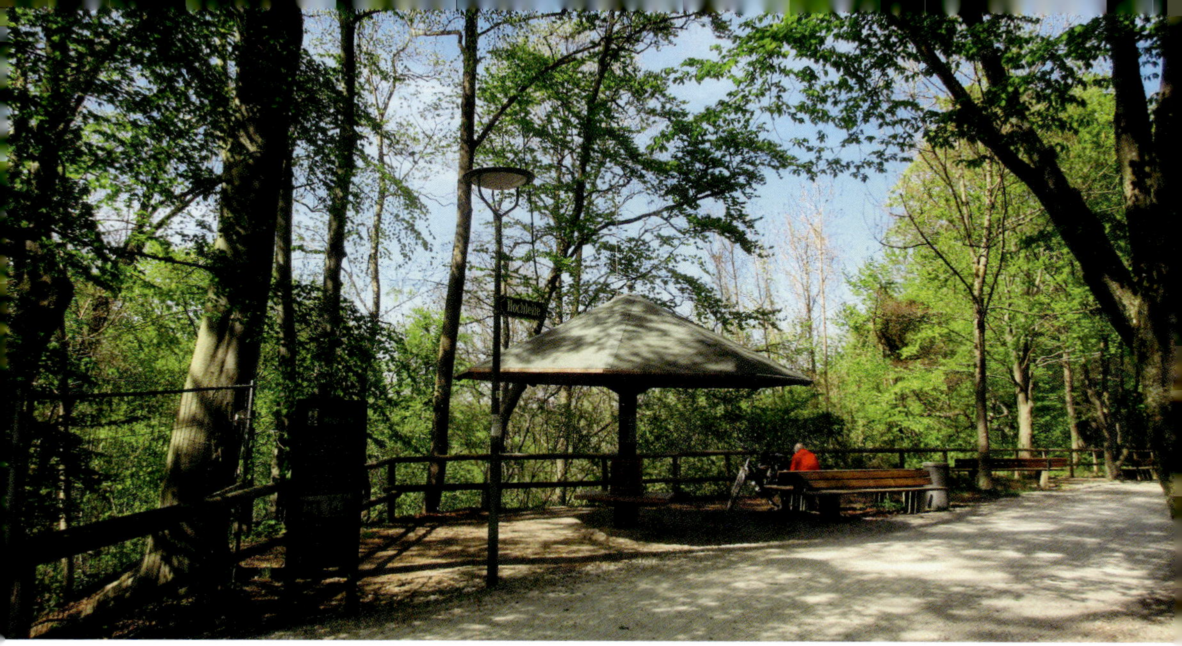


schutz gestellt, und so ist im Bereich nördlich des Isarrings der Weg unterhalb der Hangkante vorzuziehen. Der Weg oben an der Hangkante entlang lohnt sich nun kaum, man müsste an der Oberföhringer Straße entlanggehen – besser wir nutzen also den Grünzug unten, folgen nun der Adalbert-Stifter-Straße neben dem **Brunnbach** und weiter der Brunnbachleite, bis wir auf die Straße Grüntal treffen.

An der Hochleite findet man idyllische Plätzchen zum Rasten.

Einkehr in St. Emmeram Wir gehen diese rechts weiter nach Norden, überqueren die Mauerkircherstraße und kommen, kurz weiter nach rechts, zur Pernerkreppe. Diese (Fußweg) gehen wir den Hang hinauf, bis sie wieder zur Autostraße wird, und biegen dort links ab in die Straße An der Schanze. Bei der Muspillistraße gelangen wir zur Oberföhringer **St.-Lorenz-Kirche**.

An deren Nordwestseite steigen wir nun den Rochus-Dedler-Weg hinab zu einer Brücke über den Isarkanal. Diesem folgen wir bis zur nächsten Brücke, wenden uns nach rechts und gehen zum **Wirtshaus St. Emmeramsmühle**, in dessen Biergarten wir einkehren können. Alsdann müssen wir noch einmal auf den Isarhang hinauf, steigen also die Straße St. Emmeram hoch und treffen oben an der Oberföhringer Straße auf die **Trambahn-Endhaltestelle St. Emmeram**.

## Varianten

Entlang des Hochufers sind eigentlich keine Varianten möglich, es sei denn, man latscht die Hangwege des Isartals rauf und

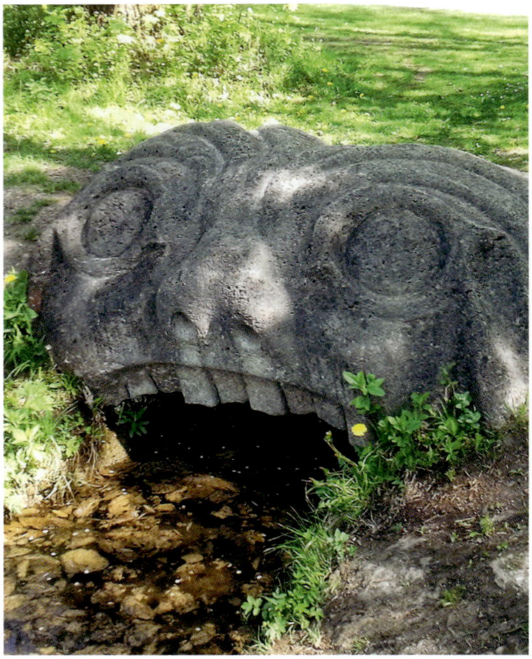

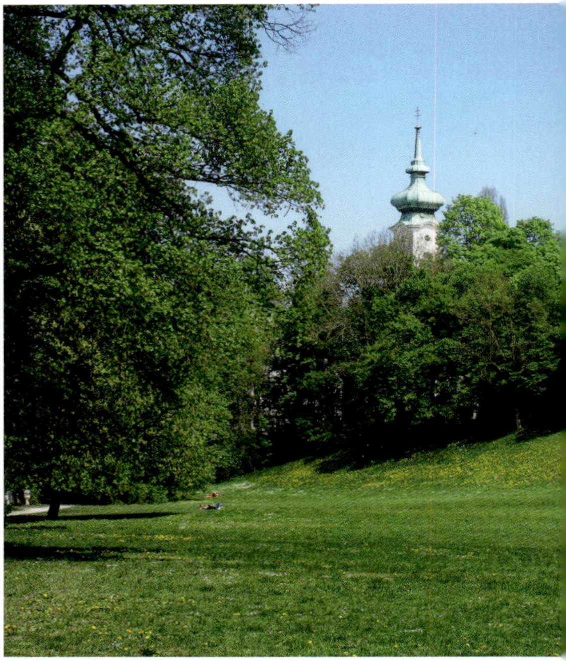

Kurioser Ablauf des St.-Emmeram-Weihers

Rechts: Maximiliansanlagen: Blick auf die über dem Hochufer aufragende Bogenhausener St.-Georgs-Kirche

runter – da kommt dann ganz schön was an zusätzlichen Höhenmetern zusammen. Folgende Varianten entlang des Auer Mühlbachs sind mehr als lohnend und sollten von jedem München-Wanderer mindestens einmal im Leben gemacht worden sein. Und natürlich kann man die Wanderung bereits in Grünwald beginnen.

- Starten wir die Tour in Grünwald, dann gehen wir von der Trambahn-Endhaltestelle Grünwald (Linie 25) nach Westen und werfen erst einen Blick auf die Grünwalder Burg und folgen dann etwa fünf Kilometer immer dem Hochuferweg, bis wir die Eisenbahnbrücke in Großhesselohe und somit die Münchner Stadtgrenze erreichen.
- Eine Variante führt unterhalb der Hochleite entlang des Auer Mühlbachs durch eines der ersten Münchner Industriegebiete. Wir folgen dazu nach der Harlachinger Einkehr dem Wegweiser hinab nach Siebenbrunn (s. auch Tour 11) und treffen unten auf den Harlachinger Quellbach. Über den Auer Mühlbach und immer am Bach entlang bis zur Wolgemutstraße. An der Lebscheestraße biegen wir rechts ab und erreichen kurz darauf die Birkenleite. Diese führt an einem der interessantesten Orte Münchens vorbei, dem Archiconvent der Templer in München, genauer: dem Trinitarion des orientalisch-orthodox-katho-

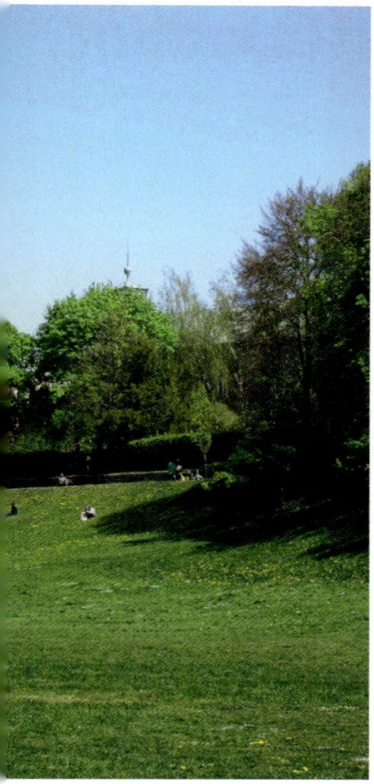

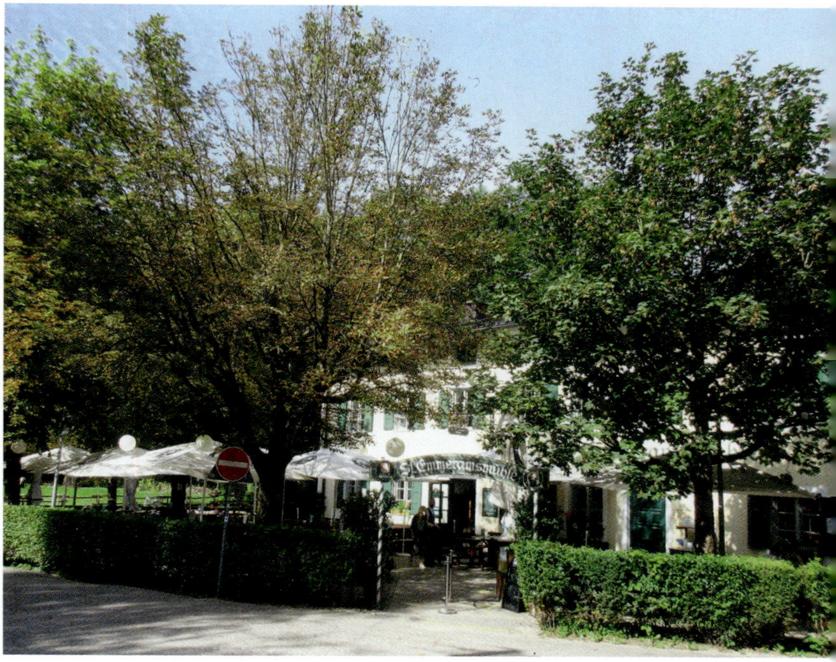

Biergarten der Ausflugsgaststätte St. Emmeramsmühle

lischen und kreuzesritterlichen Chor- und Hospitaliter-Ordens der Templer e. V. Unser Weg führt weiter zum Mittleren Ring, den wir beim Paula-Herzog-Weg erreichen. Hier steigen wir entweder hinauf zum Originalweg beim Sechziger-Stadion oder wir folgen weiter dem Auer Mühlbach unter der Candidstraße hindurch, um bei einer der nächsten Gelegenheiten das Isarhochufer zu erklimmen oder über die Lohstraße (rechts halten in den kleinen Park) weiter bis zum Kolumbusplatz zu gehen. Von dort aus führt der Weg durch die schmale Nockherstraße weiter zum Nockherberg. Neben dem Auer Mühlbach kann man die Autostraße durch eine Unterführung queren und gelangt so zum Gehweg. Weiter geht's am Auer Mühlbach entlang und nach links zum Mariahilfplatz.

- Die nächste lohnende Alternative vermeidet die Hochstraße und führt durch die kleine Anlage am Fuß der Hochleite entlang des Auer Mühlbachs: Von der Hochstraße den Fußweg bei der Brücke über die Gebsattelstraße hinab oder direkt vom Mariahilfplatz zur Straße Am Herrgottseck. Hier links über die Brücke und immer am Auer Mühlbach entlang. Irgendwann geht es geradeaus nicht mehr weiter, dort links über die Brücke, dann zwischen den Häusern hindurch zur Lilienstraße und weiter zur Ludwigsbrücke.

# 10 Von Pasing zum Westfriedhof

## Durch die Grünzüge im Münchner Westen

Leicht | 10,5 km | Keine Hm | 3 Std.

**Tourencharakter**
Überwiegend Asphalt und Kiespfade

**Ausgangspunkt**
S-Bahnhof Pasing (S3, S, S6, S8). GPS: 48.15035, 11.46178

**Endpunkt**
U-Bahnhof Westfriedhof (U1, U7)

**MVV**
Man kann die Tour an folgenden MVV-Haltestellen unterbrechen: Meyerbeerstraße (Buslinie 160), Am Durchschlag (Buslinie 162), Amalienburgstraße (Menzinger Straße; mehrere Buslinien, Tramlinie 17), Wintrichring (mehrere Buslinien), Dachauer Straße (U1, Tramlinie 20).

**Einkehr**
Schlossschänke Blutenburg, Gaststätte »Zur Gartenlaube«

**Auch diese Tour ist ein gutes Beispiel für eine Wanderung innerhalb der Stadtgrenzen von München. Sie führt durch Parks und Grünzüge. Für die etwas verwickelte Wegführung durch das Kapuzinerhölzl ist ein Stadtplan hilfreich.**

Zur Blutenburg Wir verlassen den **S-Bahnhof Pasing** auf der Nordseite und wenden uns nach links. Vorbei an der Pasinger Fabrik erreichen wir den **Nymphenburger Kanal** und folgen der Theodor-Storm-Straße noch ein kurzes Stück weiter bis zur Brücke über die **Würm**. Wir nehmen nun den Kiesweg am rechten Ufer, überqueren einmal kurz einen kleinen Seitenkanal, müssen bei einer Brücke kurz auf die Straße (Schirmerweg) ausweichen und kommen schließlich zum **galizischen Steinkreuz**.
Wir nehmen den linken Weg direkt neben der Würm und gelangen zum **Schloss Blutenburg**, an dem wir nicht einfach vorbeispazieren können – zumindest die Schlosskapelle müssen wir besichtigen, für eine erste Einkehr in der Schlossschänke Blutenburg ist es wahrscheinlich noch zu früh. Auch in der Umgebung des Schlosses ist einiges zu sehen: z. B. das **Todesmarsch-Mahnmal**, das an die letzten Tage des Zweiten Weltkriegs erinnern soll, und gleich daneben das **Bronzedenkmal** der Bernauerin und ihres Gemahls Herzog Albrecht III.

Zum Nymphenburger Kanal Unser Weiterweg führt nun durch den Grünzug Am Durchblick. Er stellt eine der **barocken Sichtachsen** im Norden Münchens dar. Kurfürst Max Emanuel ließ sie in die Landschaft schlagen, um seine Schlösser – als Ausdruck des absolutistischen Herrschaftsdenkens – als Mittelpunkt der von ihnen ausgehenden Sichtachsen zu präsentieren. Heute ist sie ein kleiner, schmaler Park.
Dann wird die Meyerbeerstraße an einer Ampelanlage überquert – hier könnten wir unsere Wanderung unterbrechen und den Bus der Linie 160 nehmen. Wir gehen aber weiter und halten

uns rechts, wenn wir die Kleingartenanlage sehen. Schließlich erreichen wir bei der Paul-Gerhardt-Allee den Nymphenburger Kanal, wo wir abermals – diesmal mit der Buslinie 170 – die Wanderung beenden können.

Wir aber wenden uns kurz nach rechts und biegen sofort wieder in die Straße Am Nymphenbad ein, gehen an deren Ende links durch die Unterführung und biegen gleich danach links ab, um erneut am Nymphenburger Kanal zu stehen, der hier in den **Nymphenburger Schlosspark** fließt.

Ganz unten: Biotop in der kleinen Anlage zwischen Wintrichring und Nederlinger Straße

Bronzedenkmal der Bernauerin und Herzogs Albrecht III.

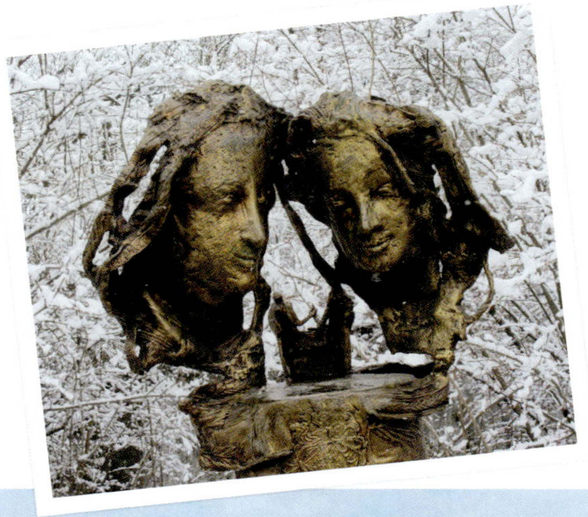

Ins Kapuzinerhölzl Am Kanal entlang erreichen wir die **Große Kaskade**, werfen noch einen Blick auf das weiße Schloss und biegen nach links ab. Wir folgen dem Wegweiser zur **Pagodenburg** und dann dem kleinen Flüsschen in Richtung Norden.

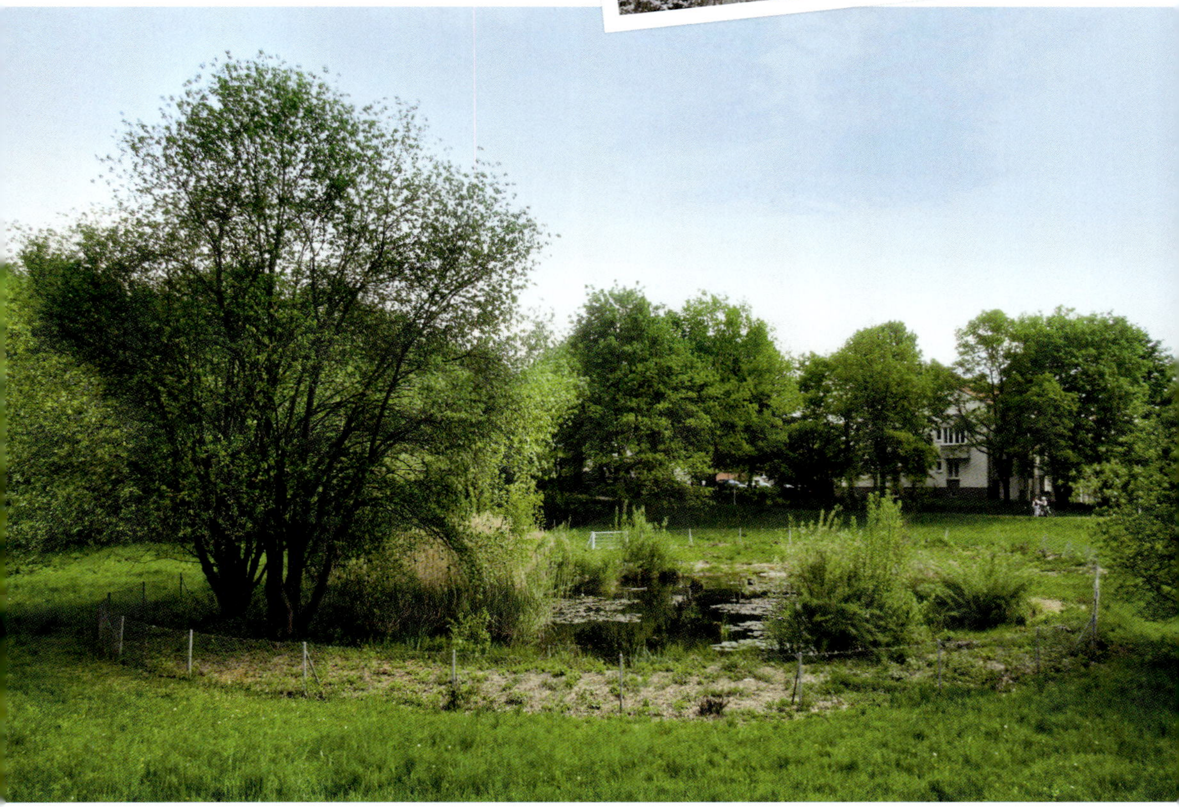

Beim **Kugelweiher** verlassen wir wieder den Schlosspark und erreichen die Menzinger Straße (Trambahn-Endhaltestelle, mehrere Buslinien). Auf der gegenüberliegenden Straßenseite führt ein kleiner Pfad ins **Kapuzinerhölzl** hinein. An der ersten Weggabelung nehmen wir den mittleren Pfad und kommen nach

## Wissenswertes

Das **galizische Steinkreuz** (Cruceiro galego) wurde von der galizischen Landsmannschaft in München im Jahr 1983 aufgestellt und soll ein Zeichen ihrer Verbundenheit mit der Stadt sein. Die Peña Galega de Munich feiert jedes Jahr im Juli am Cruceiro das Fest des Apostels Jakobus (spanisch: Santiago), des Patrons von Galizien und Spanien. Ein Cruceiro ist – ähnlich den bayerischen Feld- und Wegkreuzen – ein aus Stein gehauenes Kruzifix, das in Galizien an Wegkreuzungen, aber auch bei Kirchen und auf Friedhöfen zu finden ist. Sie sollten Schutz, z. B. vor Krankheiten und Flüchen, bieten.

Das **Todesmarsch-Mahnmal** des Künstlers Hubertus von Pilgrim soll an das Grauen der letzten Tage des Frühjahrs 1945 erinnern, als Tausende Häftlinge aus dem KZ Dachau in den letzten Tagen des Zweiten Weltkriegs von ihren SS-Bewachern in Richtung Alpen getrieben wurden, wobei viele der entkräfteten Gefangenen ums Leben kamen. Längs ihres damaligen Leidenswegs durch das Würmtal sind mehrere gleich gestaltete Mahnmale aufgestellt worden.

Im **Westfriedhof** haben eine ganze Reihe prominenter Münchner ihre letzte Ruhestätte gefunden, z. B. der Volksschauspieler Maxl Graf, der Bergsteiger Toni Hiebeler, der Quizmaster Robert Lembke, der Malerfürst Franz von Lenbach, der Bayerische Ministerpräsident Hanns Seidel (1901–1961) oder die iranische Kaiserin Soraya, um nur einige zu nennen.

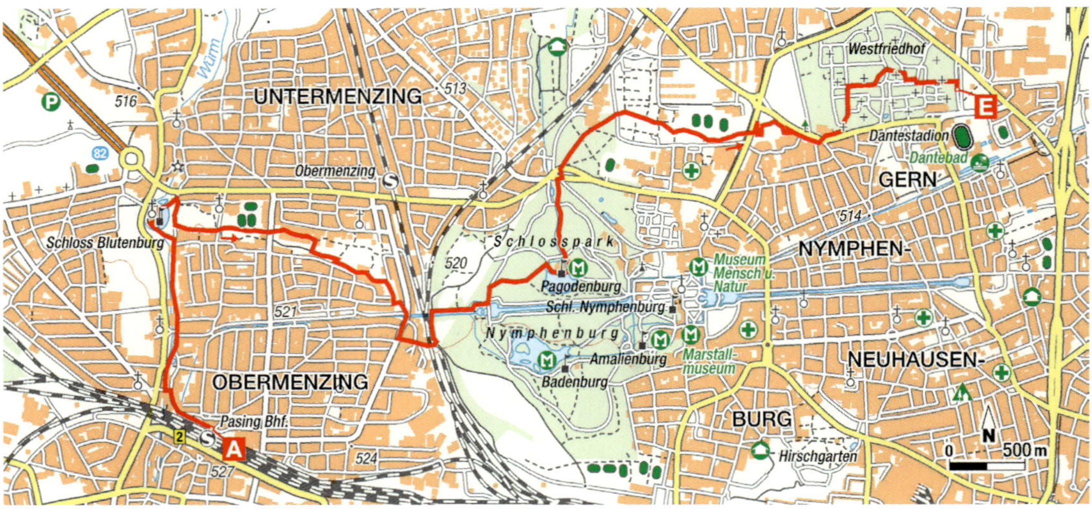

etwa 800 Metern zur Straße In den Kirschen. Zwischen zwei Gartenanlagen führt uns der Weg weiter in den gleichnamigen kleinen Park hinter dem Postsportverein. Bevor wir den Wintrichring überqueren, können wir noch einen kleinen Hügel hinaufspazieren und dann den Weg rechts hinunter zur Ampel nehmen oder wir laufen geradeaus weiter, um an der Kreuzung Wintrichring/Nederlinger bzw. Allacher Straße die Straßenseite zu wechseln.

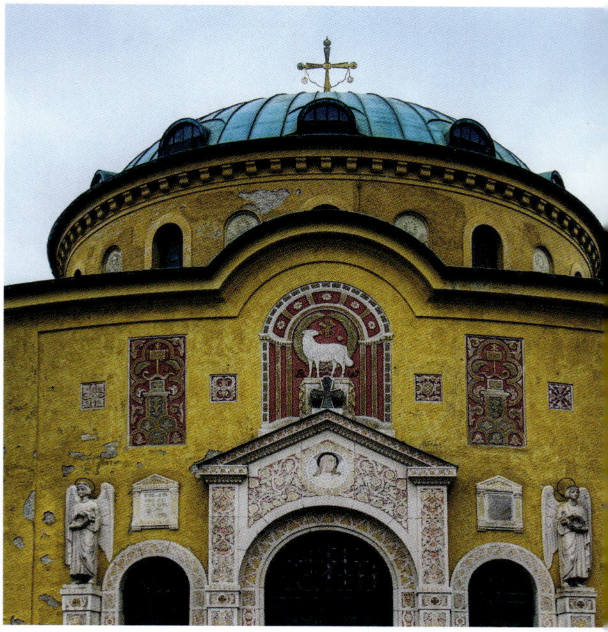

Der unverwechselbare Kuppelbau der Aussegnungshalle des Westfriedhofs

Durch den Westfriedhof Bei beiden Varianten gehen wir in den kleinen Park auf der anderen Straßenseite, folgen dem Grünzug, überqueren dabei die Mettenstraße und erreichen die Ampelanlage an der Nederlinger und Baldurstraße. Hier wechseln wir wieder die Straßenseite und gehen bei der ersten Möglichkeit links in den **Westfriedhof**.
Hier gibt es nun mehrere Möglichkeiten, z.B. gleich wieder rechts oder weiter in den Friedhof hinein. Falls wir uns nicht mehr zurechtfinden oder verlaufen: Es finden sich immer wieder Tafeln mit Plänen. Endpunkt unserer Tour ist der **U-Bahnhof Westfriedhof**. Gegenüber in der Kleingartenanlage gibt es einen empfehlenswerten kleinen Biergarten mit griechischer Küche (»Zur Gartenlaube«).

## Varianten

Im Nymphenburger Schlosspark sind viele verschiedene Wege möglich – ein Vorschlag wäre: Statt die Wanderung am U-Bahnhof Westfriedhof zu beenden, kann man noch durch die Kleingartenanlage und dann durch die Borstei gehen. Man muss sich in ihr rechts halten, um den Sapporobogen in der Nähe des Nymphenburger Kanals am Beginn des Olympiaparks zu erreichen. Man kann auch den Grünzug nördlich der Borstei benutzen und dann am Mittleren Ring (Landshuter Allee) rechts abbiegen – so kommt man ebenfalls zur Unterführung am Sapporobogen und weiter durch den Olympiapark zum U-Bahnhof (ein Blick auf den Stadtplan ist hierbei hilfreich).

# 11 Von Harlaching zum Harras

## Grünes fürs Auge im Münchner Süden

Leicht | 6,5 km | ↑ 55 Hm ↓ 65 Hm | 2 Std.

**Tourencharakter**
Überwiegend Asphalt und Kiespfade

**Ausgangspunkt**
U-Bahnhof Sankt-Quirin-Platz (U1). GPS: 48.10466, 11.58113

**Endpunkt**
U-Bahnhof Harras (U6)

**MVV**
Man kann die Tour an folgenden MVV-Haltestellen unterbrechen: Tiroler Platz (Tramlinien 15, 25), Thalkirchen (Tierpark; U3), Plinganserstraße (Buslinie 134).

**Einkehr**
Harlachinger Einkehr, Gasthaus Siebenbrunn, Alter Wirt in Thalkirchen, verschiedene Kioske und Cafés

**Der ausgedehnte, erstaunlich abwechslungsreiche Spaziergang führt von Harlaching an der Hangkante der östlichen Niederterrasse entlang zum Trainingsgelände des FC Bayern München und weiter zum Annakircherl an der Hochleite. Beim Tierpark Hellabrunn wird die Isar überquert und nach der Wallfahrtskirche St. Maria Thalkirchen die westliche Hangkante erklommen.**

Siebenbrunn und Tierpark Vom **U-Bahnhof Sankt-Quirin-Platz** gehen wir in den Grünzug Am Hohen Weg, überqueren nach etwa einem Kilometer die Säbener Straße und folgen in der Grünanlage weiter dem Weg (nun Kuntersweg) bis zum Tiroler Platz, den wir nach etwa einem weiteren halben Kilometer erreichen. Wir überqueren die Tegernseer Landstraße und gehen nun die Karolingerallee entlang bis zur **Wirtschaft Harlachinger Ein-**

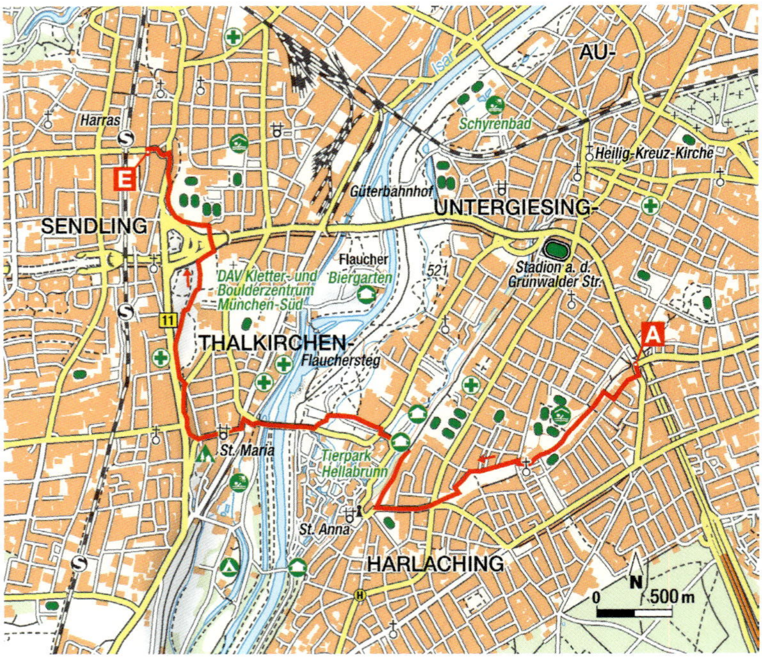

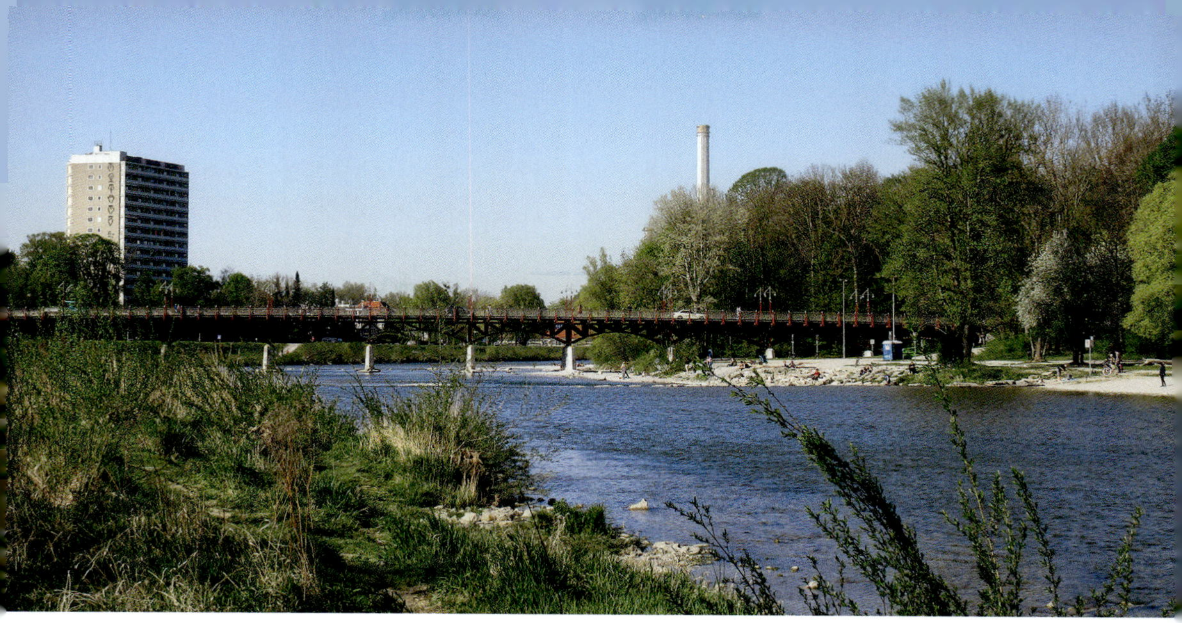

Die Thalkirchner Brücke führt von der U-Bahnstation zum Tierpark Hellabrunn.

**kehr**. Dort biegen wir rechts ab und spazieren an der Hangkante etwa einen halben Kilometer weiter, bis ein Weg hinunter nach Siebenbrunn führt. Unten geht es am **Gasthaus Siebenbrunn** vorbei zur Ampel an der Tierparkstraße. Wir wechseln auf die andere Straßenseite. Unser Weg führt nun in den **Flaucher** – dazu gehen wir zwischen den Schrebergärten und der Alemannenstraße in die Grünanlage hinein, dann folgt eine kleine Brücke über den **Aubach**. Kurze Zeit später erreichen wir die Isar, die wir auf der **Thalkirchner Brücke** überqueren.

Zum Harras Beim **U-Bahnhof Thalkirchen (Tierpark)** biegen wir links in die Schäftlarnstraße ab und sofort wieder nach rechts in die Fraunbergstraße. Hier haben wir Gelegenheit, die **Wallfahrtskirche St. Maria Thalkirchen** zu besuchen oder den Alten Wirt. Alsdann biegen wir rechts in die Hoeckhstraße ein, die wir bis zur Plinganserstraße hinaufgehen, wobei wir den Greinerberg, eine Autostraße, die wieder nach unten führt, überqueren. Unser Weg führt nun durch die Grünanlage und auf dem Alois-Johannes-Lippl-Weg wieder hinunter bis zu den Schrebergärten. Dann queren wir auf einer Fußgängerbrücke den Mittleren Ring (Brudermühlstraße) und steigen durch die Anlage wieder hinauf zur Plinganserstraße, der wir bis zum **U-Bahnhof Harras** folgen.

## Variante

Wir können auch nach dem Alois-Johannes-Lippl-Weg nicht hinunter bis zu den Schrebergärten laufen, sondern gleich oben an der Hangkante die Plinganserstraße nehmen.

# Die Zukunft Münchens als Wanderrevier

München ist laut der Unternehmensberatungsfirma Mercer die beliebteste Stadt Deutschlands, weltweit liegt sie gemeinsam mit Auckland in Neuseeland und Vancouver in Kanada auf Platz 3. Wen wundert es da, dass es in den Grenzen der Stadt eng wird. Einerseits benötigen die Münchner Wohnraum, nicht etwa nur die Neubürger, von den Einheimischen liebevoll »Zuagroaste« genannt – als Wirtschaftszentrum und Metropolregion wollen viele international agierende Firmen hier eine Dependance haben, und mehr Firmen bedeuten mehr Mitarbeiter, mehr Mitarbeiter, dass mehr Wohnungen gebraucht werden. Qualifizierte, gut verdienende Zuzügler haben natürlich gehobene Ansprüche, wie sie leben und wohnen wollen, also werden, wo immer es geht, neue Wohnquartiere ausgewiesen. Andererseits verschwindet die Lebensqualität rapide, wenn jedes noch so kleine Fleckerl zubetoniert und zugepflastert wird.

Die Verantwortlichen der Stadt München haben also einen Spagat zu bewältigen, einerseits genug Wohnraum zu schaffen, andererseits die Lebensqualität der Weltstadt mit Herz zu bewahren. Beides gelingt oft nicht. Kritiker bemängeln, dass das Ergebnis – trotz aufwendiger städtebaulicher Wettbewerbe – eher mäßig ausfalle: Quadratisch, praktisch, gut – und einfallslos. Ein Münchner Stadtrat drückte das sehr drastisch so aus: »Schuhschachtel-Architektur ohne Fassadengestaltung. Wir bauen die allerletzten Flächen zu und bestimmen damit das Aussehen Münchens für die nächsten 40–50 Jahre.« Solche neuen Wohnquartiere sieht man z. B. in Freiham oder auf dem ehemaligen Diamalt-Gelände in Allach.

Bereits vor über hundert Jahren standen die Verantwortlichen der Stadt vor genau den gleichen Problemen. Damals machten die sogenannten Millionenbauern den Reibach, heute soll SEM, also eine städtebauliche Entwicklungsmaßnahme, die Bodenspekulation verhindern. Was ist also besser? Der Bauer am Stadtrand, der seinen Acker in Eigenregie mit Häusern bebaut, oder die Stadt, die riesige Komplexe fantasielos zubetoniert? Bereits damals fanden sich aber auch zukunftsweisende Lösungen wie die Borstei, eine Siedlung am Rand des Olympiageländes mit 77 Mehrfamilienhäusern und 773 Wohnungen, die nach den Worten ihres Bauherrn Bernhard Borst das Schöne des Einfamilienhauses mit dem Praktischen einer Etagenwohnung verbinden soll.

München ist aber bis heute und trotz der oben skizzierten Entwicklung eine Stadt mit viel Grün geblieben. Touristen und Neubürger stellen das immer wieder verwundert

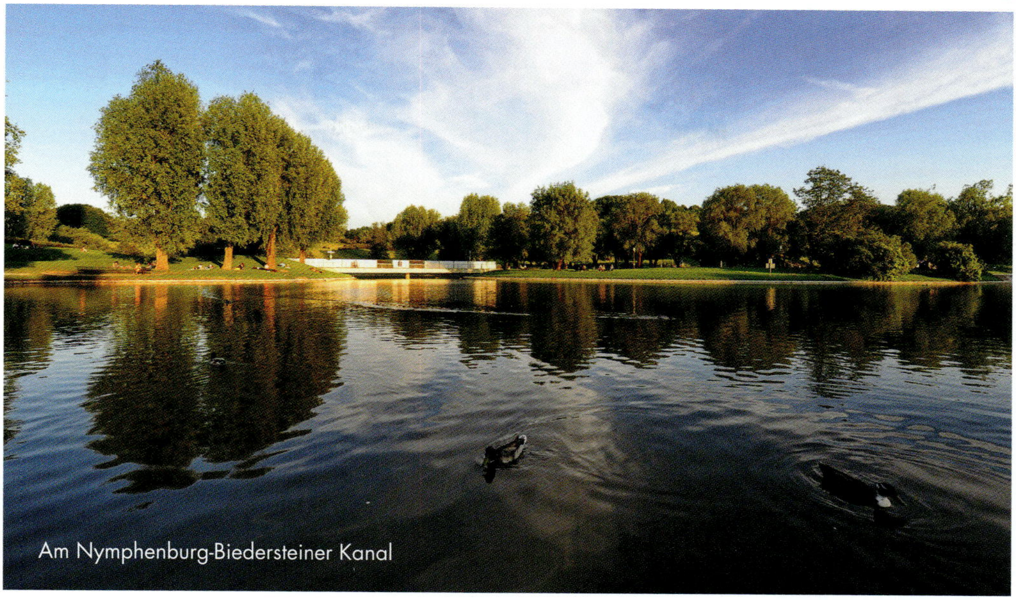

Am Nymphenburg-Biedersteiner Kanal

und erfreut fest. Neben vielen kleinen Parks, Friedhöfen (die z. T. schon lange aufgelassen wurden), Grünzügen, Landschaftsschutz- und auch Naturschutzgebieten sind hier vor allem die sieben großen Parks zu nennen, durch die viele der Wanderungen dieses Bücherls führen.

Das Münchner Stadtgebiet ist seit jeher durch lang gestreckte grüne Bänder gegliedert: in Nord-Süd-Richtung an der Isar und der Würm mit ihren Parks und in West-Ost-Richtung durch den Nymphenburg-Biedersteiner Kanal, der zwischen dem Nymphenburger Schloss und dem Englischen Garten verläuft. Nicht nur diese grünen Bänder verbinden die Innenstadt mit den äußeren Stadtbezirken und diese wiederum mit der offenen Landschaft. Oft sind es nur baumbestandene Straßen oder schmale begrünte Streifen, über die man auf kurzen Wegen zu Fuß oder mit dem Rad in die großen Parks gelangen kann. Es bleibt zu hoffen, dass die Stadt München das grüne Netz in den nächsten Jahrzehnten durch konsequent grüne Entscheidungen weiter ausbaut und das Bestehende nicht verkommen lässt, trotz der Herausforderungen durch das rapide Wachstum der Stadt. Gute Beispiele hier sind neue Grünflächen wie etwa der Feldmochinger Anger, die Grünanlage an der Pühnstraße und der Zamilapark, die alle in den letzten Jahren verwirklicht wurden. Das Leitbild der Stadt München ist nach ihren eigenen Worten der frei nutzbare Bürgerpark, der ein ausgedehnter grüner Raum für die Öffentlichkeit zur vielfältigen Nutzung in der Freizeit sein soll.

# 12 Vom Luitpoldpark zum Harthof

## Auf den Spuren der Trambahnlinien 8 und 3

Leicht | 6,5 km | ↑↓ 35 Hm | 2 Std.

**Tourencharakter**
Asphaltierte Wege

**Ausgangspunkt**
U-Bahnhof Hohenzollernplatz (U2, U8). GPS: 48.16215, 11.56867

**Endpunkt**
U-Bahnhof Harthof (U2)

**MVV**
Die Wanderung kann man an mehreren U-Bahnhöfen (alle U2) abkürzen, z. B. an den Stationen Milbertshofen, Frankfurter Ring oder Am Hart.

**Einkehr**
Bamberger Haus, Gaststätte »Zum Brunnergarten« in der Kleingartenanlage im Norden des Luitpoldparks, Wirtshaus am Hart

**Diese Tour ist – wie die vorhergehende – ein typisches Beispiel für eine Wanderung innerhalb der Stadtgrenzen, durch einen Park und entlang eines Grünzugs. Vor etlichen Jahrzehnten fuhr durch diesen noch die Trambahn vom Scheidplatz zum Harthof; der Bau der U-Bahn hat diese Linie inzwischen überflüssig gemacht – ein Glück für uns Wanderer.**

Luitpoldpark und Kanal Wie bei Tour 7 verlassen wir den **U-Bahnhof Hohenzollernplatz** auf der Nordseite und folgen der

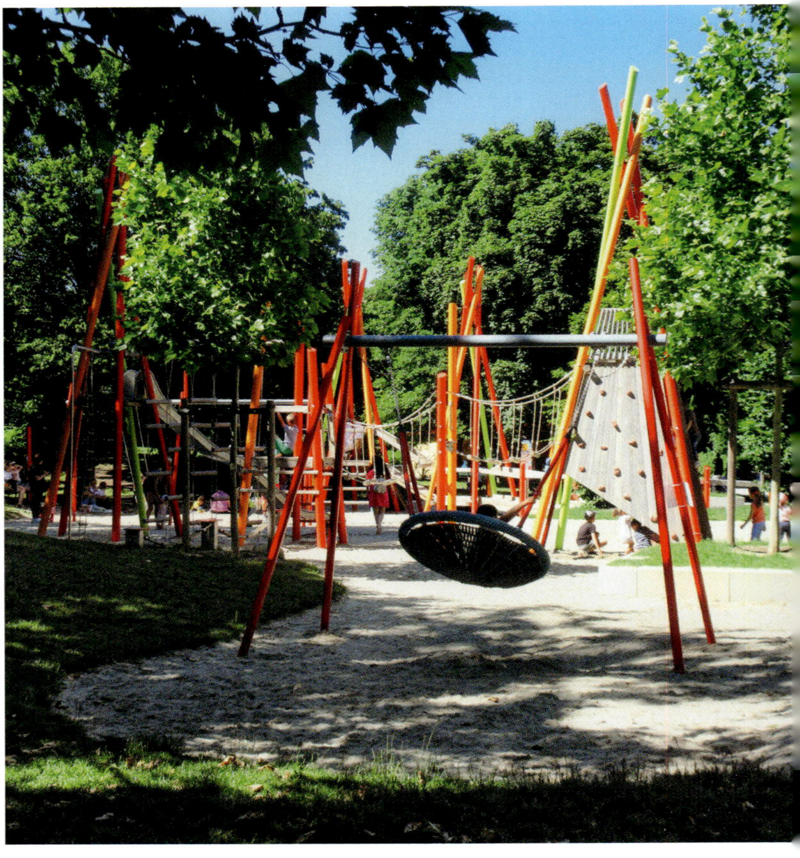

Spielplatz im Anhalter Park in Milbertshofen

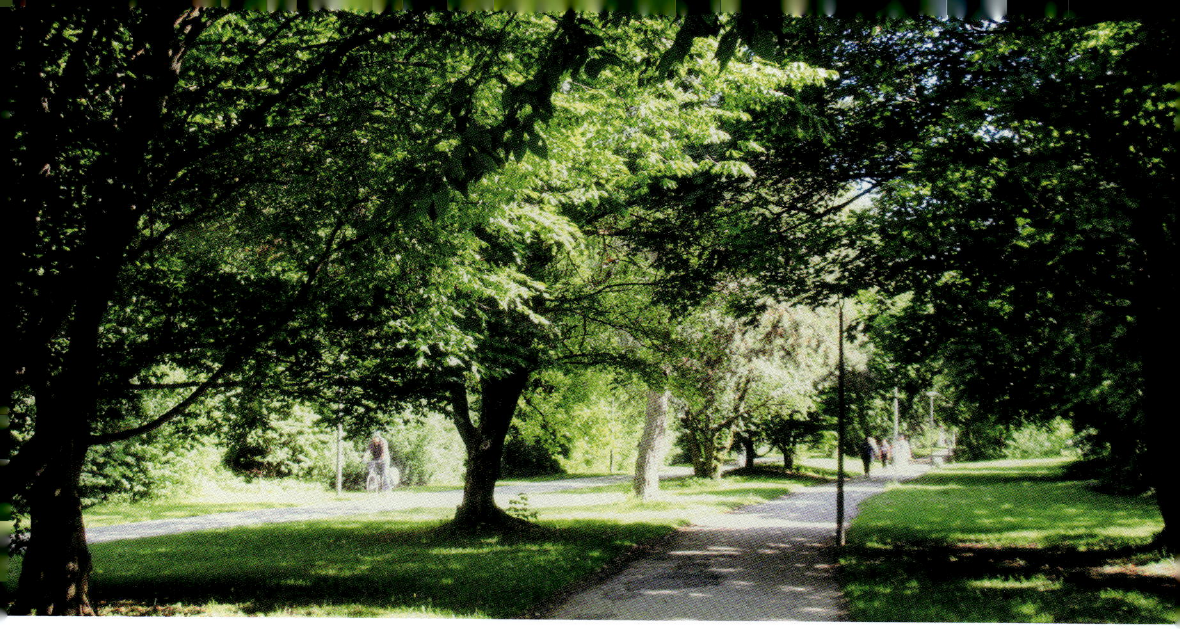

Der Grünzug Oberhofer Weg verbindet die Stadtteile Milbertshofen und Am Hart.

Mittermayrstraße bis zum **Bayernpark**. Wir durchqueren ihn und wechseln an der Ampelanlage an der Karl-Theodor-Straße in den **Luitpoldpark**. Nachdem wir am **Obelisken** vorbeigegangen sind, halten wir uns rechts, um den **Luitpoldhügel** zu besteigen.

Vom »Gipfel« steigen wir nach Norden ab und erreichen, vorbei am **Freibad Georgenschwaige**, den **Biedersteiner Kanal**. An der Ampel überqueren wir die Belgradstraße und gehen kurz am Biedersteiner Kanal entlang, bis uns eine Rampe hinauf zum **Petuelpark** leitet.

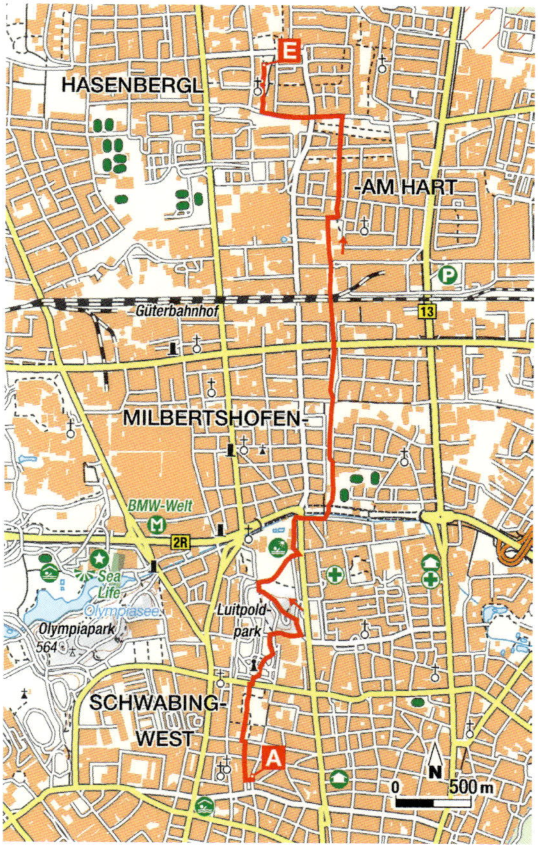


## Durch den Hart

Dort geht es nun kurz geradeaus weiter, bis uns die Hinweisschilder für Radfahrer den Weg nach links Richtung Harthof zeigen. Unser Weg führt nun immer im Grünzug weiter, dabei über- oder unterqueren wir diverse Straßen, wie z. B. den Frankfurter Ring.

Nach etwa zweieinhalb Kilometern biegen wir links in die Rathenaustraße ab. Nach einem weiteren halben Kilometer führt unser Weg rechts in den **Grünzug** zwischen der Parler- und der Hugo-Wolf-Straße. Kurz darauf ist der **U-Bahnhof Harthof** erreicht, das Ende dieser Tour.

# 13 Die Seenplatte im Münchner Norden

## Wander- und Badevergnügen

Leicht | 16,3 km | Keine Hm | 4.30 Std.

**Tourencharakter**
Überwiegend Asphalt und Kiespfade

**Ausgangspunkt**
Bushaltestelle Lerchenauer See (Linie 60). GPS: 48.19805, 11.53574

**Endpunkt**
S-Bahnhof Fasanerie (S1)

**MVV**
Man kann die Tour in Feldmoching (Buslinie 173) abkürzen. Grundsätzlich ist auch die Anfahrt mit der S-Bahn (S1) möglich – man muss dann vom S-Bahnhof Fasanerie der Niederaltaicher Straße stadtauswärts folgen, bis man bei der Kindertagesstätte rechts in einen kleinen Fußweg einbiegt; über diesen kommt man zur Reinachstraße und durch einen kleinen Grünzug zur Kapernaumkirche am Lerchenauer See (ca. 1 km).

**Einkehr**
Gaststätte »Grüne Insel« (Kleingartenverein am Feldmochinger See), Andys Seehäusl (Kiosk am Feldmochinger See), Feldmochinger Hof (nicht direkt am Weg)

**Die Tour ist vielleicht bald nicht mehr so zu machen, will doch die Stadt München zwischen Feldmoching und dem Naturschutzgebiet Allacher Forst ein neues Stadtviertel – ähnlich wie Freiham – erbauen. Ein Teil der Wanderung würde dann durch Wohnsilos führen und wäre sicher nicht mehr lohnenswert. Also, schnell noch in den Münchner Norden! Im Sommer darf dann auch das Badezeug nicht vergessen werden.**

Vom See zum Park Wir beginnen die Wanderung an der **Bushaltestelle Lerchenauer See** und folgen im Uhrzeigersinn dem Weg um den **Lerchenauer See**. Auf seiner Südseite müssen wir kurz hinaus auf die Lassallestraße, aber schon nach wenigen Metern können wir in das **Landschaftsschutzgebiet** westlich von ihr hineinspazieren. Es wurde als Ausgleichsfläche für den

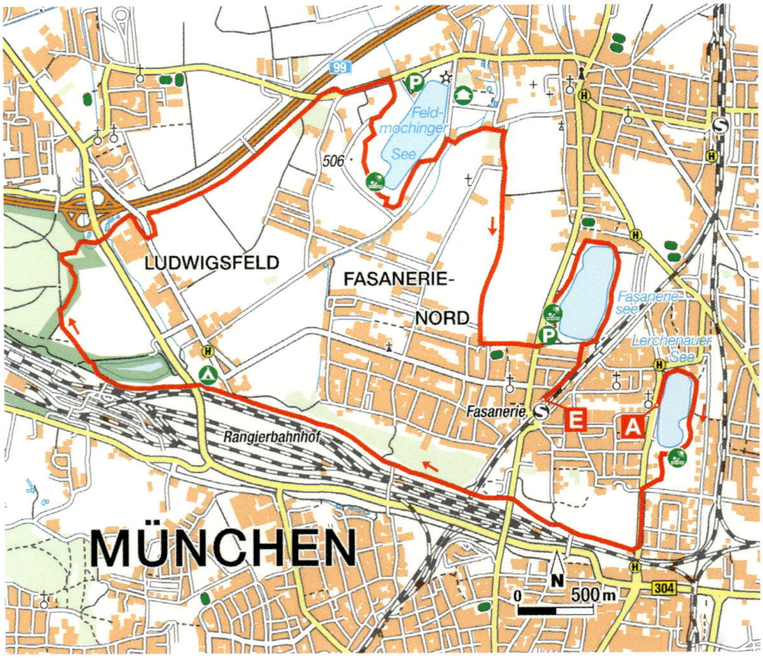

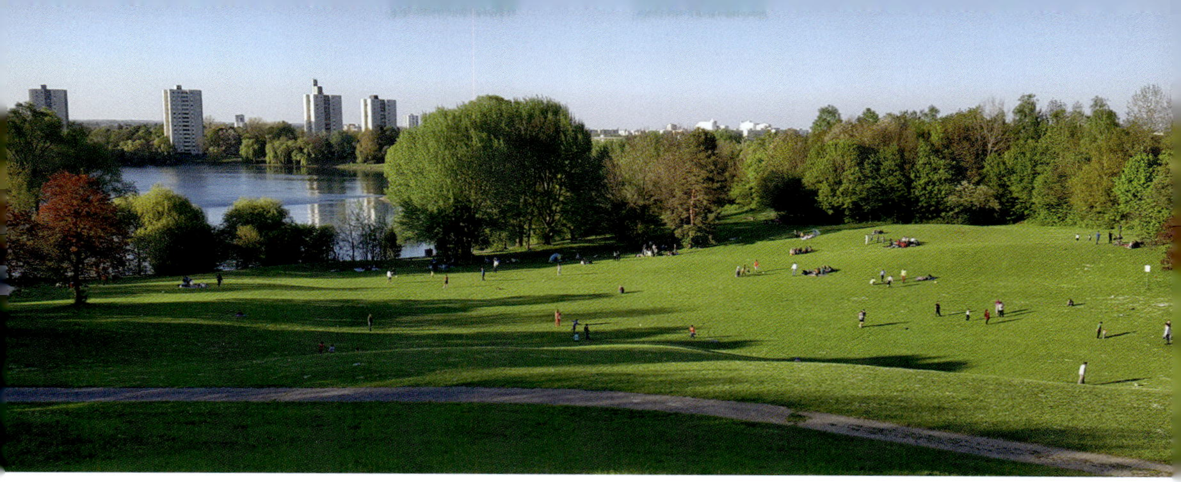

Grüne Oase mitten in der Stadt: der Lerchenauer See

Rangierbahnhof ausgewiesen. Entweder gehen wir nun bis zum **Bahndamm** und wandern auf diesem Richtung Westen oder wir suchen uns unseren Weg einfach quer hindurch, vorbei an kleinen Weihern, bis beide Wege an der Fußgängerunterführung unter der Feldmochinger Straße wieder zusammentreffen. Wir wandern weiter an der Nordseite des Rangierbahnhofs, überqueren die Bahnlinie München–Freising und haben nun wieder die Wahl, welchen Weg wir nehmen wollen.

Variantenreicher Abschnitt **Variante 1:** Wir bleiben oben am breiten Weg, bis wir nach dem rechts unten liegenden Campingplatz die Dachauer Straße erreichen. Wo es möglich ist, können wir auch immer wieder auf den Scheitel des Damms hinaufsteigen und oben einem kleinen Pfad folgen. Besonders bei Föhn ist das eine reizende Variante.

**Variante 2:** Wir biegen nach der Brücke über die Gleise rechts ab und schlagen uns bei nächster Gelegenheit links in die Büsche. Auf einem Trampelpfad erreichen wir, nachdem wir einen weiteren Kiesweg gequert haben, der zur Pappelallee führt, nach einem guten Kilometer einen breiten Kiesweg, der uns links hinauf wieder zurück auf den Bahndamm leitet, über den wir – wie bei Variante 1 – die Dachauer Straße erreichen.

**Variante 3:** Wir gehen wie bei Variante 2 noch fast bis zum Ende des kleinen Wäldchens und biegen dort links ab. Wir treffen auf einen kleinen Pfad, der uns hinauf zum alten Bahndamm leitet, der bereits vor dem Zweiten Weltkrieg aufgeschüttet wurde. Wir folgen dem Trampelpfad, der uns wie die Variante 2 zu dem breiten Kiesweg bringt, der uns wieder auf den Bahndamm zurückleitet. Weiter wie dort. Achtung: Bei Regenwetter sind die Varianten 2 und 3 nicht zu empfehlen – die Wege sind oft rutschig und abschüssig!

Bei allen Varianten lassen wir den Abzweig Richtung Norden zur Pappelallee rechts unbeachtet.

Hundesee und Allacher Forst Nun gemeinsam weiter: Wir gehen die Unterführung unter der Dachauer Straße (B 304) hindurch und erreichen den sogenannten **Hundesee** (Landschaftssee Allacher Lohe), auch bekannt unter dem Namen »Baden-verboten-See«. Egal, ob wir ihn im Uhrzeiger- oder entgegen dem Uhrzeigersinn umrunden, an seinem Westende zweigen wir nach Norden in die Obere Allee ab.
Sobald wir den **Allacher Forst** erreichen, können wir entweder rechts an der Schranke in den kleinen Weg abbiegen und uns anschließend rechts und gleich wieder links halten, bis wir an einer Unterführung unter der B 304 hindurchgehen können, um bald darauf die Straße Auf den Schrederwiesen zu erreichen. Wir können stattdessen aber auch die Obere Allee weiterverfolgen – wo diese einen deutlichen Linksknick macht, biegen wir nach rechts ab und erreichen bald darauf auch die oben genannte Unterführung. Falls wir zu einer Fußgängerbrücke kommen, sind wir schon zu weit gegangen.

Zum Feldmochinger See Der nächste Abschnitt führt, nachdem wir die Autostraße Auf den Schrederwiesen überquert haben, an der Südseite der Westumfahrung (A 99) entlang. Hier könnte rechter Hand bald das in der Vorbemerkung erwähnte Neubaugebiet entstehen. Die Wanderung wäre dann wahrscheinlich so nicht mehr lohnend. Noch aber können wir am Rand der Felder

Winterlicher Sonnenuntergang am Fasaneriesee

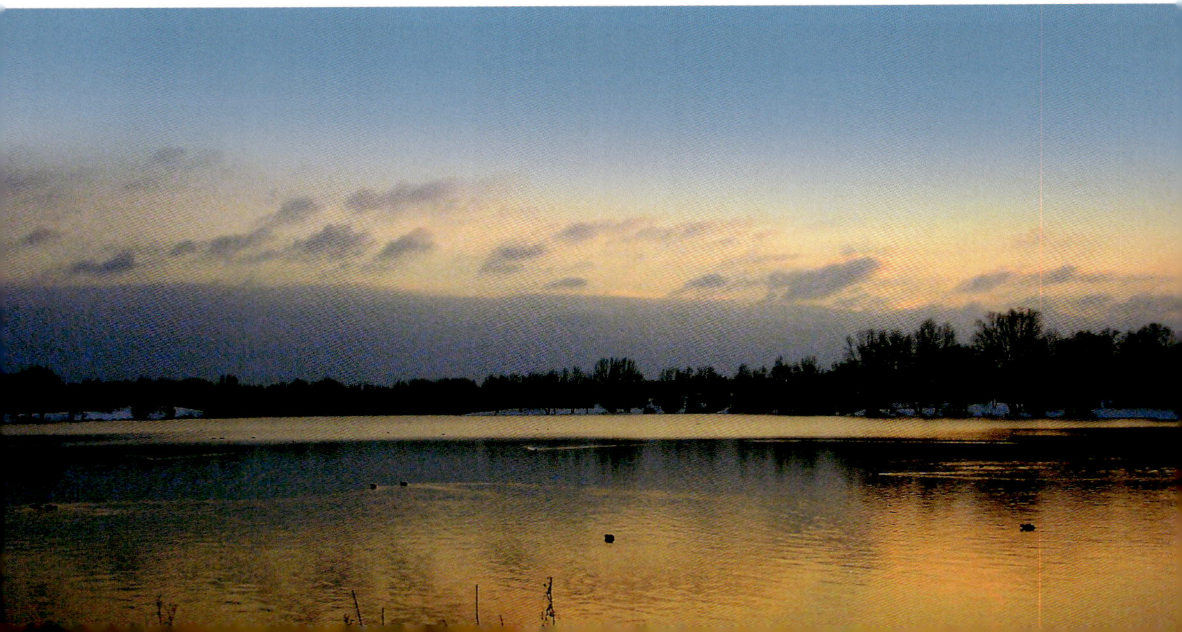

bis zur Unterführung wandern, die unter der Karlsfelder Straße hindurchführt. Im Anschluss überqueren wir die Straße und gehen entlang der Kleingartenanlage zum Parkplatz und noch einige Schritte weiter, bis wir den **Würmhölzlgraben**, den Abfluss des Feldmochinger Sees, erreichen. Hier biegen wir rechts ab und kommen in Kürze zum **Feldmochinger See**. Es ist wieder gleichgültig, ob wir ihn im Uhrzeiger- oder entgegen dem Uhrzeigersinn umrunden – schöner ist die zweite Möglichkeit. Und noch einmal haben wir die Wahl, ob wir direkt den Uferweg nehmen oder den Weg, der schattig über die kleinen Hügel zwischen den Parkplätzen und den Wiesen am See entlangführt.

**Rückweg über den Fasaneriesee** Beim **Naturschutzgebiet** am Südende des Sees treffen beide Wege wieder zusammen. Wir gehen weiter am See entlang, bis wir nahe der Autostraße auf einen großen Parkplatz und einen **Kiosk** treffen. Gegenüber von diesem zweigt unser Weg ab. Wir folgen dem kleinen Fußweg direkt neben dem Parkplatz, überqueren eine kleine Brücke über den **Ferchenbach**, auch Feldmochinger Mühlbach genannt, und treffen auf die Hammerschmiedstraße, auf der wir ein kurzes Stück in Richtung Feldmoching weitergehen, aber schon nach wenigen Metern rechts in die Obermoosstraße abbiegen. Wir nehmen *nicht* den Abzweig nach rechts zur Pappelallee, sondern folgen der Obermoosstraße, bis wir am Rand der Fasanerie auf die Straße Am Schnepfenweg treffen.

Hier biegen wir links ab und folgen der Straße bis zur Feldmochinger Straße, die wir in der Nähe des Fasaneriesees erreichen. Den **Fasaneriesee** umrunden wir nun im Uhrzeigersinn – wenn aber die Füße schon schwer oder die Zeit bereits knapp ist, können wir auch gleich geradeaus weitergehen bis zum Gebäude der DLRG, die Tour verkürzt sich dabei um etwa einen Kilometer. Hierher kommen wir auch, wenn wir die Schleife um den See noch gepackt haben. Wir gehen nun die Leonhard-Bugl-Straße bis zum Bahngleis und erreichen in Kürze die **S-Bahnstation Fasanerie**.

Im Naturschutzgebiet Allacher Haide

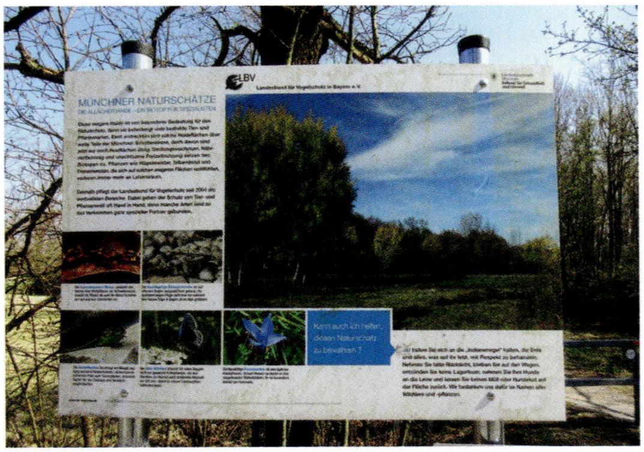


### Wissenswertes

Die Seen im Münchner Norden verdanken wir der Deutschen Reichsbahn, die in der Zeit zwischen den beiden Weltkriegen hier einen großen Güterbahnhof plante.

# 14 Von Fröttmaning nach Feldmoching

## Auf dem ehemaligen Gfild

| Leicht | 13 km | Keine Hm | 3.30 Std. |
|---|---|---|---|

**Tourencharakter**
Überwiegend Asphalt und Kiespfade

**Ausgangspunkt**
U-Bahnhof Fröttmaning (U6). GPS: 48.211777, 11.616776

**Endpunkt**
U-/S-Bahnhof Feldmoching (S1, U2)

**MVV**
Man kann die Tour an folgenden MVV-Haltestellen unterbrechen: Ingolstädter Straße (Buslinien 294, 295), Dülferstraße (U2; im Süden der Panzerwiese), Aschenbrennerstraße (Buslinien 294, 295).

**Einkehr**
Unterwegs keine

**Auf dieser Wanderung lernen wir die Haiden und Kiefernwälder im Norden Münchens kennen. Mancher wird überrascht sein, wie vielfältig und landschaftlich reizvoll die selbst vielen Münchnern kaum bekannte Gegend ist.**

Fröttmaninger Heide und Panzerwiese Wir verlassen den **U-Bahnhof Fröttmaning** beim Ausgang D auf der Westseite und besuchen zuerst, falls es geöffnet ist, das **Heidehaus**. Nun wandern wir auf der breiten Piste etwa einen halben Kilometer in Richtung Nordwesten und dann weitere zwei Kilometer durch die **Fröttmaninger Heide** Richtung Westen zur Ingolstädter Straße. Wir überqueren sie gefahrlos an der Ampel und erreichen so die **Panzerwiese**.

Der schönste Weiterweg führt nun im Norden auf dem Pfad am Waldrand entlang. Nach einem guten Kilometer biegen wir

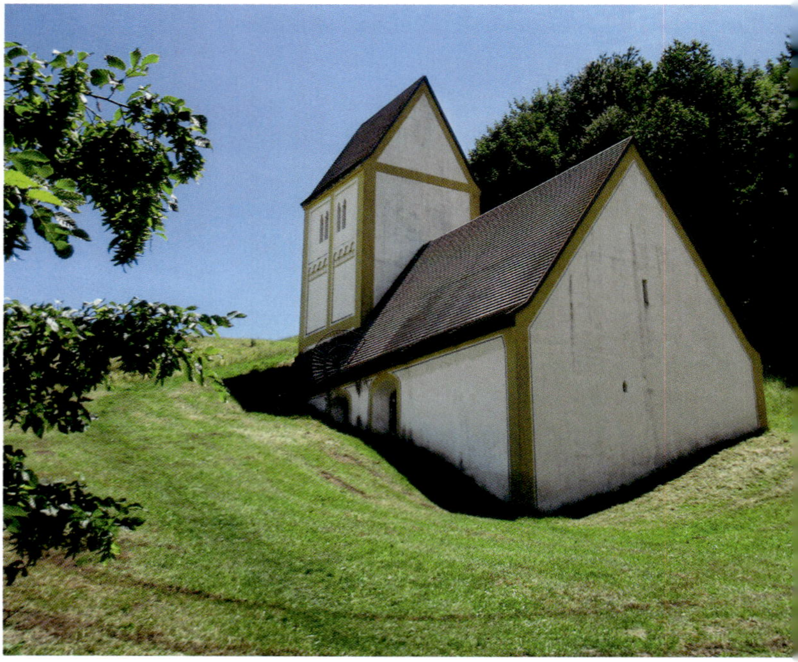

Die Kirche des Kunstprojekts »Versunkenes Dorf« (s. Variante)

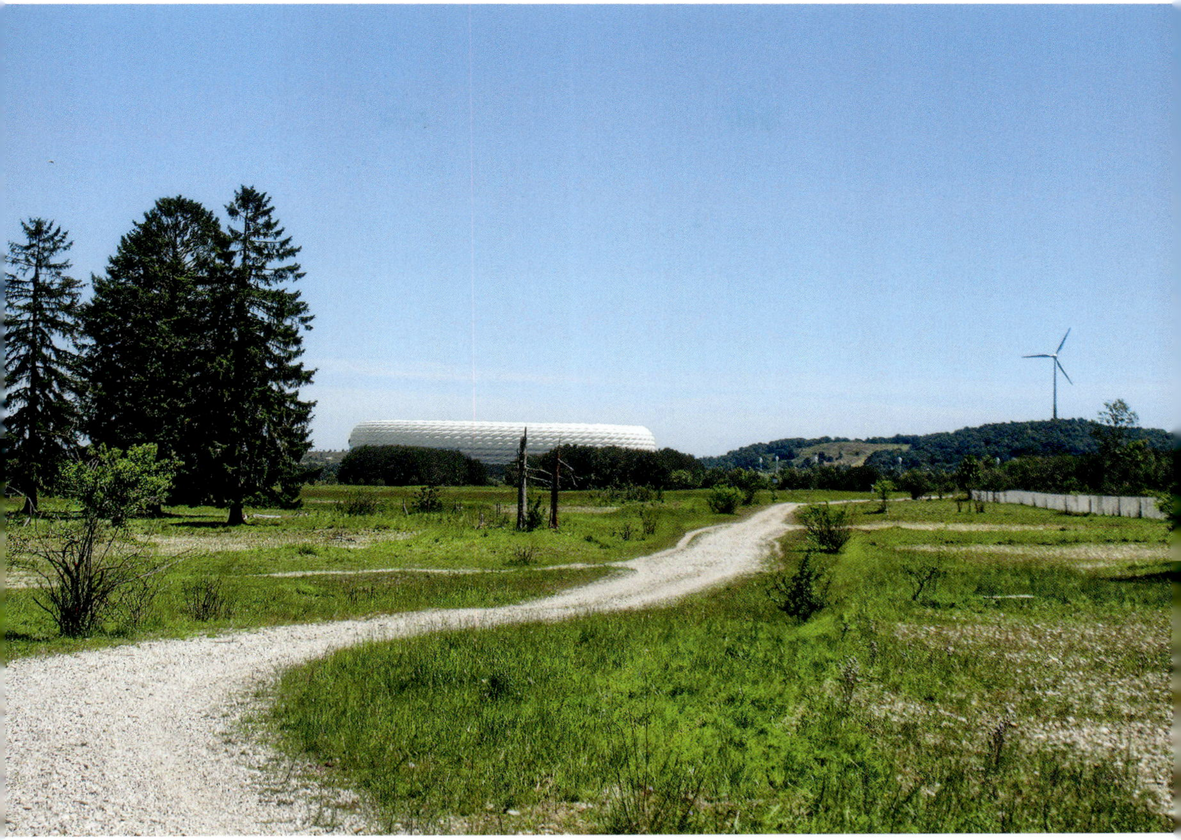

Rückblick auf die Allianz-Arena und den Fröttmaninger Müllberg

rechts in das **Hartelholz** ab und marschieren so lange nach Norden, bis wir nach etwa einem halben Kilometer auf einen breiteren Forstweg treffen. Dort biegen wir nach links ab.

Nach Feldmoching Wir bleiben immer auf dem deutlich breiteren Weg und queren dabei den asphaltierten Weg, der vom Frauenholz nach Norden über die Autobahnbrücke nach Oberschleißheim führt. Weiter entlang der Autobahn, biegen wir schließlich links ab und kommen kurz darauf bei den Häusern am **Frauenholz** heraus. Wir biegen hier rechts in die Wintersteinstraße und durchqueren im Anschluss eine parkähnliche Landschaft mit einzelnen Schwarzkiefern.

Nachdem wir eine **Kleingartenanlage** im Uhrzeigersinn umrundet haben, wandern wir weiter auf einem schmalen Feldweg nach Westen und kommen zum schon von Weitem deutlich sichtbaren Bahnübergang. Dort folgen wir der Raheinstraße links des Bahngleises zum **U- und S-Bahnhof Feldmoching**.

## Varianten

Sowohl in der Fröttmaninger Heide als auch auf der Panzerwiese kann man sich ganz nach Belieben seinen eigenen Weg suchen. Wer Lust hat, kann vor der eigentlichen Wanderung noch den Fröttmaninger Müllberg besteigen – der Weg verlängert sich dadurch um knapp fünf Kilometer auf 14,5 Kilometer (und ca. 70 Hm im An- und Abstieg). Achtung auf Mountainbiker, die den Fröttmaninger Berg als Trainingsstrecke nutzen! Dazu verlassen wir den U-Bahnhof Fröttmaning beim Ausgang C auf der Ostseite, folgen dem Hans-Jensen-Weg nach Osten und gehen über die Fußgängerbrücke der A 9 hinüber zum Müllberg. Wir nehmen nun noch vor dem Parkplatz den rechts hinaufführenden Weg und erreichen im Zickzack das Windrad am »Gipfel« – der Ausblick auf die Stadt und den Münchner Norden ist bei gutem Wetter äußerst lohnend. Wir überschreiten nun den Müllberg, steigen den Pfad in Richtung Nordosten ab, umrunden auf einem breiteren Weg den Berg entgegen dem Uhrzeigersinn und

## Wissenswertes

Die **Südliche Fröttmaninger Heide** war Truppenübungsplatz und wurde vom Heideverein gekauft, damit diese einzigartige Landschaft im Norden erhalten werden konnte. Allerdings sind noch große Teile von ihr mit den Hinterlassenschaften der Bundeswehr belastet – Schilder am Wegrand weisen darauf hin, welche Wege man begehen darf und welche noch nicht freigegeben wurden. Münchner, die hier spazieren gehen bzw. ihre Hunde ausführen, scheinen sich um mögliche Gefahren durch Blindgänger, Munition usw. wenig zu kümmern. Wenn man dann noch weiß, dass die Firma MAN dieses Gelände im Winter als Teststrecke nutzen darf, damit die Laichgebiete der Wechselkröte durch die schweren LKWs wieder so weit verdichtet werden, dass sie im Frühjahr nicht austrocknen, wird man die Gefahren richtig einschätzen. Vorsicht ist dennoch geboten.

Unterhalb des Müllbergs liegt die **Wüstung Fröttmaning**, von der nur noch die romanische Kirche Heilig Kreuz erhalten geblieben ist. Eigentlich sieht man ja zwei Kirchen – die eine steht frei, die andere ist halb im Schuttberg vergraben. Das ursprüngliche Gotteshaus ist von einem Friedhof umgeben, in dem wieder Bestattungen möglich sind. Es ist die älteste noch erhaltene Kirche im Stadtgebiet München. Die andere Kirche ist in dem Kunstprojekt »Versunkenes Dorf« des Münsteraner Künstlers Timm Ulrichs aufgegangen. Die eigentliche Attraktion liegt aber gegenüber der Autobahn: Hier steht die Allianz-Arena, das Fußballstadion des 1. FC Bayern München.

kommen so zur alten Fröttmaninger Kirche Heilig Kreuz. Vorbei am Kunstprojekt »Versunkenes Dorf« und entlang der Autobahn kommen wir zum Lottlisa-Behling-Weg und zur Brücke über die A 9 sowie zum U-Bahnhof.

**Achtung:** Warnschilder weisen überall darauf hin, dass Deponiegas austreten und explodieren kann. Man sollte also auf dem Weg bleiben! Im Winter kann der gesamte Weg wegen Eisfall vom Windrad komplett gesperrt sein.

Unten: Auch das kann Ziel einer Wanderung mit Kindern sein: der Spielplatz südlich der Panzerwiese.

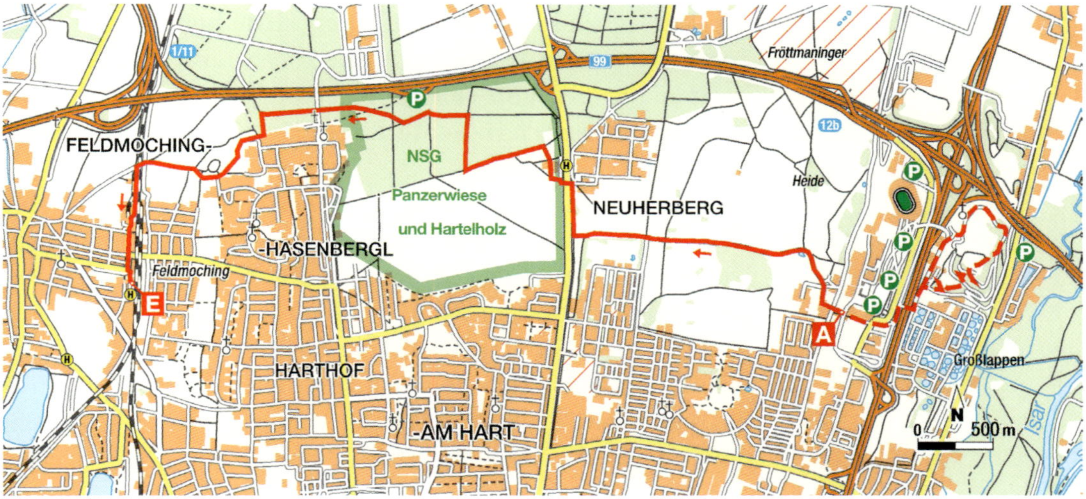


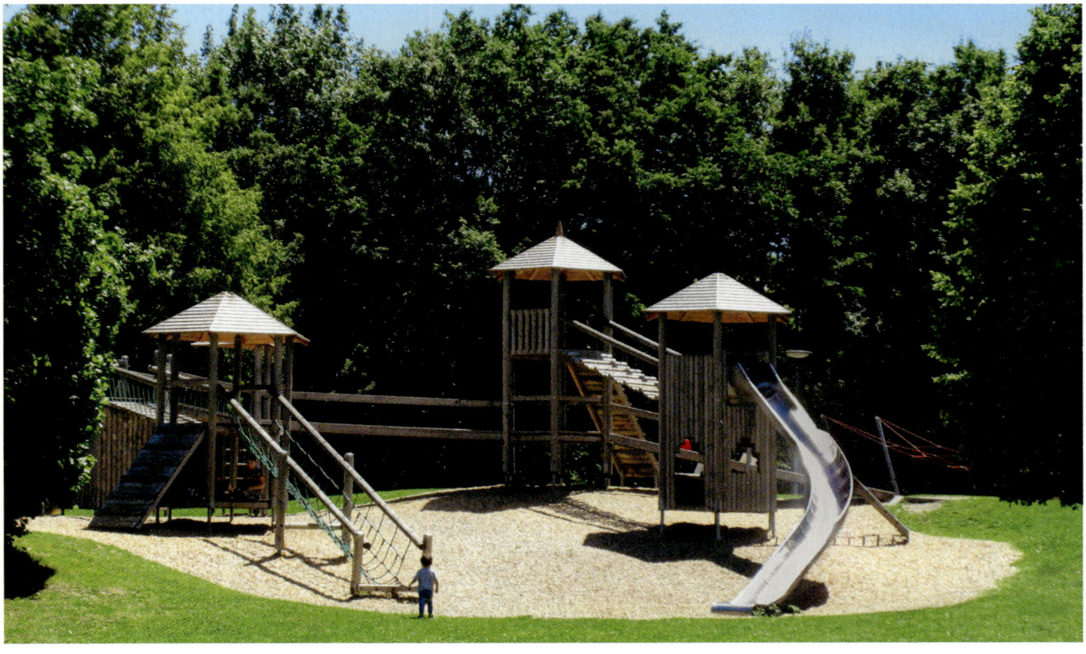

# 15 Von Karlsfeld zum Schloss Schleißheim

## Am Würmkanal zwischen Moos und Gfild

Leicht | 11,5 km | Keine Hm | 3 Std.

**Tourencharakter**
Überwiegend Kiespfade und Asphalt

**Ausgangspunkt**
S-Bahnhof Karlsfeld (S2). GPS: 48.21136, 11.45981

**Endpunkt**
U-Bahnhof Feldmoching (U2)

**MVV**
Man kann die Tour nicht abkürzen.

**Einkehr**
Schlosswirtschaft Schleißheim mit Münchner Biergarten, Wirtschaft am Flughafen Schleißheim

**Auch diese Tour führt uns aus der Stadt heraus in die Landkreise Dachau und München, der Start- und Endpunkt liegt jedoch innerhalb der Münchener Stadtgrenzen. Wir wandern wie bei Tour 16 entlang des Schleißheimer Kanals, von seiner Ableitung aus der Würm bis zu den Schlössern in Schleißheim.**

An der Stadtgrenze entlang Wir verlassen den **S-Bahnhof Karlsfeld** auf der Ostseite (in Fahrtrichtung rechts) und biegen nach links in die Straße Zum Schwabenbächl. Nach etwa 500 Metern überqueren wir die Kreuzung und kurz darauf die Brücke über den **Schleißheimer Kanal**. Wir biegen nun auf den Fußweg Am **Würmkanal** rechts ein und folgen diesem. Gegenüber sehen wir das **Gilmer Schloss** im Werksgelände von MAN. Bald erreichen wir die Dachauer/Münchner Straße, die wir mittels eines

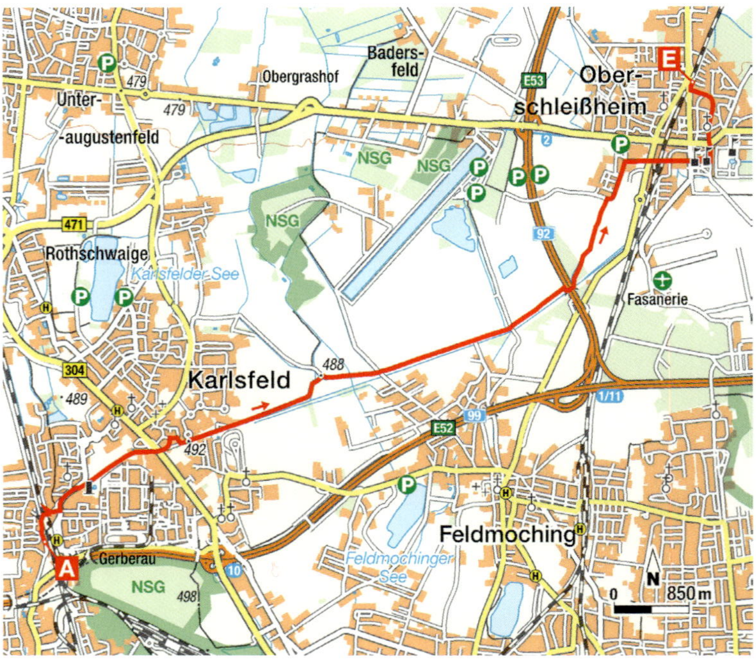

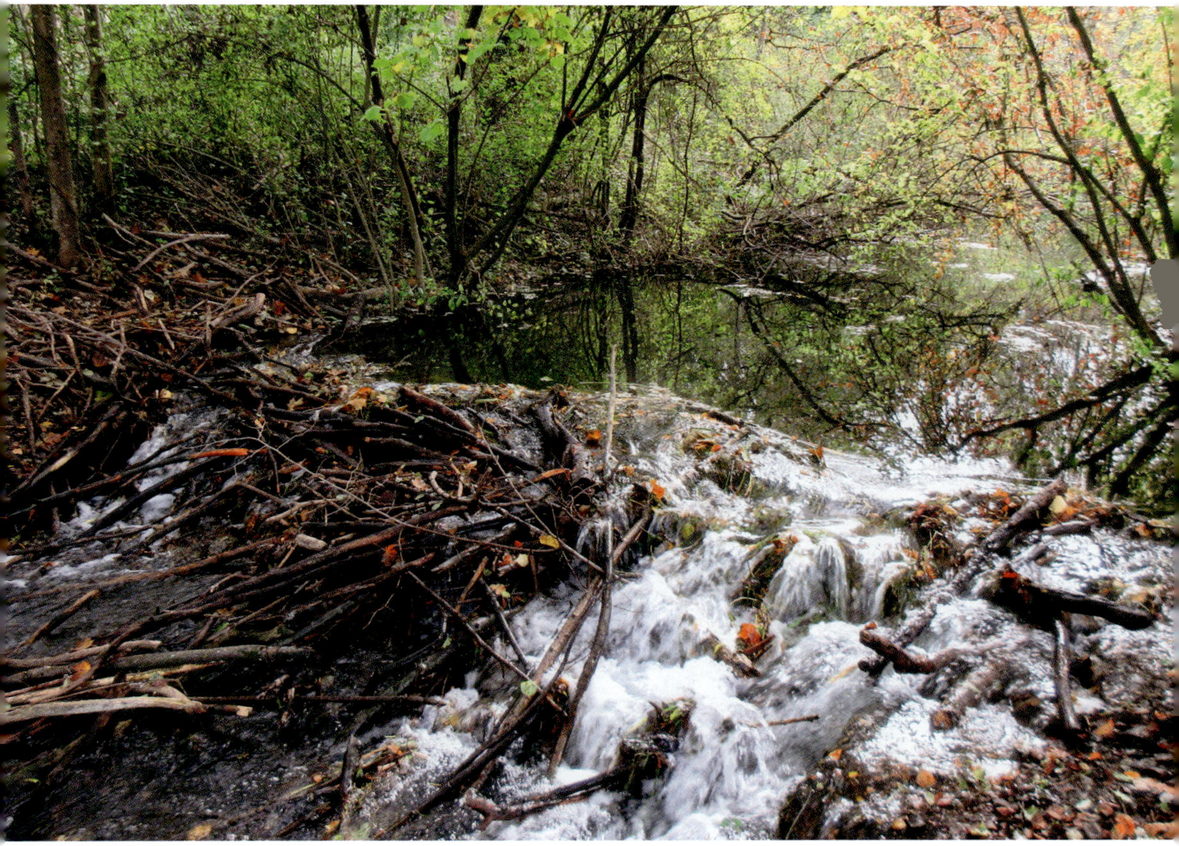

Biberdamm am Kalterbach

Fußgängertunnels unterqueren. Wir gehen immer den Weg am Kanal entlang, der hier die Grenze zwischen der Landeshauptstadt München und dem Landkreis ist; er heißt deshalb auch Am Burgfrieden. Nach etwa zwei Kilometern biegt der Weg etwas nach links ab, überquert auf einer kleinen Brücke einen Abzugsgraben und trifft kurz darauf auf einen Weg von links. Wir halten uns rechts, überschreiten kurz darauf den **Kalterbach** und erreichen an der Schwarzhölzlstraße wieder den Kanal, dem wir weiter folgen.

Zum Schloss Schleißheim Weiter am Kanal kommen wir zur Ableitung des **Schwebelbachs** nach Norden und kreuzen den Radweg, der von Feldmoching zum Regatta-Bade-See führt. Auch hier folgen wir weiter dem Kanal, bis wir nach einem knappen Kilometer die A 92 erreichen. Ein kleiner Pfad leitet uns neben dem Wasser auf die andere Seite der Autobahn. Dort nehmen wir den kleinen Pfad, der sich etwas nach links wendet, und er-

## Wissenswertes

Das für die Öffentlichkeit nicht zugängliche **Gilmer Schloss** (auch Schloss Allach, Hauser Schloss, Schloss Waldeck, Schloss Karlsfeld oder spaßeshalber Schloss Neuschwanstein im Dachauer Moos genannt) ließ sich Lorenz Hauser (1869–1918), der »Millionenbauer von Neuhausen«, in den Jahren 1899/1900 bauen. Es handelt sich um einen neugotischen Gebäudekomplex, der eine wechselvolle Geschichte aufweist. Es ist nur vom Ufer des Würmkanals zu sehen, und das auch nur im Winter, wenn die Laubbäume den Durchblick erlauben. Heute dient es der MAN Nutzfahrzeuge AG als Gästehaus.

Die **Flugwerft Schleißheim** als Außenstelle des Deutschen Museums zeigt Exponate aus der Luft- und Raumfahrt. Sie liegt auf dem Gelände des Sonderlandeplatzes Schleißheim und befindet sich teilweise in den ehemaligen Gebäuden der königlich-bayerischen Fliegertruppe, die hier 1912–1919 ihren Fliegerhorst hatte, bevor Deutschland als Folge des Versailler Vertrags keine Luftstreitkräfte mehr besitzen durfte.

reichen nach ca. 300 Metern eine offene Ackerfläche und einen breiten Wirtschaftsweg, dem wir nun bis zum **Lehr- und Versuchsgut Oberschleißheim** der LMU München folgen.
Auf der Teerstraße erreichen wir bei den Gebäuden der **Tierärztlichen Fakultät** die Veterinärstraße. Wir biegen rechts ab und kommen in Kürze zur Sonnenstraße (St 2342), die wir äußerst vorsichtig überqueren, da hier keine Ampel die Fußgänger sichert. Gegenüber geht's weiter geradeaus zum **Alten Schloss** und durch den Wilhelmshof zum **Neuen Schloss Schleißheim** mit der **Schlosswirtschaft**. Von den Schleißheimer Schlössern wenden wir uns an der Effnerstraße nach rechts, überqueren die Freisinger Straße (B 471) und folgen der Mittenheimer Straße bis zum **S-Bahnhof Oberschleißheim**.

### Varianten

- Von der Ableitung des Schwebelbachs nach Norden führt ein asphaltierter Rad- und Fußweg südlich nach Feldmoching zur Bushaltestelle in der Nähe der Kirche.
- Wir können von dort auch nach Norden am Schwebelbach entlanggehen, bis wir die Brücke am Regatta-Bade-See erreichen. Hier links bis zur nächsten Abzweigung rechts, die zu einer großen Brücke über die A 92 führt. Über sie und auf dem Feldweg zum Versuchsgut Oberschleißheim der LMU München. Hier treffen die Wege wieder zusammen.

• Wir nehmen zuerst die Amigonistraße, biegen links ab in die Effnerstraße und sofort wieder rechts in die Ferdinand-Schulz-Allee. Unser Weg führt an der Flugwerft Schleißheim (Außenstelle des Deutschen Museums für Luft- und Raumfahrt) vorbei zum ehemaligen Tower des Sonderlandeplatzes Schleißheim, wie die offizielle Bezeichnung lautet. Bei einer Infotafel biegen wir rechts in einen Kiesweg ein, wenn wir nicht noch am Flugfeld des Flughafens Schleißheim einkehren wollen. Immer am Bahngleis entlang, vorbei am Denkmal der St.-Korbinians-Klause, führt unser Weg zum U- und S-Bahnhof Feldmoching. Die Wanderung verlängert sich dann auf ca. 13 km.
(Achtung: Im Frühjahr 2020 waren diese Unterführungen für alle Verkehrsteilnehmer wegen Bauarbeiten gesperrt!).

Der barocke französische Garten im Park des neuen Schlosses Schleißheim

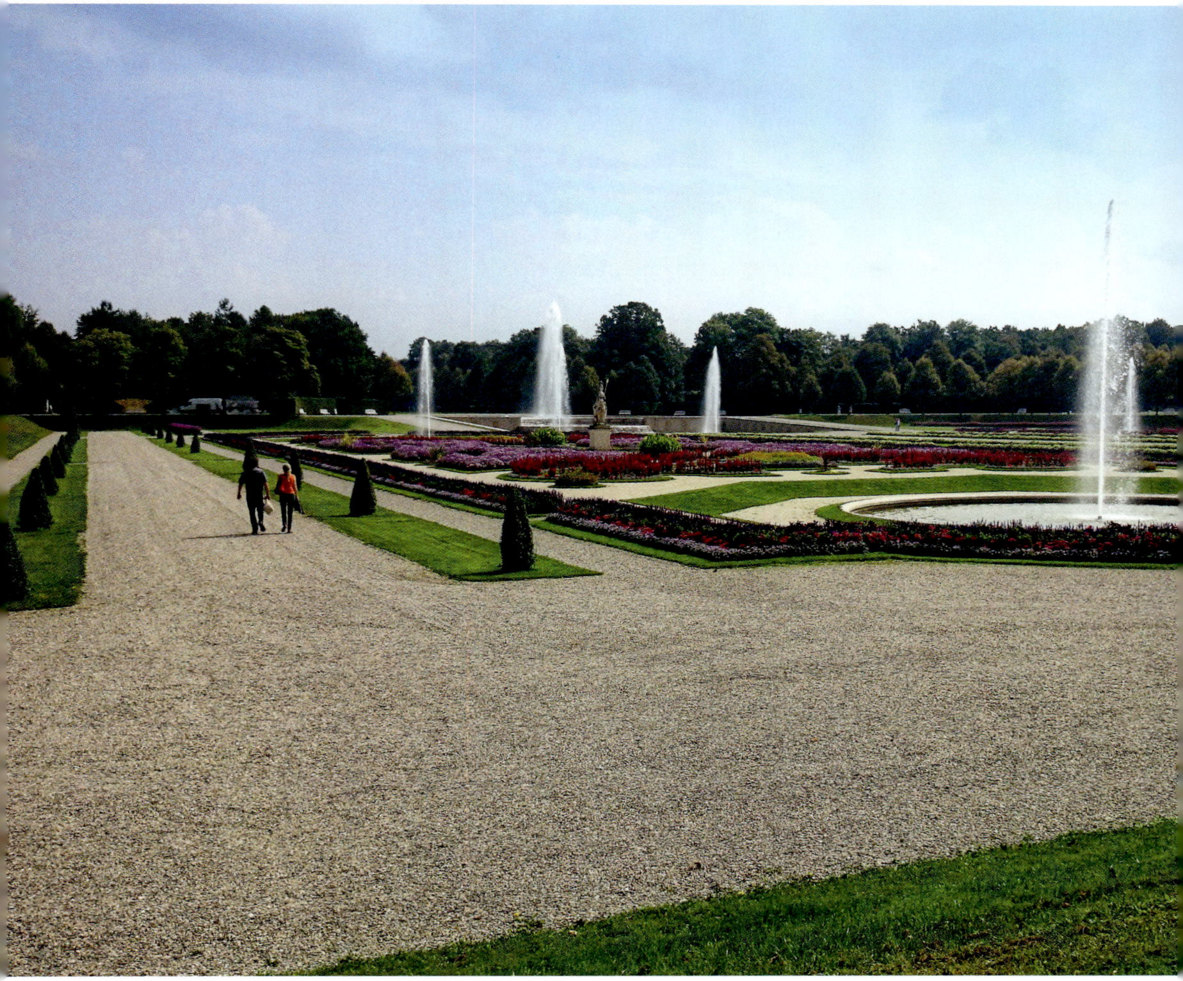

# 16 Von Schloss Schleißheim nach Fröttmaning

## Die barocken Kanäle Max Emanuels

| Leicht | 18 km | Keine Hm | 4.30 Std. |
|---|---|---|---|

**Tourencharakter**
Überwiegend Asphalt und Kiespfade. Die Wanderung eignet sich auch gut als Radtour.

**Ausgangspunkt**
S-Bahnhof Feldmoching (S1, U2). GPS: 48.21343, 11.54128

**Endpunkt**
U-Bahnhof Fröttmaning (U6)

**MVV**
Man kann die Tour an der Haltstelle Hochbrück/Hohe-Brücken-Straße (Buslinien 219, 294) abkürzen.

**Einkehr**
Schlosswirtschaft Oberschleißheim

**Die Tour führt uns aus der Stadt heraus in den Landkreis München, in die Gemeinden Oberschleißheim und Garching. Start- und Endpunkt liegen aber innerhalb der Stadtgrenzen. Wir besuchen drei Schlösser und wandern entlang des Schleißheimer Kanals, den Kurfürst Max Emanuel um 1700 erbauen ließ und der die Schlösser Dachau und Schleißheim mit Würm und Isar verbinden sollte.**

Am Königsstraßl Wir verlassen den **S-Bahnhof Feldmoching** auf der Westseite und wenden uns nach Norden, gehen ca. 300 Meter am Bahngleis entlang bis zu einer Fußgängerunterführung und durch diese auf die andere Gleisseite. An der Raheinstraße wenden wir uns nach links und folgen auch weiterhin dem Bahngleis nach Norden. Nach etwa eineinhalb Kilometern

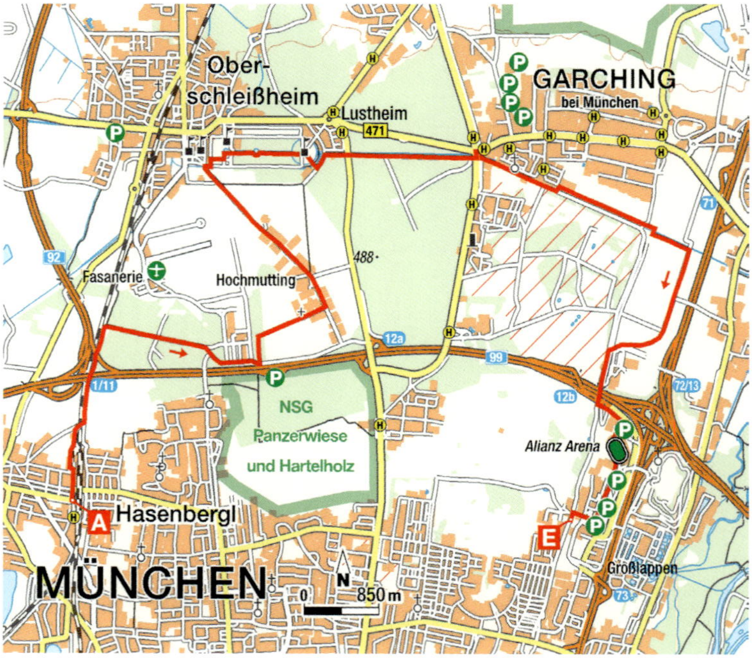

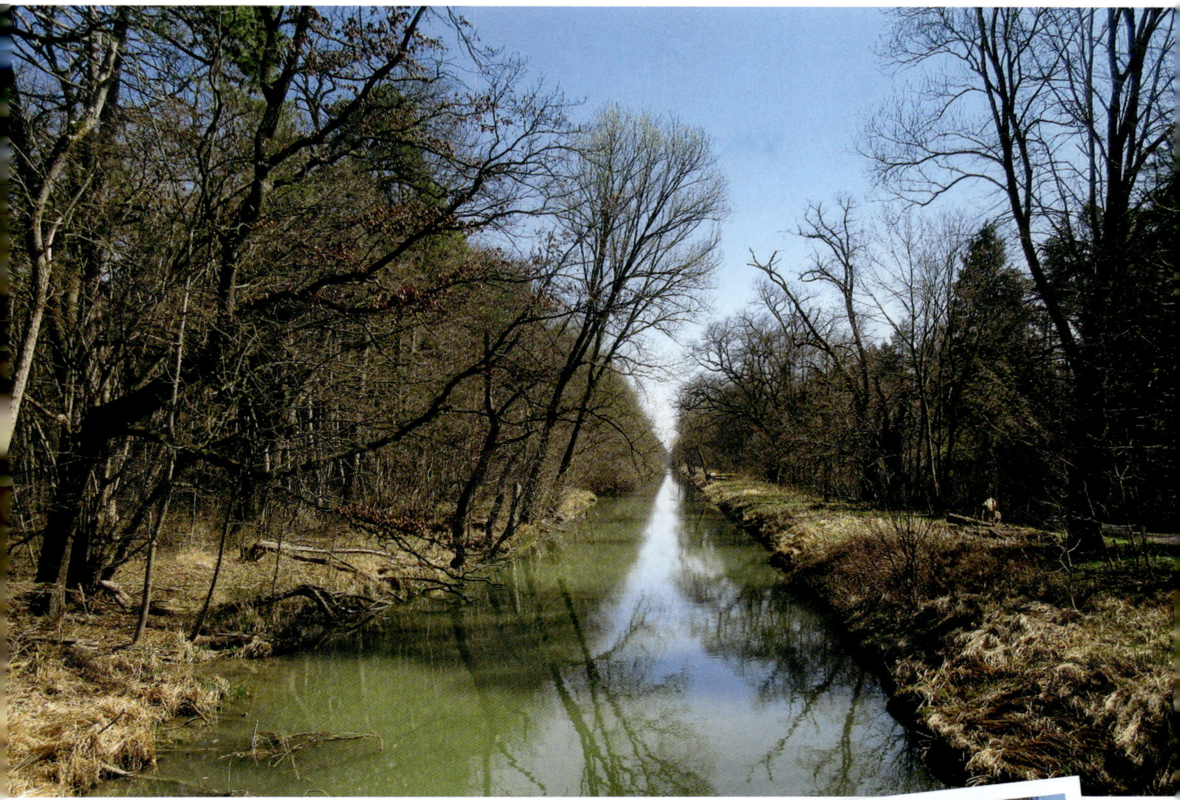

führt unser Weg unter der A 99 und gleich darauf unter der A 92 hindurch. (Achtung: Im Frühjahr 2020 waren diese Unterführungen für den Verkehr, auch für Fußgänger gesperrt!)
Nun zweigt bei einer Sitzbank nach rechts das Königsstraßl in das **Korbinianihölzl** ab. Wir folgen dem Weg etwa eineinhalb Kilometer, bis wir die Fahrstraße zur Flugwerft erreichen. Links liegen die Gebäude der Fliegerstaffel der Bundespolizei. Wo der Zaun endet, führt ein kleiner Pfad nach links in das Unterholz. Nach wenigen Metern erreichen wir den sogenannten **Klausenweg Wilhelms V.**, der im Alten Schloss Schleißheim seinen Lebensabend verbrachte. Am **Gedenkstein für die Liebfrauenklause** biegen wir wieder nach rechts ab und folgen einer schönen Birkenallee nach **Hochmutting**.

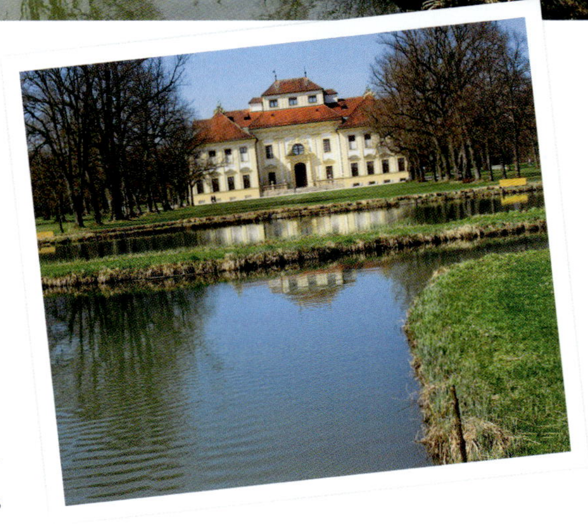

Einst ein Jagdschlösschen: Schloss Lustheim

Ganz oben: Die Natur hat sich den Schleißheimer Kanal längst wieder zurückgeholt.

Schlösserparade Nun wenden wir uns nach links und folgen dem geteerten Weg, der Münchner Allee, zum **Schloss Schleißheim**. Jetzt müssen wir uns entscheiden: Entweder wandern wir durch den Schlosspark und am Mittelkanal entlang oder seitlich durch den Barockgarten zum kleinen **Schloss Lustheim** oder wir ziehen den Weg außerhalb des Parks an der südlichen Schlossmauer entlang vor. Schön sind alle Wege, und sie treffen alle am **Schleißheimer Kanal** östlich des Parks wieder zusammen.
Wir wandern nun immer weiter am Kanal entlang, nachdem wir die St 2053 vorsichtig überquert haben. Leider gibt es hier an dieser stark befahrenen Straße keine Fußgängerampel. Auf dem Weiterweg herrscht meist lebhafter Fahrradverkehr. Bald kommen wir zur B 13, die man mithilfe einer Ampel gefahrlos überqueren kann. Auf der anderen Seite verwirren uns zuerst einmal die Radwegweiser. Wir können uns aber nicht verlaufen, wir müssen nur dem Kanal folgen. Der Weg führt zuerst auf der Südseite dahin, und man sieht auf der anderen Seite die Häuser

## Wissenswertes

Es gibt in Oberschleißheim drei Schlösser, das **Alte Schloss**, das bereits Wilhelm V. erbauen ließ, und das **Neue Schloss Schleißheim**, mit dem Kurfürst Max Emanuel seine hochtrabenden Pläne zu verwirklichen suchte, sowie **Lustheim**, das er seiner ersten Frau Maria Antonia, der Tochter des Habsburger Kaisers Leopold I., als Morgengabe schenkte. Heute befinden sich in allen drei Schlössern Museen bzw. eine Gemäldesammlung. Zumindest das Neue Schloss sollte man einmal besucht haben, um zu sehen, wie Kurfürsten vor 300 Jahren wohnten.

Im Alten Schloss verstarb 1679 **Kurfürst Ferdinand Maria**, ein völlig unterschätzter Staatsmann, der seinem Land nach dem Dreißigjährigen Krieg 30 Jahre Frieden schenkte, indem er auf hochtrabende Pläne verzichtete. Sein – vielleicht nicht leiblicher – Sohn Max Emanuel war wieder aus ganz anderem Holz. Er führte Kriege gegen die Türken, gegen die Habsburger, aus denen er aber keinen Gewinn erzielen konnte und die das Land wieder ins Unglück stürzten – Stichwort »Sendlinger Mordweihnacht«.

Der **Klausenweg Wilhelms V.** ist ca. 15 km lang. Klausen nannte man Kapellen, bei denen Einsiedler lebten. Der Vater des Kurfürsten Maximilian I. ließ sie errichten, nachdem er nach seiner Abdankung das Alte Schloss als Altersruhesitz wählte. Eine Beschreibung mit weiteren Infos gibt's unter www.oberschleissheim.de/Klausenweg.n194.html zum Downloaden. Da sich der ganze Weg außerhalb der Stadtgrenzen Münchens befindet, wurde bewusst auf eine Beschreibung im Rahmen dieses Führers verzichtet.

von Hochbrück. Beim nächsten Brückerl müssen wir uns entscheiden: links oder rechts des Kanals (auf der südlichen Seite sind erheblich weniger Radfahrer unterwegs; als Radler wird man es dann aber genau umgekehrt halten).

## Garchinger Heide und Allianz-Arena

Nach gut zwei Kilometern treffen wir auf die Gleise der Münchner U-Bahn. Nun gibt es drei Wegvarianten, und bei jeder ist »eine Kröte zu schlucken«. Die wohl schönste Variante führt noch ein Stück am Kanal entlang und biegt nach etwa 500 Metern rechts nach Süden ab. Wir kommen an einem Abzweig nach links vorbei, die Radwegweiser weisen nach Dirnismaning und zu den Isarauen.

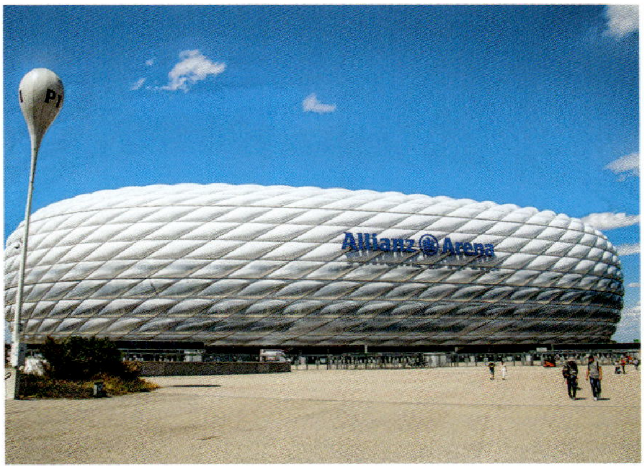


Die Allianz-Arena, das Stadion des 1. FC Bayern München

Wir aber gehen geradeaus weiter und kommen zum neu ausgewiesenen **Naturschutzgebiet Südliche Garchinger Heide**. Wir müssen leider noch ein gutes Stück an der neu entstandenen Mülldeponie München Nord-West entlang, bis wir schließlich den Parkplatz der **Allianz-Arena** erreichen. Am Stadion vorbei führt der Weg zum **U-Bahnhof Fröttmaning**. (Wir können aber auch links oder rechts des U-Bahn-Gleises sofort zur Allianz-Arena gehen.)

## Varianten

- Man kann auch direkt entlang der Bahnlinie und des Schleißheimer Kanals, vorbei an der Flugwerft, zu den Schleißheimer Schlössern wandern – die Strecke verkürzt sich dabei um etwa einen Kilometer.
- Von der Liebfrauenklause können wir noch weiter geradeaus gehen und benutzen dann einen schmalen Pfad, der uns, sobald wir beim offenen Wiesengelände herauskommen, nach rechts leitet und auf den geteerten Weg zum Schloss Schleißheim bringt.
- Im Bereich des Schleißheimer Schlossparks und in der Garchinger Heide sind mehrere alternative Wege möglich, auf die im Text hingewiesen wird.
- Wie bei Tour 14 kann man noch, falls man noch nicht genug gewandert ist, den Fröttmaninger Müllberg besteigen (ca. 70 Hm Anstieg/Abstieg).

# 17 Durch das Schwarzhölzl

## Entdeckungen im alten Dachauer Moos

Leicht | 14,5 km | Keine Hm | 4 Std.

**Tourencharakter**
Überwiegend Kiespfade und Asphalt

**Ausgangs-/Endpunkt**
S-Bahnhof Karlsfeld (S2). GPS: 48.21136, 11.45981

**MVV**
Man kann die Tour an folgenden Bushaltestellen abkürzen: Bachweg (u. a. Linien 710 und 712), in Karlsfeld Münchner Straße (u. a. Linien 701 und 702).

**Einkehr**
Unterwegs keine. Bei der Variante am Karlsfelder See: Gaststätte Seegarten, Gaststätte Seehaus

**Die Tour führt vom S-Bahnhof Karlsfeld über den Karlsfelder See ins ehemalige Dachauer Moos, durch das Naturschutzgebiet Schwarzhölzl, das – kaum zu glauben – innerhalb der Stadtgrenzen liegt, und entlang des Würmkanals wieder zurück nach Karlsfeld. Sie ist eine der wenigen Rundtouren in diesem Buch.**

Immer der Würm nach Wir verlassen den **S-Bahnhof Karlsfeld** auf der Ostseite und gehen links die Straße Am Schwabenbächl bis zur Kreuzung. Dort biegen wir links in die Wehrstaudenstraße ab, überqueren die **Würm** und wenden uns gleich wieder rechts. Unser Weg führt über eine weitere kleine Fußgängerbrücke über die Würm, nun ein kleines, schmales Bächlein, wird doch hier noch einmal für den Würmkanal nach Schloss Schleißheim der größte Teil des Wassers abgeleitet.

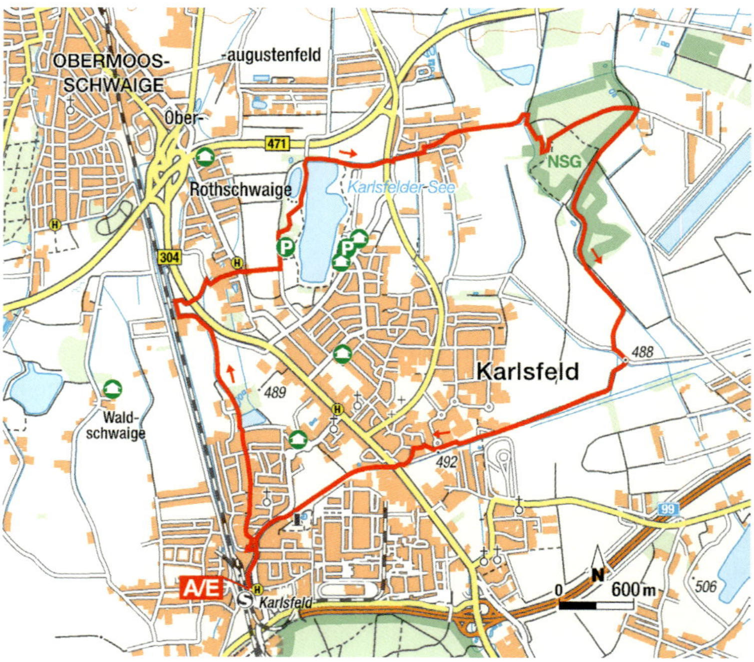

Wir folgen dem Weg entlang des Bacherls etwa zwei Kilometer weit, am **Eichinger Weiher** und einem eingezäunten **Wildgehege** vorbei (wenn wir Glück haben, sehen wir einige Damhirsche), und gehen dann unter der Bayernwerkstraße durch, bis wir die B 304 erreichen. Die Reschenbachstraße zieht sich ein kurzes Stück an der Bundesstraße entlang, läuft dann auf die Eisenbahnstrecke München–Dachau zu und biegt rechts ab. An der nächsten Straßeneinmündung wenden wir uns nach rechts in den Rothschwaigeweg, gelangen mithilfe einer Brücke über die Bundesstraße und treffen wieder auf die Würm.

Ganz unten: Die Würm in Karlsfeld, nur noch ein kleines Bacherl, nachdem das meiste Wasser in das barocke Kanalsystem geleitet wurde

Herbststimmung am Biotop des Karlsfelder Sees

Karlsfelder See und Seeberg Wir verlassen den Bach aber bald wieder, indem wir über ein weiteres Brückerl die Waldstraße in der **Rothschwaige** erreichen. Wir überqueren die Münchner Straße und folgen dem Radweg gegenüber, ein Wegweiser zeigt uns den Weg zum Karlsfelder See. Beim Parkplatz könnten wir sofort geradeaus weiter zum See gehen, wir biegen aber links ab und nehmen nach dem Parkplatz den zweiten Fußweg, der uns auf den **Karlsfelder Seeberg** hinaufbringt.

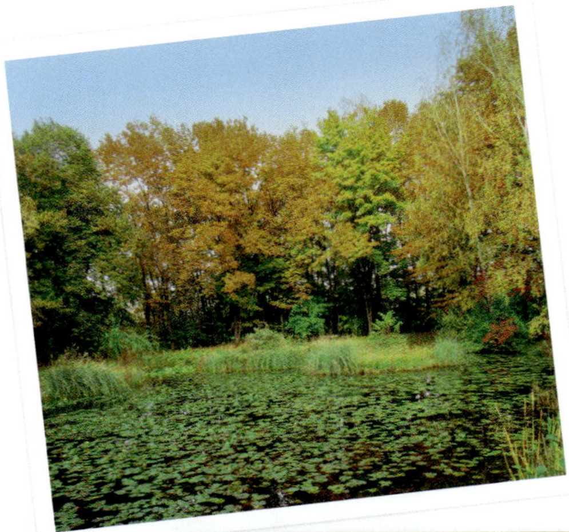

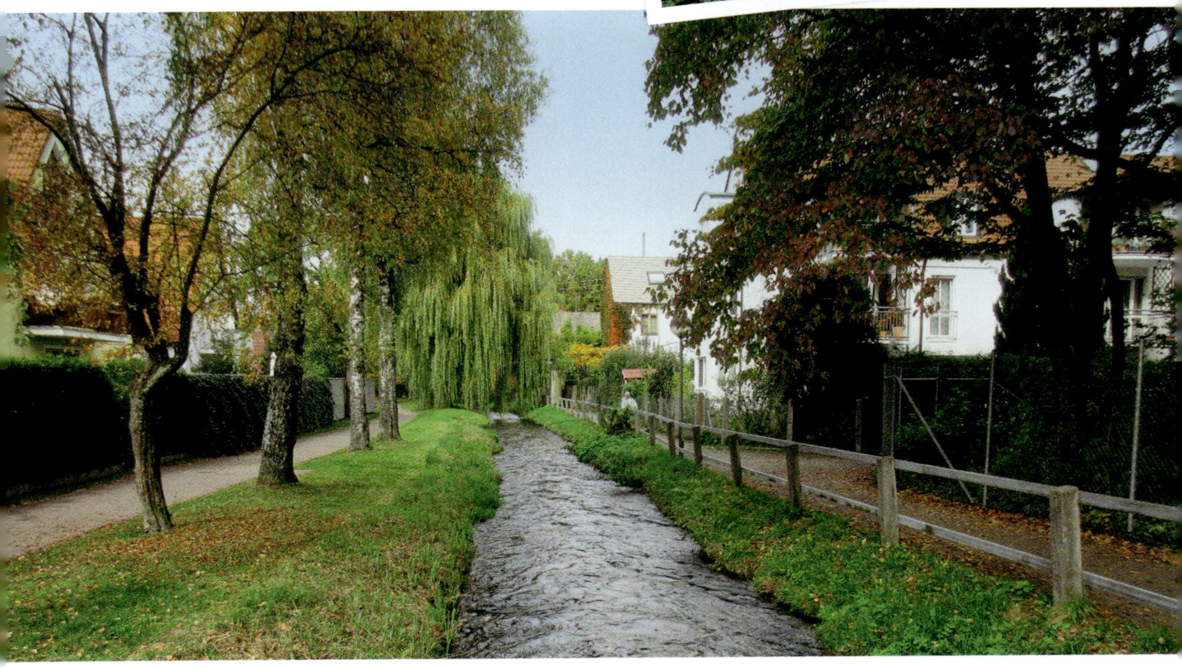

Ganz unten: Kiefernwald, wie er im Münchner Norden häufig zu finden ist

Gedenktafel für Josef Koller, den Retter des Schwarzhölzls

Unser Weg führt uns dann hinunter zum Seeufer, am Fischweiher vorbei und weiter um den See herum. Wir folgen dem **Moosgraben** nach Osten, unterqueren mithilfe einer kleinen Unterführung die Bajuwarenstraße (St 2063), wobei wir auf Radfahrer achten müssen. Unser Weg führt weiter den Wiesenweg am Moosgraben entlang. Nachdem wir einmal kurz nach rechts abschwenken, wenden wir uns wieder nach links, überqueren auf einer Fußgängerbrücke das Wasser und folgen nun wieder dem Weg entlang des Moosgrabens, bis wir das **Schwarzhölzl** erreichen. Über eine weitere Brücke wandern wir in das Wäldchen hinein.

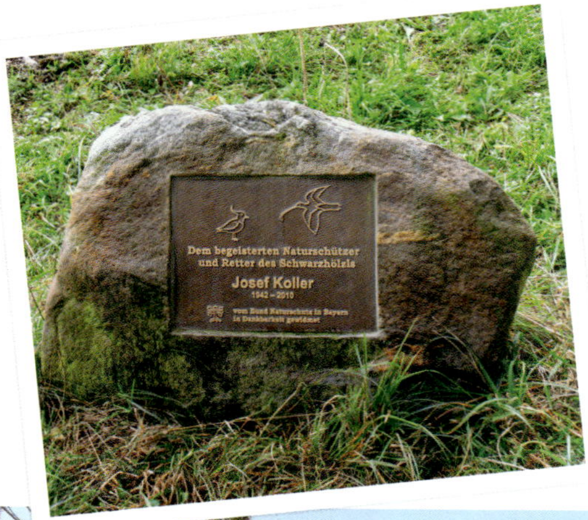


Durchs Schwarzhölzl Nun haben wir zwei Möglichkeiten: Entweder wir gehen den breiten Weg geradeaus weiter oder (meiner Ansicht nach schöner) wir steigen

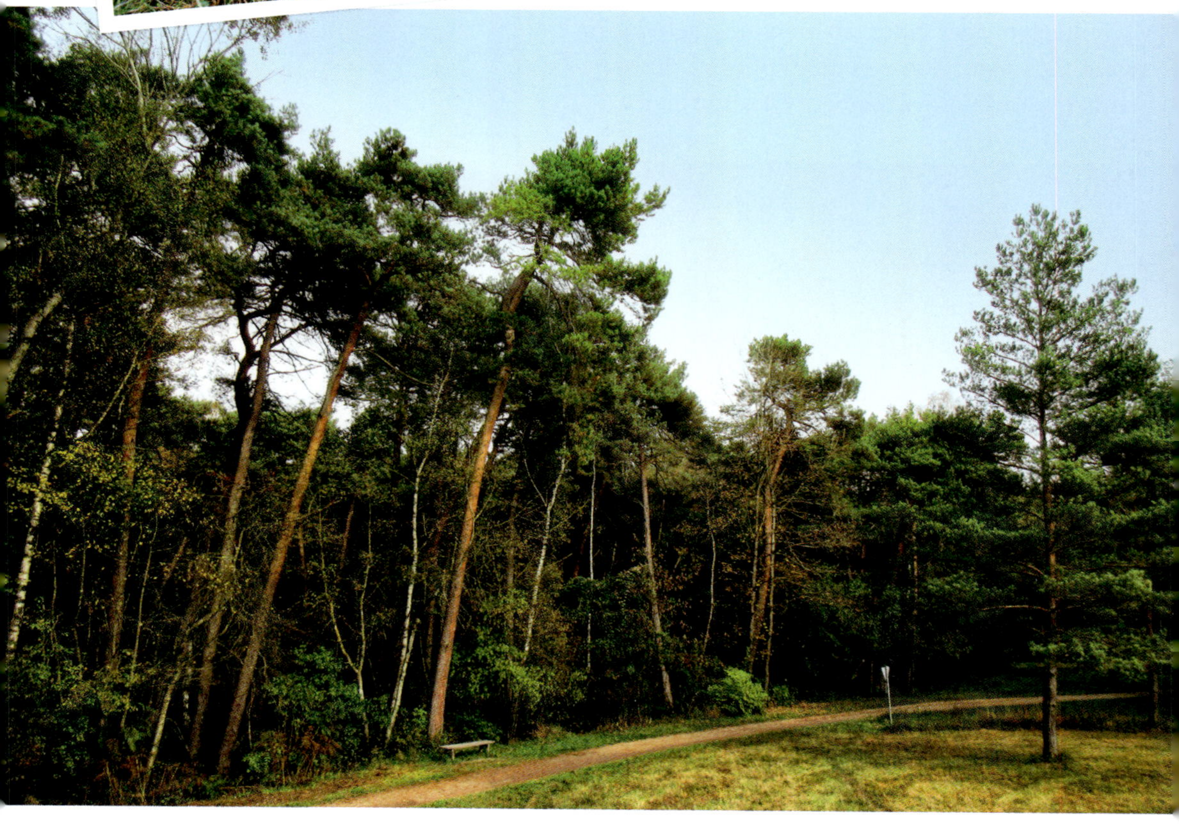

## Wissenswertes

Der **Karlsfelder See** entstand im Zweiten Weltkrieg, als die Deutsche Reichsbahn Kies für den Rangierbahnhof in Moosach benötigte. Bis ins Jahr 1968 hinein diente der See dann dem amerikanischen Militär als Truppenübungsplatz für Schwimmpanzer. Er hat heute eine Größe von ca. 58 ha und wurde in den Jahren 1971–1977 zum Badesee ausgebaut.
Im Erholungsgebiet findet man einen ca. 15 m hohen Aussichts- und Rodelberg, einen Fischweiher, zwei Feuchtbiotope, einen Beachvolleyballplatz, Tischtennisplatten, zwei Bocciabahnen, zwei Sommerstockbahnen, eine Skaterbahn, Grillplätze und einen Fitness-Parcours.

Das **Schwarzhölzl** und die umgebende Mooslandschaft sind ein einigermaßen gut erhaltenes Überbleibsel des Dachauer Mooses. Dieses Niedermoor erstreckte sich vor 1900 von Aubing über Karlsfeld bis nach Freising. Durch seine Trockenlegung seit etwa 1800 siedelten sich im Bereich des heutigen Schwarzhölzls Schwarzkiefern an. So bekam das Wäldchen seinen Namen. Der Schwarzhölzlberg ist nicht natürlichen Ursprungs: Beim Bau der Regattastrecke Oberschleißheim für die Olympischen Sommerspiele 1972 wurde eine Straße durchs Schwarzhölzl angelegt und der Aushub auf einer Streuwiese aufgeschüttet. Vom »Gipfel« sieht man auf das Dachauer Schloss.

rechts den **Schwarzhölzlberg** hinauf. Die paar Höhenmeter lohnen sich, hat man doch eine schöne Aussicht auf das Dachauer Schloss. Anschließend führt uns der breite Weg quer durch das **Landschaftsschutzgebiet** zum Parkplatz am **Kalterbach**. Wir bleiben auf unserer Bachseite (gehen also nicht über die Brücke) und folgen dem Kalterbach etwa zwei Kilometer bachaufwärts, bis wir auf eine Straßengabelung treffen. Radwegweiser weisen uns den Weg zurück nach Karlsfeld.
Wir folgen nun dem Sträßchen dem Würmkanal flussaufwärts bis zur Münchner Straße in **Karlsfeld**. Nach weiteren eineinhalb Kilometern immer am Kanal entlang erreichen wir wieder die Straße Am Schwabenbächl und kurz darauf unser Ziel, den **S-Bahnhof Karlsfeld**.

## Varianten

- Wir können auch rechts statt links um den Karlsfelder See herumwandern, dabei den Karlsfelder Seeberg auslassen und dafür in einer der beiden Gaststätten einkehren.
- Weiters kann man unter dem Schwarzhölzlberg am Saubach entlanggehen, bis man wieder auf den Kalterbach trifft. Die Tour verkürzt sich dadurch auf etwa 13 Kilometer.

# 18 Vom Olympiagelände zum Schloss Schleißheim

## Vorbei an zwei alten Flugplätzen

Leicht | 13,5 km | Keine Hm | 3.30 Std.

**Tourencharakter**
Überwiegend Asphalt und Kiespfade

**Ausgangspunkt**
U-Bahnhof Olympiazentrum (U3, U8). GPS: 48.17936, 11.55591

**Endpunkt**
S-Bahnhof Oberschleißheim (S1)

**MVV**
Man kann die Tour an mehreren MVV-Haltestellen unterbrechen: Oberwiesenfeld (U3), Am Lerchenauer See (Buslinie 60), Weitlstraße (Buslinien 170, 171), Hasenbergl bzw. Dülferstraße (U2), Feldmoching (S1).

**Einkehr**
Schlosswirtschaft Schleißheim, Biergarten Fliegertreff am Flughafen Schleißheim

Rechte Seite oben: Der Seitenkanal am Neuen Schloss Schleißheim, ein Teil des barocken Kanalsystems

**Die Tour führt vom Olympiapark über den Lerchenauer See, entlang eines Grünzugs zum Frauenholz im Hasenbergl und weiter zu den Schlössern in Schleißheim.**

Olympiapark und Lerchenauer See Wir nehmen vom **U-Bahnhof Olympiazentrum** den Kolehmainenweg nach Westen. Dabei kommen wir am **Erinnerungsort** für die Opfer des Olympia-Attentats von 1972 vorbei. Kurz darauf treffen wir auf den Kusocinskidamm; hier befindet sich der sogenannte **Klagebalken**, der ebenso an das Olympia-Attentat erinnert. Wir wenden uns nach rechts und gehen zwischen den Gebäuden des Zentralen Hochschulsports und des **Olympiadorfs** nach Norden. Wo der Damm nach Westen abbiegt, gehen wir geradeaus den El-Thouni-Weg weiter. Kurz darauf erreichen wir an der **U-Bahnstation Oberwiesenfeld** die Moosacher Straße.
Wir überqueren sie und folgen weiter nach Norden der Straße Am Oberwiesenfeld, gehen unter dem Nordring durch (so heißt die Eisenbahntangente, die im Norden Münchens den Rangierbahnhof mit dem Bahnhof Daglfing verbindet) und erreichen eine neu angelegte kleine **Grünanlage**. Über die Straße und dann nach links, folgen wir später der Wilhelmine-Reichard-Straße bis zur Einmündung in die Lassallestraße. Kurz vorher biegen wir scharf rechts in den kleinen Park ab, der den **Lerchenauer See** umgibt, und steigen den **Schlittenberg** hinauf.

Durch Feld und Wald Wir gehen hinunter zum See und weiter bis zu seinem Nordende. Unser Weg führt geradeaus weiter bis zur Heidelerchenstraße, die uns schließlich zur Lerchenauer Straße leitet. Hier wechseln wir auf die andere Seite des Bahngleises, dem wir weiter nach Norden folgen. Nach einem kleinen Wäldchen rechts hinter einem Zaun knickt der Weg nach rechts ab und führt ein Stück entlang eines Ackers. Nachdem wir die Lerchenstraße überquert haben, gehen wir auf dem kleinen Pfad links der Gundermannstraße weiter und biegen nach

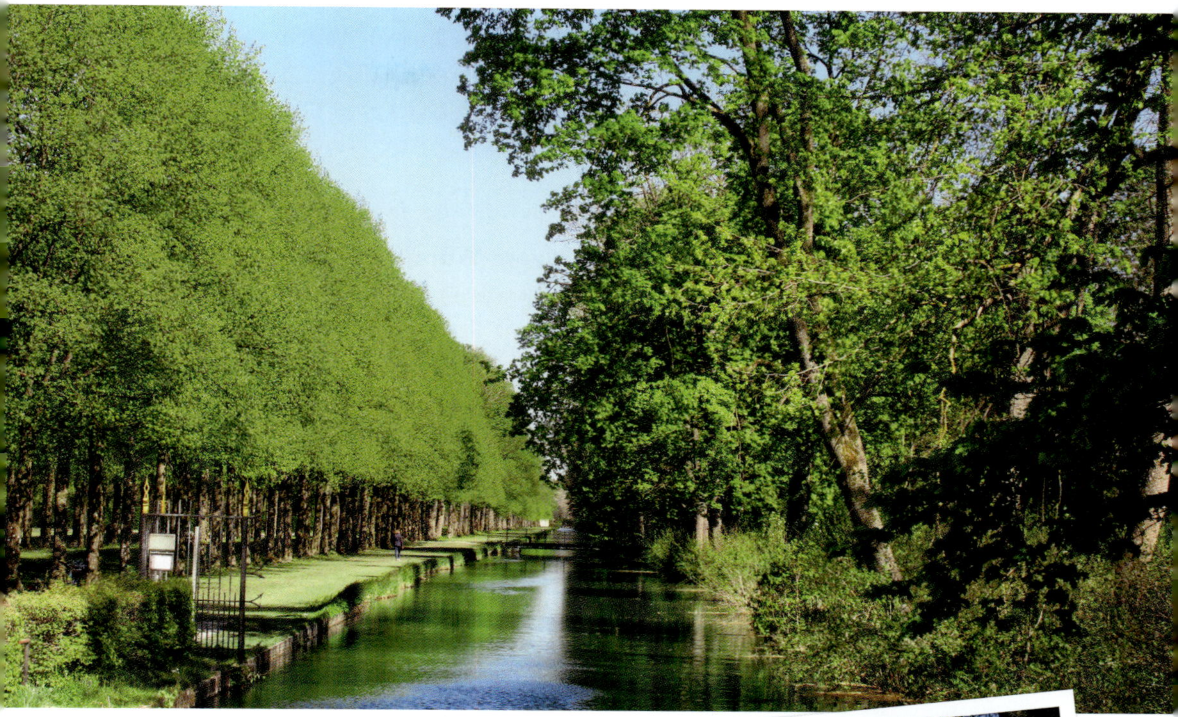

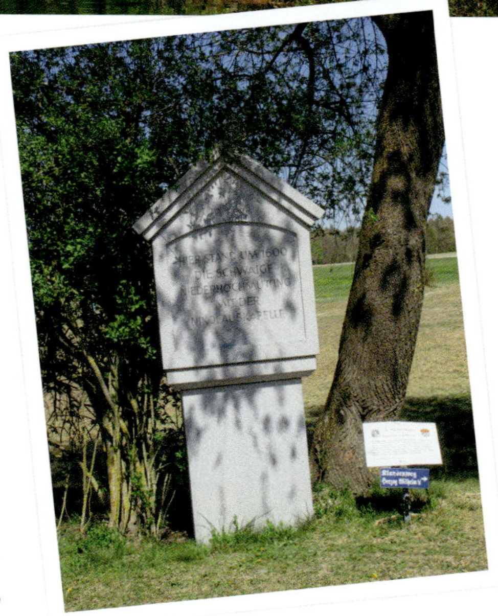

Gedenkstein für die verschwundene St.-Nikolaus-Klause nahe Hochmutting

etwa 200 Metern nach links ab. Nun wandern wir immer durch die Grünanlage bzw. an den Feldern entlang Richtung Norden, eine Starkstromleitung weist uns dabei den Weg. Man kann sich hier aber eh nicht verlaufen. Wir queren die Weitlstraße und die Dülferstraße. Hier ist die Stadt München dabei, einen neuen Grünzug, den **Feldmochinger Anger**, anzulegen.

Frauenholz und Korbinianihölzl Nach der Bezirkssportanlage Hasenbergl treffen wir auf eine **Kleingartenanlage**. Dort gehen wir beim Parkplatz rechts und erreichen gleich darauf eine wunderschöne Wiese mit Schwarzkiefern. Hier links ab und in Richtung der Häuser rechts erreichen wir das **Frauenholz**.

Wir suchen Richtung Osten unseren Weg durch den Wald und kommen zu einer Wegkreuzung. Wir zweigen auf dem geteerten Weg links zur Fußgängerbrücke ab, die uns über die A 99 zum

**Korbinianihölzl** bringt. Am Königssträßl gehen wir kurz links und biegen dann bei den Fahrrad-Wegweisern rechts in den Wald ab. Nach etwa einem guten halben Kilometer kommen wir zur Jägerstraße, die uns nach links zum kleinen **Flugplatz Oberschleißheim** führt.

Maximilianshof und Schloss Schleißheim Am ehemaligen Tower vorbei kommen wir zum **Würmkanal**. Da wir nicht unbedingt die langweilige Autostraße zur Flugwerft weiterlaufen wollen, gehen wir über das kleine Brückerl und suchen uns unseren Weg entlang der Gleise durch die **Kleingartenanlage am Klausenweg**. Schließlich treffen wir auf die August-Schmauß-Straße, die direkt zum **Alten Schloss Schleißheim** führt.
Wo links die Autostraße zum Bahnübergang leitet, biegen wir durch die Toreinfahrt rechts ab in den **Wilhelmshof** und gehen unter dem pagodenartigen Turm weiter zum **Maximilianshof**. Dort finden sich zwei **Denkmäler** – das rechte erinnert an die Gefallenen der königlich-bayerischen Lufttruppen des Ersten Weltkriegs, das andere an die Opfer der beiden Weltkriege. Schließlich stehen wir vor dem **Neuen Schloss Schleißheim**, wo wir im Schlossbiergarten einkehren können.

## Wissenswertes

**Oberwiesenfeld** ist übrigens der alte Name, der für das Olympiagelände vor den Olympischen Spielen 1972 verwendet wurde. Diese Heidelandschaft, Gfild genannt, wurde nicht landwirtschaftlich genutzt, die Böden waren zu unfruchtbar. Zuerst diente es lediglich als Viehweide, später dem königlich-bayerischen Heer als Truppenübungsplatz, vor allem der Artillerie, lagen doch am Südrand des Oberwiesenfelds die Münchner Kasernen. Ab 1909 befand sich hier der erste Flugplatz der Landeshauptstadt.

Der **Flugplatz Schleißheim** ist der älteste noch in Betrieb befindliche Flugplatz Deutschlands; er wurde ursprünglich als Militärflugplatz für die königlich-bayerische Fliegertruppe angelegt. Bis 1933 zivil genutzt, diente er ab 1927 überwiegend für die Pilotenausbildung und wurde ab 1933 im Rahmen der Aufrüstung des Dritten Reichs zu einem Fliegerhorst der Luftwaffe ausgebaut. Heute teilen sich seine Nutzung einige Luftsportvereine und die Bundespolizei. Vor allem während des Oktoberfests dient er als Start- und Landeplatz für Rundflüge mit dem Zeppelin NT und der »Tante Ju«, der Junkers Ju 52. Teile der Flugwerft Schleißheim stehen unter Denkmalschutz. 1992 wurde auf dem Flughafengelände eine Außenstelle des Deutschen Museums eröffnet.

Dann gehen wir zurück zur Effnerstraße, überqueren die Freisinger Straße und kommen über die Mittenheimer Straße zum **S-Bahnhof Oberschleißheim**.

## Varianten

- Schon im Olympiapark sind mehrere Varianten möglich – allerdings ist bei einer ersten Wanderung von ihnen abzuraten, denn man kann sich in den verwinkelten Ecken und Gassen des Olympiadorfes ganz schön verlaufen.
- Eine nette Variante führt vom Königssträßl nach rechts. Kurz darauf trifft man auf die Autostraße, die nach links zum Flugplatz und zur Flugwerft Schleißheim führt. Wir gehen aber geradeaus weiter, bis nach ca. 300 Metern nach links ein unscheinbarer Pfad in ein Wäldchen führt. Rechts steht ein großer Handymast, sodass man diese Stelle eigentlich nicht verfehlen kann. Wir gelangen zu einem schnurgeraden Sträßchen, das ziemlich genau nach Norden führt. Am Ende kommen wir auf freies Gelände am Rand des Flughafens. Hier folgen wir nun dem Weg nach rechts, bis wir bei der ehemaligen Nikolauskapelle auf die kleine Straße treffen, die Hochmutting mit den Schleißheimer Schlössern verbindet. Vom Neuen Schloss geht's weiter wie beschrieben. Die Tour verlängert sich um etwa einen halben auf 14 Kilometer.

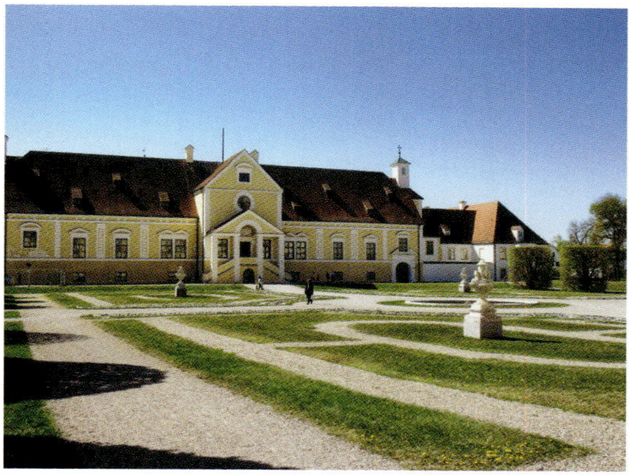

Das Alte Schloss war der Alterssitz des Bayernherzogs Wilhelms V.

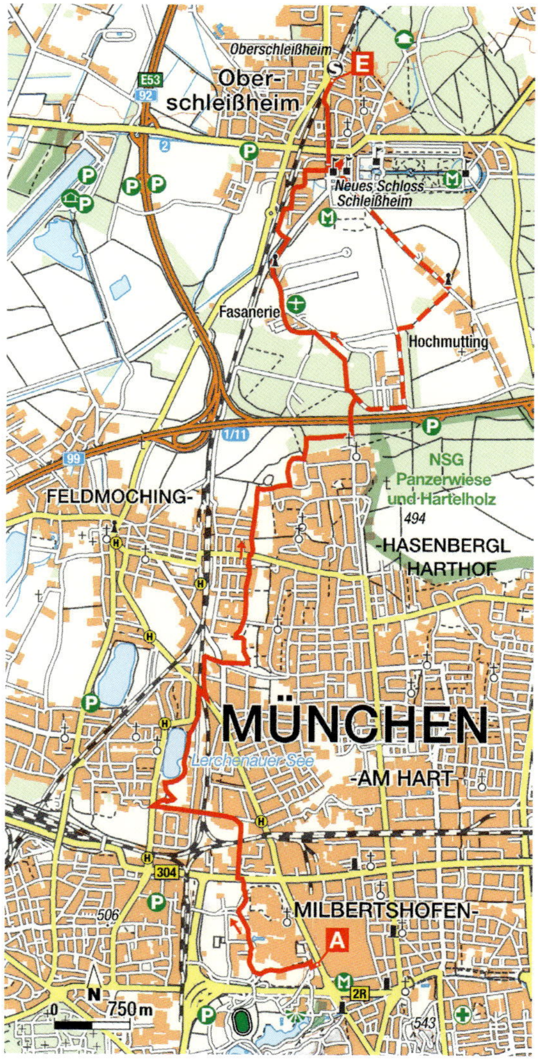

# 19 Von der Panzerwiese nach Oberschleißheim

## Besinnliche Heide- und Waldwanderung

Leicht | 12 km | Keine Hm | 3 Std.

**Tourencharakter**
Überwiegend Feldwege und Kiespfade

**Ausgangspunkt**
U-Bahnhof Dülferstraße (U2). GPS: 48.21221, 11.56299

**Endpunkt**
S-Bahnhof Oberschleißheim (S1)

**MVV**
Man kann die Tour an der B 471/Haltestelle Lustheim (Buslinien 292, 295) abkürzen.

**Einkehr**
Waldrestaurant Berglholz

Rechte Seite: Die venezianische Gondel – nicht nur für Liebespaare ein Ort zum Träumen

**Zugegeben, die Tour bewegt sich nicht innerhalb der Stadtgrenzen. Die Heide und die Kiefernwälder hier sind aber so schön, dass man über diesen »Stilbruch« hinwegsehen kann. Und am Anfang der Tour machen wir noch einen kurzen Abstecher nach Venedig, das – was nicht alle Einheimischen wissen – nicht etwa südlich der Alpen liegt, sondern hier am Nordrand Münchens.**

Hartl- und Schweizerholz Wir verlassen den **U-Bahnhof Dülferstraße** auf der Ostseite und gehen den Fußgängerweg, der schnurgerade zum Frauenmantelanger führt. Hier biegen wir rechts ab zur **Panzerwiese** und erreichen diese bei der **Kunst-Installation »Alittlemorelove«**. Unser Weiterweg führt quer über die Panzerwiese, bis wir kurz vor der Ingolstädter Landstraße

### Wissenswertes

Die **Panzerwiese** war militärisches Übungsgelände. Heute ist sie mit ihren bedeutsamen Magerrasen als Naturschutzgebiet ausgewiesen. Am Rand der Panzerwiese findet man die **Kunst-Installation »Alittlemorelove«** des Künstler-Duos Nadja Stemmer und Georg Schweitzer, nämlich eine venezianische Gondel, einen Steg mit Anlegepfählen, eine Parkbank und eine altertümliche Laterne. Die Gondel hat natürlich einen Namen, sie wurde mit Wasser aus dem Canal Grande auf den Namen Therese getauft. Und der Steg hat bedauerlicherweise bereits ein Opfer gefordert: Stege enden nicht nur in Venedig abrupt – ein Radfahrer, der diesen in der Nacht befuhr, stürzte auf den harten Erdboden der Panzerwiese und verletzte sich dabei schwer. Der Pechvogel verlor den Prozess gegen die Stadt München, weil er zuvor verbotenerweise auf einem Fußgängerweg gefahren war. Übrigens, Radfahren ist auch in Venedig strikt verboten – vielleicht deswegen, weil auch hier alle Stege plötzlich zu Ende sind.

ins **Hartelholz** kommen. Wir folgen dem Feldweg in den Wald hinein, biegen nach links in die Münchner Allee ein und erreichen, nachdem wir die A 99 überquert haben die Jägerstraße (Autostraße). Dieser folgen wir ein Stück nach rechts bis zur St 2053, gehen auf dieser kurz nach Norden und biegen bei nächster Gelegenheit rechts in das **Schweizerholz** ein. Unser Weg führt weiter nach Norden, bis wir nach etwa zwei Kilometern zum **Schleißheimer Kanal** kommen. Hier wenden wir uns links, queren wieder die St 2053 und biegen beim **Schloss Lustheim** nach rechts ab.

Von Schleißheim ins Berglholz An der Schlossmauer entlang führt unser Weg zur B 471, die wir an einer Ampelanlage überqueren. Wir wandern nach Norden und erreichen beim **Wasserwerk Schleißheim** einige Felder, die uns den Blick auf Unterschleißheim ermöglichen. Hier wenden wir uns nach links und gehen immer am Waldrand entlang, vorbei an der Berglstraße, die uns direkt zum Waldrestaurant Berglholz führen würde, bis wir in der Nähe der Bahnlinie zum **Berglbach** kommen. Diesem folgen wir bachaufwärts zum **Waldrestaurant Berglholz**.
Dahinter geht es wieder nach rechts, und kurz vor dem Kirchbach erreichen wir die Straße Am Stichgartl. Dort gehen wir nach rechts, an den Gleisen dann nach links und kommen so in Kürze zum **S-Bahnhof Oberschleißheim**.

## Varianten

Über die Panzerwiese, durch den Schlosspark der Schleißheimer Schlösser oder durch das Schweizer- und das Berglholz kann sich jeder seinen eigenen Weg suchen.

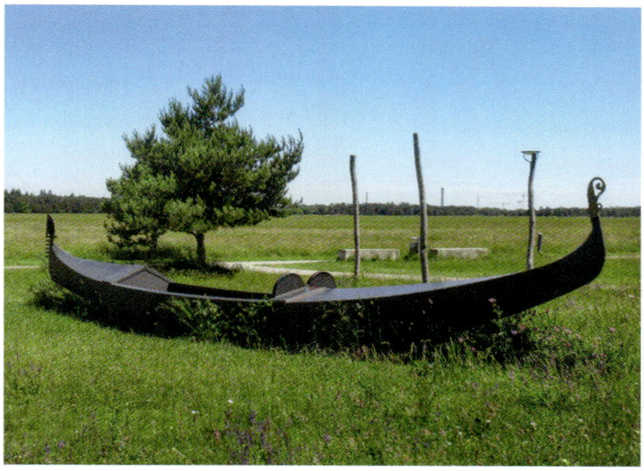

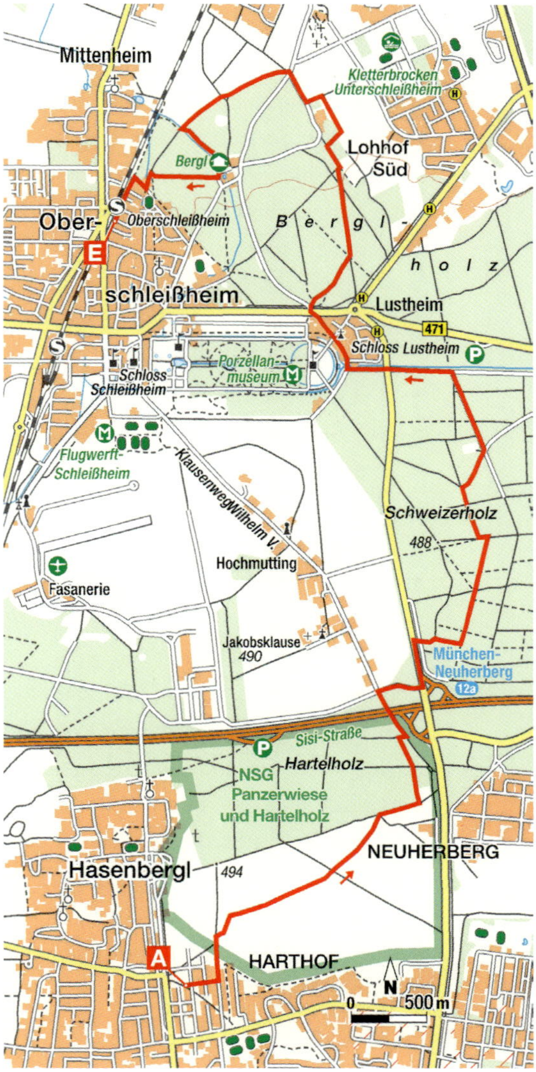

# Natur- und Landschaftsräume in und um München

Die geologischen Gegebenheiten der Münchner Schotterebene haben die verschiedenartigsten Natur- und Landschaftsräume in und um München gebildet. Früher sprach man von »Münchner Landschaft«, die in vielen Gemälden des 19. Jahrhunderts dargestellt wurde. Landschaftsräume werden immer auch durch den Menschen mitgestaltet, der in die Natur eingreift, entweder um hier überleben zu können oder um die Landschaft seinen (Freizeit-)Bedürfnissen anzupassen.
Von Süden nach Norden findet man:

- die großen Forste, z. B. Perlacher Forst und Forstenrieder Park
- die Leitenwälder im Isartal
- die Auwälder
- die Lohwälder
- Trockenstandorte: die Kieferwälder, Haiden und Brennen
- Feuchtbiotope: die Niedermoore (bairisch: Moos, Möser)

Um die großen **Forste** im Süden der Stadt wird München von der ganzen Welt beneidet, stellen sie doch eine riesige grüne Lunge dar mit einem besonderen Erholungswert für die Stadtbewohner. Im Süden von München ist die eiszeitliche Schotterdecke durchschnittlich 20–30 Meter dick. Sie liegt auf voreiszeitlichen Ablagerungen der oberen Süßwassermolasse, die das Grundwasser stauen. Die Mächtigkeit dieser Kiesschicht ist die Ursache, dass das Gebiet der Forste früher nur an wenigen Stellen besiedelt war, sprich: nur dort, wo sich die Brunnen befanden oder Isar, Würm und andere Flüsse Zugang zum lebensnotwendigen Wasser boten. Die Forste blieben bis weit in die Gegenwart erhalten, weil sie einer bäuerlichen Lebensform wenig zuträglich waren und somit das ideale Jagdgebiet der Wittelsbacher.
Für die Entwicklung des Waldes waren der lockere Schotterboden und die große Niederschlagsmenge aufgrund der Staulage der Alpenkette ideal. In Richtung Alpen nehmen die Niederschlagswerte nämlich mit der größeren Höhenlage rasch zu – so erreichen sie im Alpenvorland an der Donau Werte von 600–800 Millimetern, am Nordrand der Alpen ca. 1400 Millimeter. Ursprünglich waren diese Forste reine Laubwälder, mit Buchen, Eichen, Birken und Hagebuchen. Ab Mitte des 19. Jahrhunderts wurden sie vorwiegend mit Fichten und Waldkiefern aufgeforstet, wobei man besonders alte Bäume (z. B. den Altvater im Forstenrieder Park, eine 400–500 Jahre alte Eiche an der Römerstraße mit einem Stammumfang von 4,5 m) und Alleen aus Pietätsgründen oft stehen ließ. Heute prägen die Nadelbäume das Bild der Parks, wobei die Fichte dominiert.

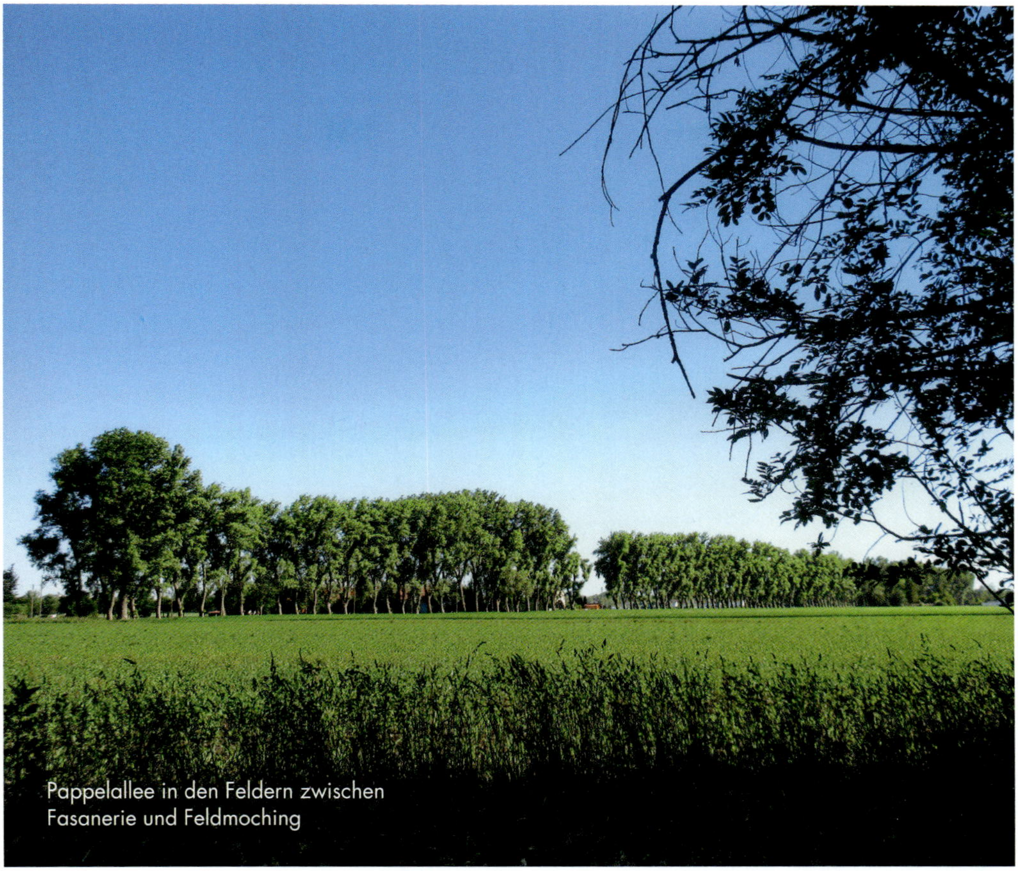

Pappelallee in den Feldern zwischen Fasanerie und Feldmoching

Beim Orkan »Wiebke« im Frühjahr 1990 kam es auch im Forstenrieder Park zu großen Schäden – in einigen Teilen wurden alle älteren Bäume umgeworfen. Seither versucht die staatliche Forstverwaltung, einen widerstandsfähigeren Wald zu schaffen und die reinen Fichtenkulturen durch Mischwald zu ersetzen. Dies geschieht auch im Hinblick auf den Klimawandel, bei dem die flachwurzeligen Fichten auf den Schotterflächen, die nur eine geringe Humusauflage aufweisen, bei langen Trockenperioden leichter geschädigt werden.

Schon seit dem späten Mittelalter waren die Forste fernab der menschlichen Siedlungen das bevorzugte Jagdrevier der Wittelsbacher Herzöge, Kurfürsten und Könige, die hier mehrere Jagdschlösser und Jagdlusthäuser errichten ließen. Die Wälder erstreckten sich damals weit über ihre heutigen Grenzen hinaus, von Starnberg bis nach Fürstenried, ja sogar bis hin an den Hirschgarten.

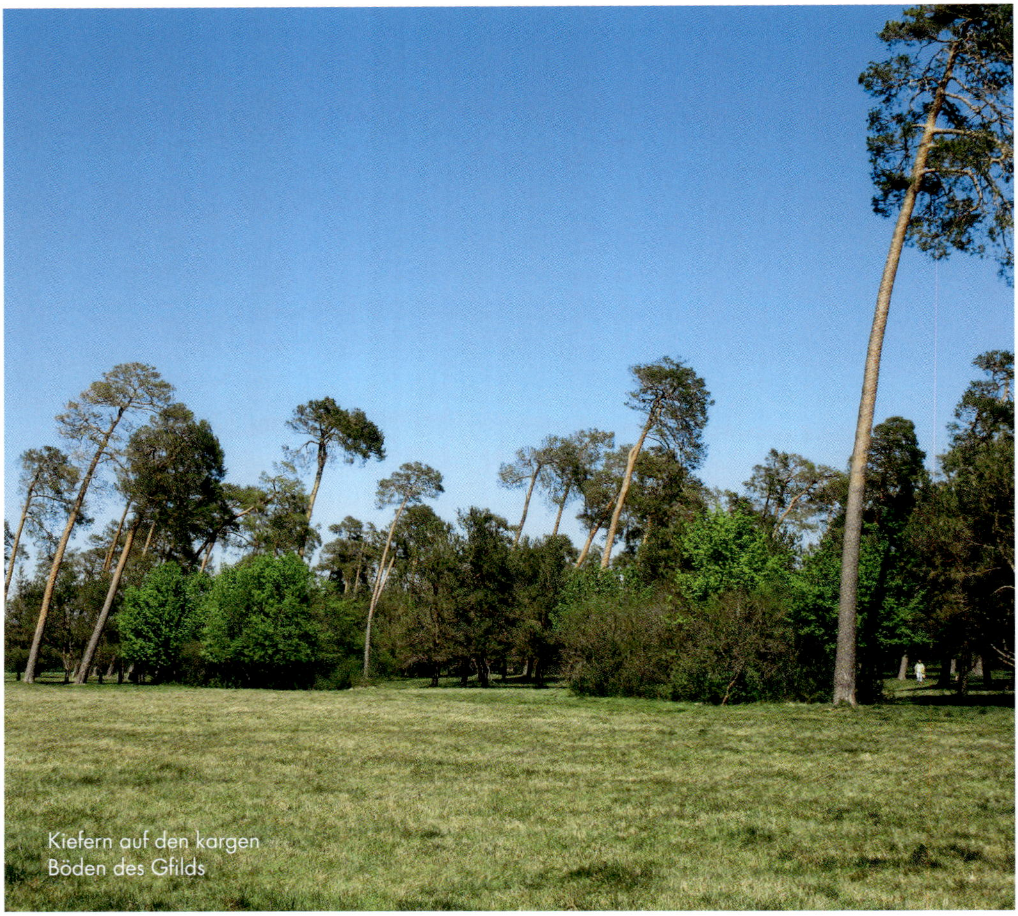

Kiefern auf den kargen Böden des Gfilds

Die Leiten- und Auwälder der Isar prägen auch heute das Stadtbild Münchens. Sie durchziehen das Stadtgebiet als grünes Band von Süden nach Norden.

**Leitenwälder** nennt man die Wälder an den steilen Böschungen zwischen den Geländestufen der Isar (Auenstufe, Altstadtterrasse, Niederterrasse). Man findet sie vor allem im oberen Isartal östlich der Isar, z. B. an den Leitenhängen der Menterschwaige. Infolge der starken Geländeneigung sind sie von Aufforstungen mit Fichten verschont geblieben und wirtschaftlich kaum genutzt worden. Sie weisen deshalb auch heute noch einen naturnahen, stark mit Rotbuchen durchsetzten Waldaufbau auf und werden von einer recht artenarmen Bodenflora begleitet.

Die **Auwälder** von Isar und Würm wurden ursprünglich regelmäßig überflutet. Dadurch bildeten sich trockene Kiesbänke, die sogenannte Brennen. Der gesamte

Überflutungsbereich wird als Au bezeichnet, in München also der Bereich unterhalb der Altstadterrasse, auf dem sich heute z. B. die Isarvorstadt oder das Lehel befinden. Je nach Überflutungshäufigkeit, Wasserhöhe, Geschiebeauflandungen usw. wurden regelmäßig Standorte zerstört bzw. geschaffen. Mit dem Bau des Sylvensteinspeichers und der Regulierung der Isar ging die für diese Wälder notwendige Dynamik jedoch verloren.

An der unteren Isar im Münchner Norden ist ein Bestand mit urwaldartigem Charakter erhalten geblieben, der einen Eindruck solcher Wälder vermittelt: Alte und abgestorbene Bäume lassen ein wahres Dschungel-Feeling aufkommen und bieten damit einer artenreichen Tierwelt Lebensraum. Die Isarrenaturierung im Stadtgebiet soll auch zur Erhaltung dieser Auenwälder beitragen. Leider werden diese Biotope immer wieder durch das Betreten von uneinsichtigen Spaziergängern geschädigt.

Zu den wertvollsten Biotopen innerhalb des Stadtgebiets zählen die **Lohwälder**. Beispiele in München sind: die Angerlohe (Tour 20), die Aubinger (Tour 21) und die Allacher Lohe (Tour 13). Letztere ist aufgrund ihrer Größe das Paradebeispiel für diesen Waldtypus: lichte Eichen-Hainbuchen-Wälder. Sie bildeten zwischen den grundwasserfernen Schotterterrassen und den grundwasserbeeinflussten Niedermooren, z. B. dem Dachauer Moos im Norden Münchens, einst etwa zwei Kilometer breite, zusammenhängende Waldgürtel. Durch den späten Laubaustrieb der in Lohwäldern dominierenden Eichen und Hainbuchen kommt im Frühjahr viel Licht auf den Boden. Dadurch kann sich eine üppige Vegetation (sogenannte Frühblüher) mit einer artenreichen Tierwelt entwickeln. Die Lohwälder wurden von den Menschen einst intensiv genutzt – daher auch der Name: Er kommt von der alten Bezeichnung für die Eichenrinde, nämliche Lohe; man benötigte sie zum Gerben, wobei die Tierhäute mit Eichenrinde versetzt wurden.

Lohwälder waren immer auch **Hutewälder**. Der lichte, lockere Baumbestand und die magere Bodenvegetation sind eine Folge der in bayerischen Wäldern früher üblichen Waldweide: Man trieb das Vieh zum Weiden in den Wald, während auf den mühsam gerodeten Flächen Ackerbau betrieben wurde.

Zumindest Teile der Allacher Lohe und der Angerlohe zeigen auch heute noch die Spuren der ehemaligen Mittelwaldnutzung. Der Wald wurde dabei in Abständen von 15–25 Jahren zur Brennholzgewinnung geschlagen (»auf den Stock gesetzt«), wobei man aber geradschäftige Bäume, z. B. Eichen, als sogenannte Überhälter stehen ließ. Da nur wenige Bäume, wie die Hasel oder die Hainbuche, überlebten und immer wieder ausschlugen, prägen sie bis heute an manchen Stellen noch das Bild dieser Wälder. Mit dem Bau der Eisenbahnstrecken im 19. Jahrhundert konnte Steinkohle in großen Mengen gewonnen werden – das machte die mühsame Brennholzgewinnung überflüssig, und diese Nutzungsform wurde aufgegeben.

Das Hartelholz im Norden der Panzerwiese (Tour 14) und das Schweizerholz in der Umgebung der Schleißheimer Schlösser: All diese Wälder sind größtenteils Kiefernwälder. Die Schwarzkiefer ist gut an die trockenen Heideböden angepasst und erreicht mit ihrer langen Pfahlwurzel auch das tiefe Grundwasser. Entstanden sind diese lichten Wälder wohl durch Aufforstungen im 19. Jahrhundert und durch die Beweidung durch Schafe, die nur Laubbäume verbeißen.
Die Haiden (Heiden) im Norden Münchens sind durch jahrhundertelange Beweidung der nährstoffarmen, höchstens mit lichtem Wald bedeckten Schotterzungen der Münchner Ebene entstanden. So riesig waren zur Zeit des Dreißigjährigen Kriegs die mageren Heidewiesen um die wohlhabende Stadt München, dass der Schwedenkönig Gustav Adolf, vom Gasteigberg kommend, feststellte: »München ist wie ein goldener Sattel auf einer dürren Mähre.«
Von der ursprünglich zusammenhängenden Münchner Heide sind nur noch kleine Restflächen erhalten geblieben: die Garchinger, die Mallertshofer, die Fröttmaninger Heide und die Panzerwiese (siehe die Touren im Münchener Norden).
Das Naturschutzgebiet Südliche Fröttmaninger Heide wurde 2007 vom Heideflächenverein erworben, um die hochwertige Heidefläche zu erhalten. Mittlerweile wurde auf diesem Gelände auch das »Heidehaus« eingeweiht. Wegen der Seltenheit ihrer Tier- und Pflanzenwelt, insbesondere als Insekten- und Reptilien- sowie Amphibienstandort (Wechselkröte), kommt ihr eine überregionale Bedeutung zu. Der Nordteil der Fröttmaninger Heide war und ist aufgrund seiner militärischen Nutzung bis heute nicht zugänglich. So blieb diese einzigartige Reliktfläche bis heute erhalten.

Wer im Münchener Norden unterwegs ist, stößt bei Dachau auf den markanten Rand des Tertiären Hügellands, das sich zwischen Maisach und Freising jäh über die sanft abfallende Münchner Schotterebene erhebt. Davor erstreckt sich ein großes Niedermoorgebiet: das Dachauer Moos. Von Südwesten fließt die Amper mit ihren Auwäldern durch die flache Mooslandschaft, im Südosten begrenzt es das Gfild mit seinen Lohwäldern und Heiden.
Unter dem Geschiebe der Schotterebene befindet sich der sogenannte Flinz, ein Bestandteil der Süßwassermolasse. Auf dieser wasserundurchlässigen Schicht fließt ein zehn bis fünfzehn Meter mächtiger Grundwasserstrom. Am Nordrand der Ebene, wo die Schotterauflage dünner wird, gelangt dieser an die Oberfläche und bildete einst riesige Niedermoore. Absterbende Pflanzen wurden nicht vollständig zersetzt und abgebaut, sondern lagerten sich als Torf ab.
Das Dachauer Moos blieb – abgesehen von einzelnen Gehöften, die, wie etwa die Rothschwaige, auf kleinen trockenen Gebieten mitten im Moor lagen – bis etwa zum Jahr 1800 siedlungsfrei. Dachau und die umgebenden Dörfer wie Moosach, heute ein Stadtteil Münchens, lagen an den trockenen Rändern zum Tertiären Hügel-

land im Norden und zur Schotterebene im Südosten. Erst Ende des 18. Jahrhunderts wurde mit der Trockenlegung des Moors begonnen. Auf günstigen Standorten entlang bestehender Straßen wuchsen Karlsfeld, Augustenfeld und Ludwigsfeld, sogenannte Moorhufendörfer. Das Leben der wenigen frühen Moosbewohner war hart und entbehrungsreich, der in Handarbeit gestochene Torf diente als billiges Brennmaterial.

Im 19. Jahrhundert wurden die bestehenden Entwässerungsgräben schließlich weiter ausgebaut und damit wurde eine intensive Nutzung des Torfs eingeleitet. Abnehmer waren vor allem Münchner Brauereien, die das »schwarze Gold« als billiges Brennmaterial zur Beheizung ihrer Sudkessel verwendeten. Mit dem Bevölkerungswachstum in der zweiten Hälfte des 20. Jahrhunderts weiteten sich Siedlungsflächen von den Rändern her großräumig aus. Das Moos war endlich urbar gemacht worden, genauer gesagt: Es ist bis auf wenige Reste verschwunden.

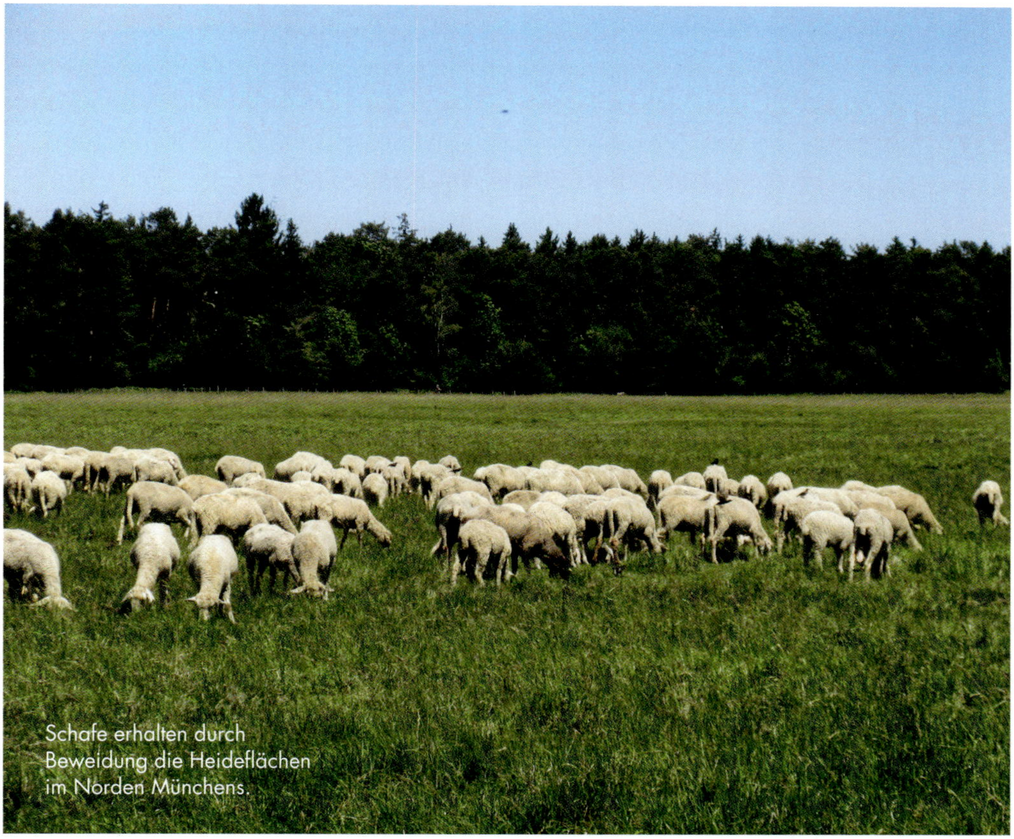

Schafe erhalten durch Beweidung die Heideflächen im Norden Münchens.

# 20 Von Nymphenburg nach Karlsfeld

## Durch die Lohwälder im Nordwesten

Leicht | 9 km | Keine Hm | 3.30 Std.

**Tourencharakter**
Überwiegend Kiespfade und Waldwege, dazwischen auch Asphalt

**Ausgangspunkt**
Trambahn-Endhaltestelle Amalienburgstraße (Linie 17).
GPS: 48.16572, 11.49408

**Endpunkt**
S-Bahnhof Karlsfeld (S2)

**MVV**
Man kann die Tour an folgenden Bushaltestellen unterbrechen: Allacher Straße (Linien 164, 165), Manzostraße (Linien 162, 163, 164, 165).

**Einkehr**
Fasanerie mit Biergarten

Rechte Seite oben: Waldbaden im Allacher Forst

**Bei dieser Tour verlässt man das Stadtgebiet nicht. Manche wird es verwundern, wie viele große Wälder noch innerhalb der Stadtgrenzen zu finden sind. Die Wanderung ist eine echte Entdeckungsreise in eine urwüchsige Natur, sind doch die Angerlohe und der Allacher Forst letzte »Urwaldrelikte« im Nordwesten Münchens.**

### Über die Fasanerie zur Angerlohe

Von der **Trambahn-Endhaltestelle Amalienburgstraße** gehen wir nach Norden und nehmen sofort einen kleinen Pfad, der ins **Kapuzinerhölzl** führt. Auf ihm geht's immer weiter nach Norden, bis wir Häuser durch den Wald schimmern sehen. Auf der Straße vor den Häusern wenden wir uns nach links, überqueren die Schragenhofstraße und gehen links durch die Bahnunterführung (Reinoltstraße). Dahinter biegen wir gleich nach links in den Waldweg ein, dem wir bis zum **Hartmannshofer Bach** folgen. Über eine kleine Brücke gehen wir nun immer am Bacherl entlang, bis wir auf die **Wirtschaft Fasanerie** treffen, in deren Biergarten wir einkehren können.

Weiter am Bacherl entlang kommen wir schließlich zur Allacher Straße, die wir an der Ampel überqueren, um auf der gegenüberliegenden Seite den **Hartmannshofer Grünzug** zu betreten. Wir wandern weiter – wobei es egal ist, ob wir die rechte oder linke Bachseite wählen –, wenden uns dort, wo der Hartmannshofer Bach unterirdisch abgeleitet wird, nach links und gehen zwischen der Arche und den Häusern zur Manzostraße. Dieser folgen wir und biegen gleich nach dem Altenheim rechts in die **Angerlohe** ein.

### Wiesen, Wald und Weiher

Nun wandern wir etwa einen Kilometer durch den Wald, bis wir auf die Angerlohstraße treffen. Es sind mehrere Wege und Pfade möglich, und eine genaue Beschreibung ist hier nicht nötig, höchstens ein Blick auf das Kärtchen. Sieht man die Gebäude der Polizei, muss man sich weiter

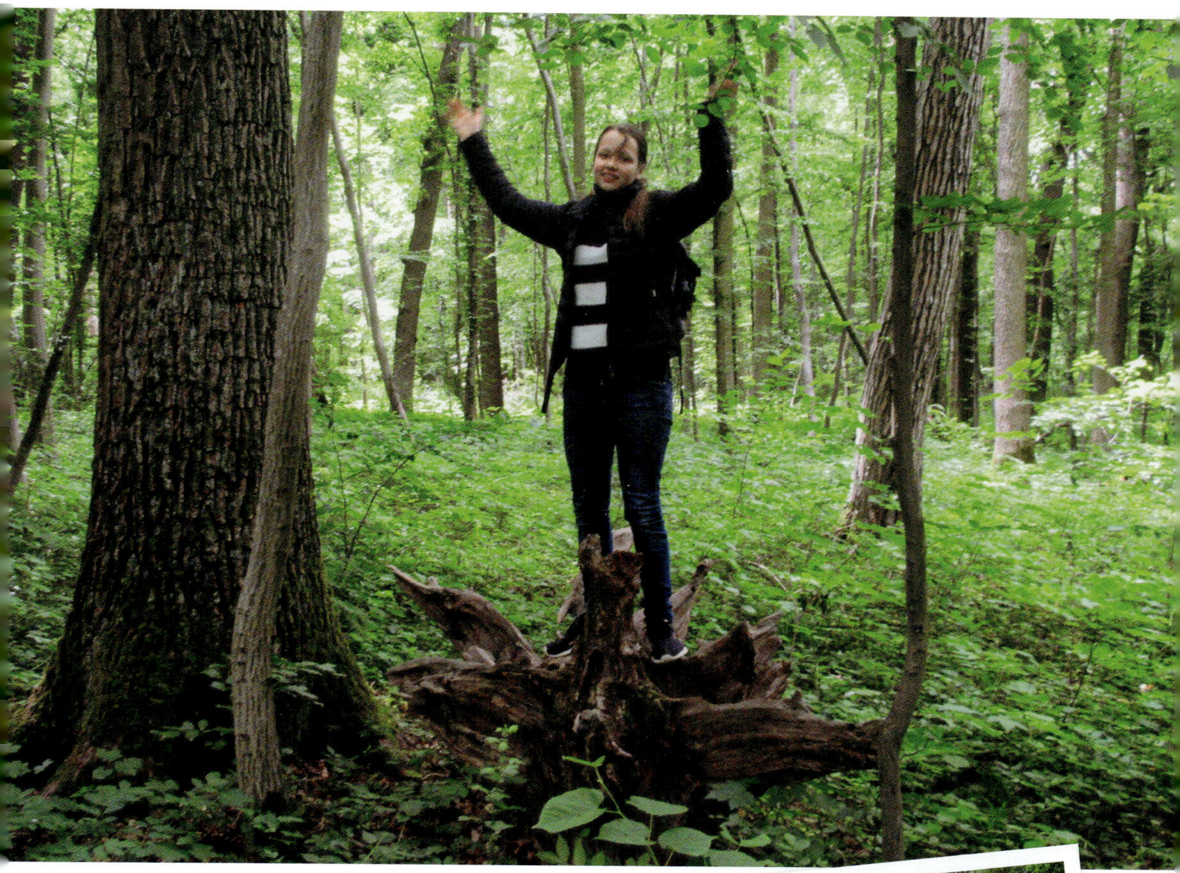

links halten; trifft man gegenüber der Angerlohstraße auf Wald, hält man sich weiter rechts.

Wir wenden uns jetzt hier an der Straße kurz nach rechts, gehen an der Straßengabelung in das offene Wiesengelände hinein und erreichen in Kürze einen **Weiher**. Nun geht's nach Norden über kleine Pfade weiter bis zur Ludwigsfelder Straße.

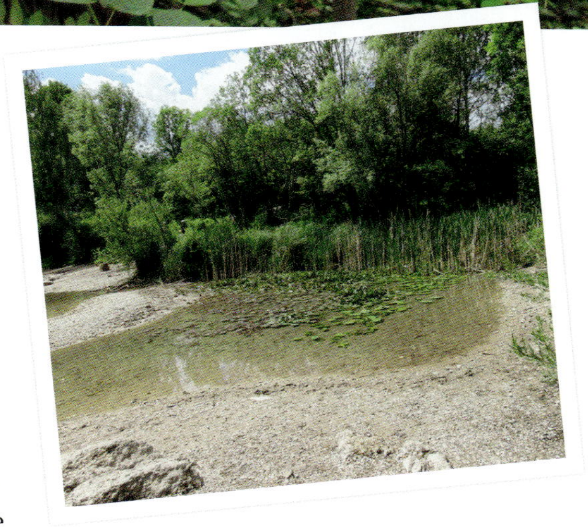

Ein verwunschener Ort: das Biotop am Hundesee

Wir überqueren sie und gehen die Autostraße, die in das Gelände des Rangierbahnhofs führt, nach rechts hinauf. Nun über die Brücke links, nach ihr sofort nach rechts und über die nächste Brücke. Hier nicht geradeaus (!), sondern wieder nach rechts und dann nach links über die dritte Brücke – der wesentlich schmälere Fußgängerweg, der nach Osten führt, wird

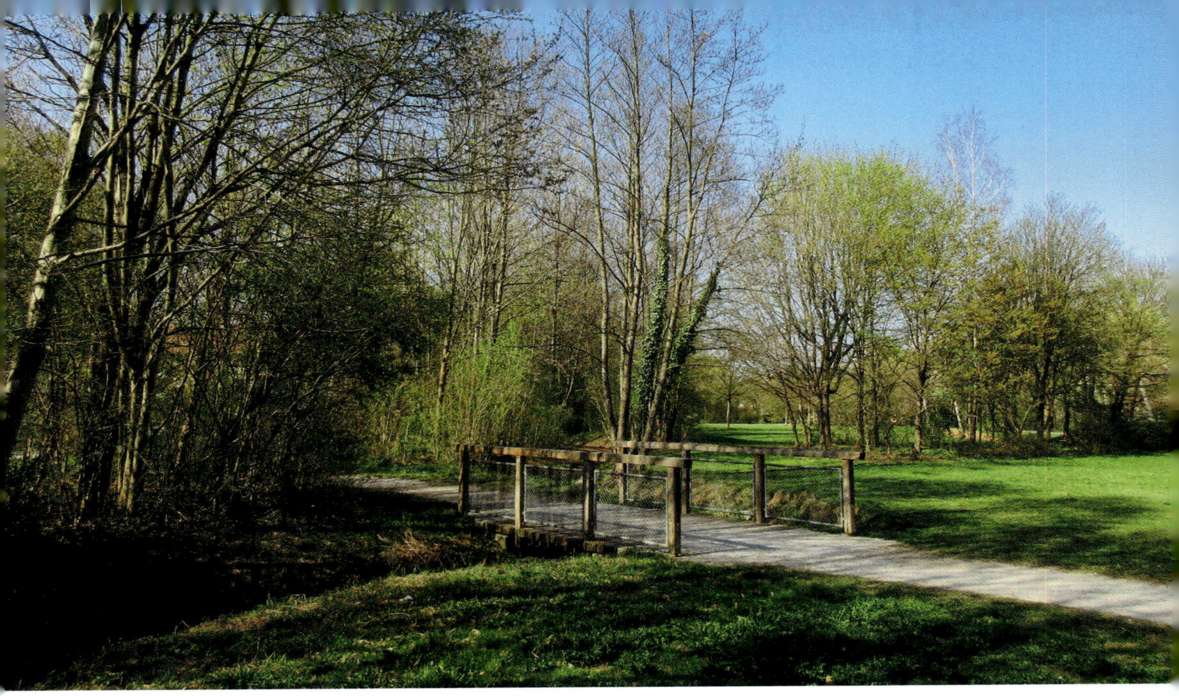

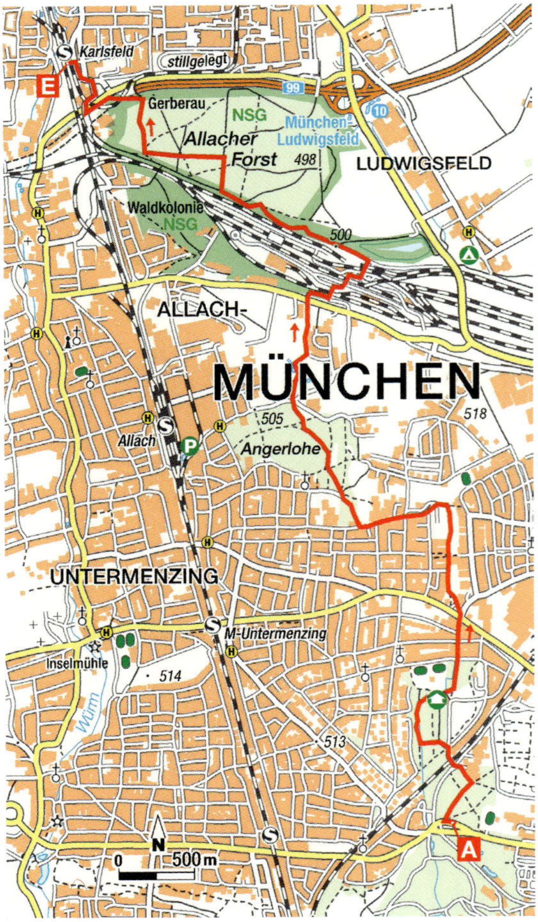


nicht benutzt. Hört sich kompliziert an, ist aber doch einfach zu finden.

Durch den Allacher Forst Wir haben nun den **Hundesee** (Landschaftssee Allacher Lohe), auch »Baden-verboten-See« genannt, erreicht. Wir wandern nach links die Auffahrt hinunter und am Naturschutzgebiet vorbei in den **Allacher Forst** hinein. Es sind wieder mehrere Wege und Pfade möglich – unser Ziel ist das Nordwesteck des Walds bzw. die Fußgängerbrücke über die Otto-Warburg-Straße. Dazu gehen wir am Bahndamm entlang, bis wir nach etwa einem Kilometer die Obere Allee erreichen, die rechtwinklig nach Norden abbiegt. Wir folgen ihr etwa 250 Meter, bis wir links ins **Allacher Geräumt** abzweigen. Wir gehen nun ungefähr einen halben Kilometer bis fast zum Ende des Allacher Geräumts, biegen nach rechts ab und erreichen die A 99. Nun nach links, bis wir auf die Wilhelm-Zwölfer-Straße treffen. Auf einer Brücke überqueren wir die Otto-Warburg-Straße und erreichen schließlich den **S-Bahnhof Karlsfeld**.

## Varianten

Linke Seite: Brückerl am Hartmannshofer Bach

- Wir können nach der Unterführung, die vom Kapuzinerhölzl zum Hartmannshofer Park führt, sofort geradeaus die Reinoltstraße (besser den Kiesweg rechts von ihr) zur Wirtschaft Fasanerie nehmen.
- Im Allacher Forst sind viele Wege möglich. Wir können z. B. auch immer am Bahndamm entlangmarschieren, bis wir auf die Wilhelm-Zwölfer-Straße treffen, der wir nach rechts folgen. Nach der Brücke über die Otto-Warburg-Straße erreichen wir den S-Bahnhof Karlsfeld.

## Wissenswertes

Das **Kapuzinerhölzl**, heute Landschaftsschutzgebiert, bekam seinen Namen durch das Münchner Kapuzinerkloster, dem es früher gehörte.

Im **Allacher Forst** wurde die letzte Schlacht des Dreißigjährigen Kriegs geschlagen. Viele sprechen nur von einem kleineren Gefecht, was aber nicht den historischen Tatsachen entspricht: 1647/48, kurz vor Ende des Kriegs, fielen die verbündeten Truppen der Franzosen und Schweden noch einmal in das Kurfürstentum Baiern ein und verwüsteten es erneut schwer. Anfang Oktober marschierten sie plündernd isaraufwärts in Richtung München. Im Gegensatz zum Jahr 1632, als sich die Stadt kampflos ergeben musste, schützten sie jetzt breite Wällen und mächtige Bastionen. Der schwedische Oberbefehlshaber Carl Gustav Wrangel hatte sein Hauptquartier bei Dachau aufgeschlagen. Am Morgen des 5. Oktober 1648 lud er seine Offiziere zu einer großen Treibjagd zwischen Allach und Nymphenburg, also in das Gebiet des heutigen Allacher Forsts, der sich wie eine Insel in das damals noch unwegsame Dachauer Moos erstreckte. Dabei ließ er die Teilnehmer der Jagd von seinen Soldaten bewachen. Diese bemerkten allerdings zu spät, dass sich kaiserlich-bairische Truppen von München aus näherten – der Angriff überraschte die Teilnehmer der Jagdgesellschaft, und als sie in Panik flüchteten, versanken viele im Sumpf. Etwa 200 schwedische Soldaten sollen im Kampf gefallen, etwa 1000 in Gefangenschaft geraten sein, darunter viele Offiziere. Sie wurden nach München gebracht, wo einige der schwer Verletzten starben und im Alten Südfriedhof bestattet wurden. General Wrangel selbst soll nur deshalb nach Dachau entkommen sein, weil er einem flüchtenden Hirsch folgte, der einen Weg durch den Sumpf fand. Auf seinem weiteren Rückzug Richtung Augsburg ließ er alle Dörfer und Ortschaften, durch die er kam, zerstören und verbrennen. Wenige Wochen später, am 24. Oktober 1648, beendete der Westfälische Frieden den Krieg, in dem geschätzt etwa ein Drittel der Bevölkerung des Deutschen Reichs ums Leben kam. Ob die Kurfürstenwürde für das Haus Wittelsbach diese Opfer und Verwüstungen wert war, kann jeder selbst entscheiden. Der flämische Maler Pieter Snayers schuf ein Gemälde der Schlacht mit dem Titel »Die Affäre bei München«; es befindet sich heute im Heeresgeschichtlichen Museum Wien.

# 21 Von Harthaus nach Lochhausen

## Entlang der Westumfahrung zu einem Burgstall

| Leicht | 9 km | ↑↓ 80 Hm | 2.30 Std. |
|---|---|---|---|

**Tourencharakter**
Überwiegend Asphalt und Kiespfade

**Ausgangspunkt**
S-Bahnstation Harthaus (S8). GPS: 48.13301, 11.38663

**Endpunkt**
S-Bahnstation Lochhausen (S3)

**MVV**
Man kann die Tour am S-Bahnhof Neuaubing (S8) unterbrechen: Dazu folgt man der Eichenauer Straße nach Osten, biegt nach ca. 200 m rechts in den Feldweg ein und folgt den Bahngleisen bis zum S-Bahnhof. Die Tour verkürzt dadurch auf ca. 7,5 km.

**Einkehr**
Bootshaus

**Während östlich der A 99 in Freiham ein völlig neues Stadtviertel entstanden ist, in dem in einigen Jahren mehr als 20 000 Menschen leben sollen, findet sich im Westen noch viel Natur. Besonders schön sind die Strecken durch das Aubinger Moos bei der Moosschwaige und durch den Wald der Aubinger Lohe.**

Verwunschener Moosschwaigweiher Wir verlassen den **S-Bahnhof Harthaus** auf der Ostseite und gehen nach Norden zur Bodenseestraße, der wir stadteinwärts bis über die A 99 folgen. Dahinter biegen wir in den Feldweg östlich der Autobahn ein; hier trifft auch die Variante vom Bahnhof Freiham auf die Hauptroute. An der nächsten oder übernächsten Brücke wechseln wir wieder auf die Westseite der Autobahn und erreichen schließlich die B 2.

Hier nehmen wir den Germeringer Weg genau nach Norden und zweigen nach knapp 200 Metern rechts ab. Unser Weg führt rechts am **Gutshof Moosschwaige** vorbei hinein ins ehemalige **Aubinger Moos**. Nach kurzer Zeit halten wir uns bei einer Weggabelung rechts und erreichen nach etwa einem halben Kilometer den **Moosschwaigweiher**, einen verwunschenen Ort, an dem es sich gut rasten lässt.

Teufelsberg und Ziegelweiher Auf schmalem Pfad gehen wir alsdann den **Erlbach** entlang, biegen in einen breiteren Feldweg rechts ein und erreichen schließlich die Bahngleise mit der Eichenauer Straße dahinter. Wir müssen aber zuerst noch etwa einen Kilometer den Gleisen nach rechts folgen, bevor wir sie überqueren können.

Am Parkplatz zweigt unser Weg nach Norden ab und führt etwa einen halben Kilometer bergauf, bis wir rechts in das **Moossteig Geräumt** abzweigen. Der Weg führt uns nun über den **Teufelsberg**, eine natürliche Erhebung der letzten Eiszeit. Wo der Weg wieder aus dem Wald herausführt, zweigen wir links ab und gehen am **Burgstall Aubing** vorbei zum **Ziegelweiher**. Zum Abschluss der Tour geht's durch Ziegelei-, Federsee- und Henschelstraße nach Westen bis zum **S-Bahnhof Lochhausen**.

## Varianten

- Es ist auch möglich, nicht auf die Ostseite der A 99 zu wechseln, sondern entlang der Westseite zur Brücke zu gelangen, auf der die B 2 die A 99 überquert.
- Man kann die Wanderung auch am S-Bahnhof Freiham beginnen: Man geht nach Norden zur Bodenseestraße und folgt dieser stadtauswärts nach rechts bis kurz vor die Brücke über die A 99, überquert hier die Straße und fädelt in den Feldweg östlich der Autobahn ein.
- In der Aubinger Lohe sind viele Varianten möglich, z. B. auch der hier nicht beschriebene »Umweg« über den Böhmerweiher.

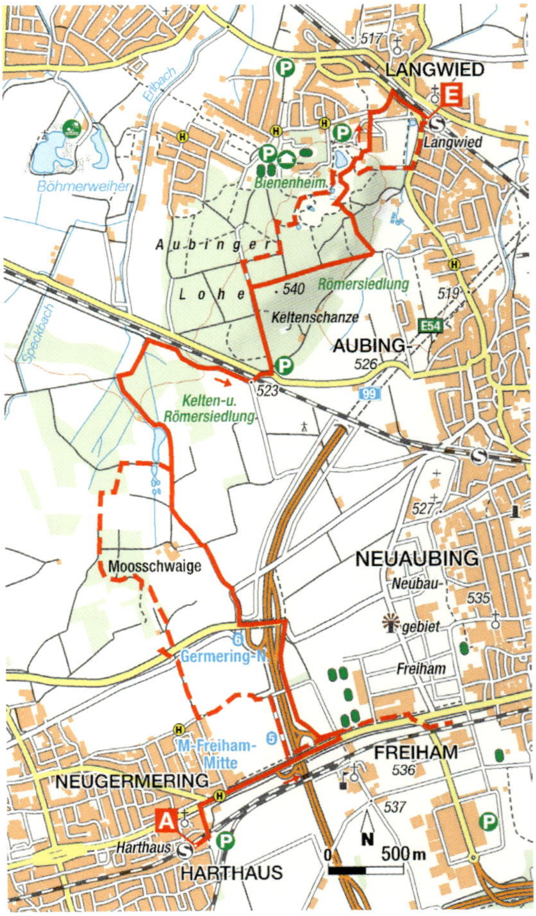


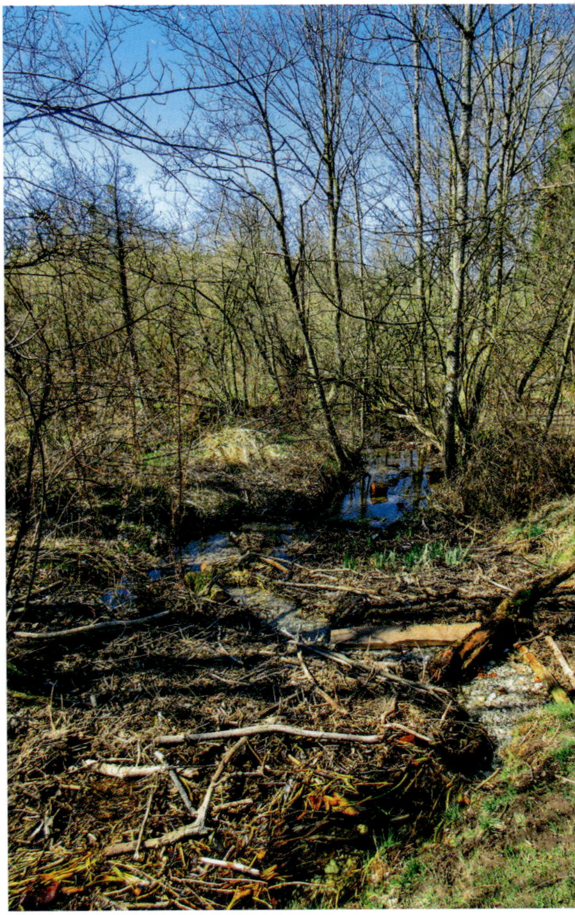

Schmale Pfade in der Moosschwaige

# 22 Von Langwied nach Karlsfeld

## Auf der alten Reichsbahntrasse

Leicht | 8 km | Keine Hm | 2 Std.

**Tourencharakter**
Überwiegend Kiespfade, z. T. auch Pflaster und Wege neben Autostraßen

**Ausgangspunkt**
S-Bahnhof Langwied (S3). GPS: 48.16304, 11.43247

**Endpunkt**
S-Bahnhof Karlsfeld (S2)

**MVV**
Man kann die Tour an der Paulaner Brauerei (Buslinie 159) oder an der Karl-Hänel-Straße (Buslinie 164) abkürzen.

**Einkehr**
Unterwegs keine

**Die Tour führt durch eine Reihe von Landschaftsschutzgebieten, die man im zersiedelten Nordwesten Münchens so eigentlich gar nicht erwartet. Einziges Manko: Man kann sie nicht unterbrechen, und es findet sich am Weg auch keine Einkehrmöglichkeit.**

Langwieder Heide und Ratzenweiher Wir verlassen den **S-Bahnhof Langwied** auf der Nordseite und biegen sofort nach links in die Negrellistraße ein. Wir folgen ihr und gehen neben dem Bahngleis entlang, bis wir nach etwa 200 Metern nach rechts einem Feldweg in die **Langwieder Heide** folgen können, der uns

### Wissenswertes

Die **Langwieder Heide** ist eine der großen Heideflächen im Westen Münchens. Der geschützte Landschaftsbestandteil wird seit 2002 vom Landesbund für Vogelschutz gepflegt. Im Jahr 1908 wurde bei Langwied ein bedeutender Münzfund gemacht: Ein Bauer entdeckte beim Pflügen fast 1700 versilberte römische Kupfermünzen aus der Zeit zwischen 260 und 310; sie wurden wahrscheinlich zu Beginn des 4. Jh. vergraben. Man kann sie heute in der Staatlichen Münzsammlung München bewundern.

Die **Alte Kiesstraße** (auch Reichsautobahnstraße) entstand als Teilstück des in den 1930er-Jahren geplanten Autobahnrings um München; der Bau wurde aber bei Kriegsbeginn eingestellt. Nach Ende des Zweiten Weltkriegs standen hier Baracken, in denen Flüchtlinge untergebracht waren; jetzt erinnert daran nur noch ein Gedenkstein. Für den Bau der Westumfahrung A 99 in den 1990er-Jahren wurde hier Kies abgebaut. Heute ist sie als Naturausgleichsfläche für den Autobahnring ein geschütztes Biotop. Zwei kleine Grundwasserseen sind entstanden, und es wurden Wege angelegt, um die Dammkrone mehr zu entlasten.

zum **Ratzenweiher** bringt, einem lang gezogenen, stark eingewachsenen Gewässer.
Wir umrunden den Weiher auf der Westseite und wandern durch die Felder nach Nordosten, bis wir nach etwa einem halben Kilometer zur Mühlangerstraße kommen. Wir folgen ihr nach rechts bis zur Ampel an der Mälzerstraße, auf der es nun weiter nach Norden geht, an der neuen Paulaner Brauerei vorbei und danach auf der Hanfgartenstraße unter der A 8 hindurch.

**Durch das Lochholz** Gleich dahinter biegen wir links ab, gehen ein Stück an der Autobahn entlang und erreichen nach kurzer Zeit den **Damm** der sogenannten Alten Kiesstraße. Ihm folgen wir, wie es uns gefällt, oben oder unten, überqueren die Goteboldstraße und den Paul-Ehrlich-Weg. Wir gehen an den beiden kleinen **Grundwasserseen** entlang und kommen schließlich bei

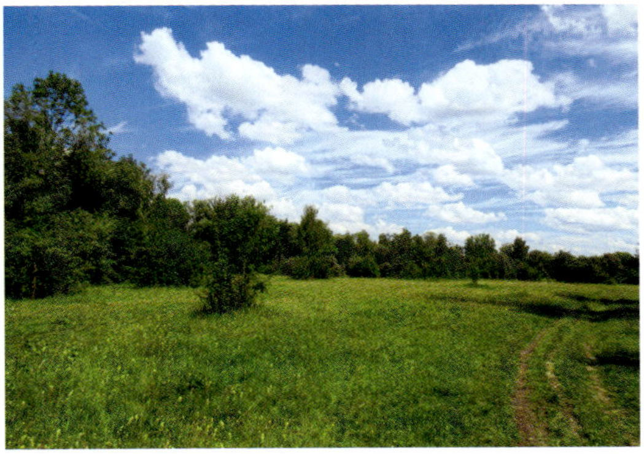

Die Langwieder Heide wird seit 2002 vom Landesbund für Vogelschutz betreut.

der Rudorffstraße zum **Landschaftsschutzgebiet Lochholz**, einem Rest der Lohwälder im Münchner Norden.
Wir suchen uns unseren Weg quer durch das Lochholz, überqueren dann die Straße Am Lochholz und folgen dem Grünzug nach Norden bis zur Schallschutzwand von Bahn und Autobahn. Hier wenden wir uns nach rechts, überqueren die Siberstraße, nehmen den Hohenadelweg, gehen über die Brücke und erreichen die Eversbuschstraße. Wir biegen links auf diese ab und erreichen über sie nach etwa einem halben Kilometer den **S-Bahnhof Karlsfeld**.

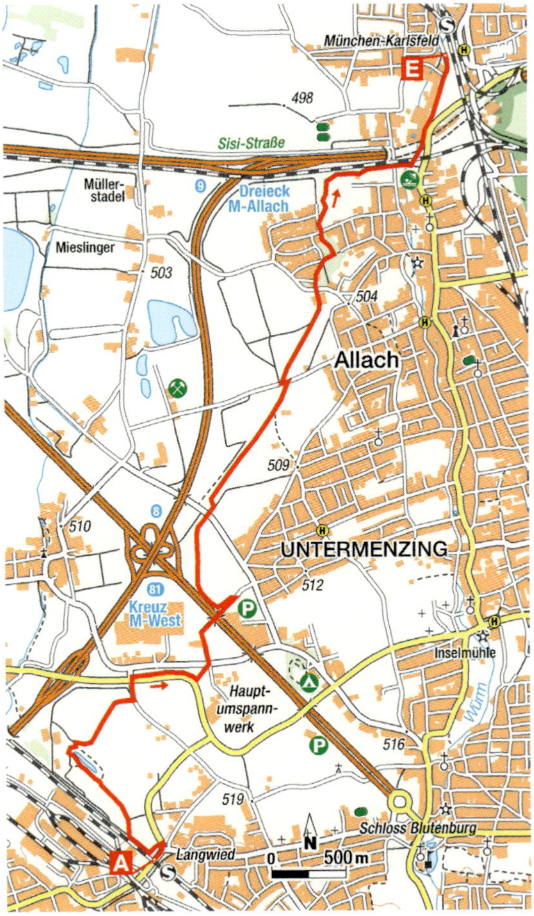

# 23 Von Lochhausen nach Karlsfeld

## Badeausflug zu den Langwieder Seen

Leicht | 11,5 km | Keine Hm | 3 Std.

**Tourencharakter**
Überwiegend Asphalt und Kiespfade

**Ausgangspunkt**
S-Bahnstation Lochhausen (S3). GPS: 48.17647, 11.40796

**Endpunkt**
S-Bahnstation Karlsfeld (S2)

**MVV**
Man kann die Tour nur im Sommer an den Langwieder Seen abbrechen, denn dann fährt (bei Badewetter) ein Bus von Lochhausen zum Freizeitgelände (weitere Infos dazu in der MVV-App).

**Einkehr**
Bootshaus, Restaurant Langwieder See

**Unsere Wanderung führt über weite Strecken durch landwirtschaftlich geprägtes Gebiet, aber auch durch das riesige Freizeitgelände der Langwieder Seen, weshalb es sich lohnt, Badesachen mitzunehmen (am Birkensee darf man auch hüllenlos ins Wasser springen). Die Wiesen am Fischbach darf man im Frühjahr nicht betreten – dann brüten hier Kiebitze, für die ein Schutzgebiet ausgewiesen wurde.**

Badefreuden mit und ohne Bikini Wir verlassen den **S-Bahnhof Lochhausen** auf der Nordseite und gehen über die Lochhausener Straße hinweg geradeaus in die Eschenrieder Straße und auf ihr weiter, bis rechts die Langwieder Hauptstraße abzweigt. Unser Weiterweg ist der Feldweg genau dazwischen, der links des **Fischbachs** in die Felder hineinführt. Wir folgen dem Feldweg

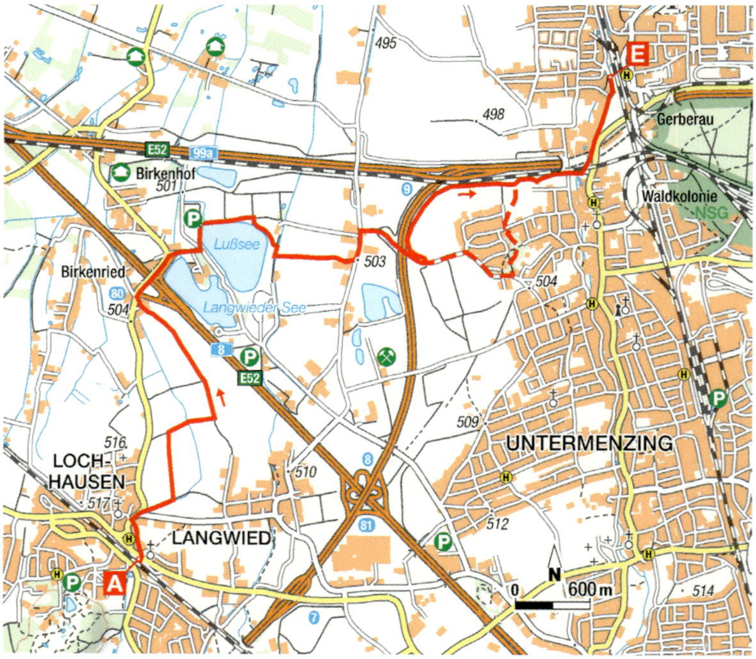

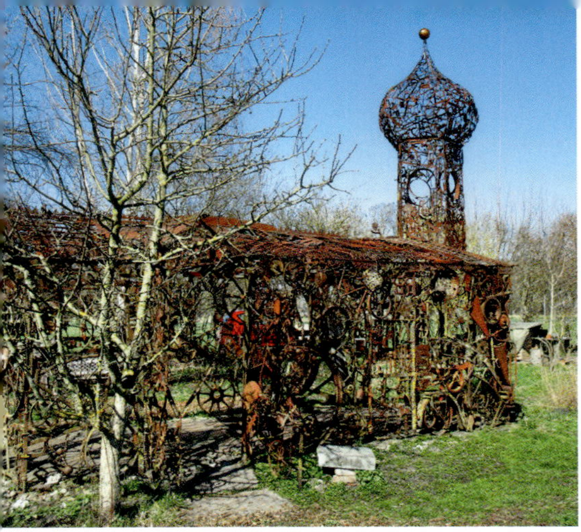

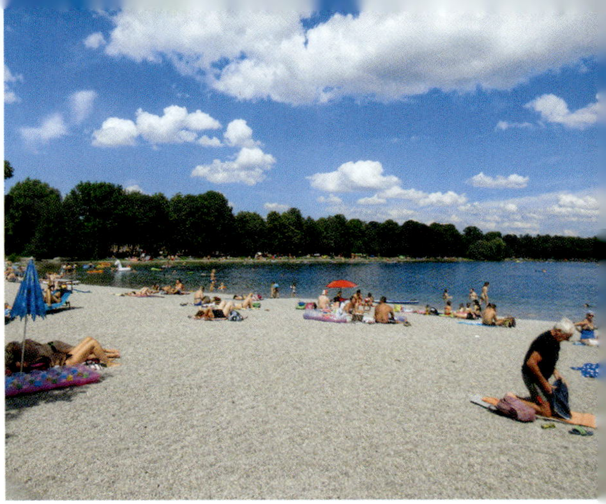

Erfrischung im Lußsee gefällig?

Links: Die Eisenkapelle am Tipi-Platz

etwa 200 Meter und biegen bei der ersten Gelegenheit links ab. Nun geht es etwa einen Kilometer genau nach Norden, bis unser Weg in einen anderen Feldweg einmündet. Hier wenden wir uns auf dem Pollerwiesenweg nach rechts, überqueren auf einer kleinen Brücke den Bach und kommen bald wieder zu einem weiteren Feldweg, der Osterangerstraße, auf den wir links abbiegen. Wir folgen ihm, bis wir kurz vor der Eschenrieder Straße auf eine kleine Häusergruppe treffen und nach rechts biegen. Auf dem Fuß- und Radweg neben der Straße überqueren wir die A 8 und kommen zum Freizeitgelände der Langwieder Seen, einem riesigen Parkgelände. Vorbei am **Langwieder See** gelangen wir zum Parkplatz am **Lußsee**. Im Sommer bietet sich nun ein Sprung in einen der drei Seen an: für Otto Normalverbraucher etwa der Lußsee, für Anhänger der Frei-Körper-Kultur (oder wer halt bloß ein Handtuch eingepackt hat) der **Birkensee**.

Am Tipiplatz vorbei nach Karlsfeld Wir wandern alsdann weiter Richtung Osten am Ostufer des Lußsees entlang, bis wir an der Goteboldstraße zu einer kleinen Brücke über den **Langwieder Bach** kommen. Wir überqueren sie und gelangen gleich darauf zum sogenannten **Tipiplatz**, einem verwunschenen Ort mit mehreren Indianerzelten und einer aus Schrottteilen errichteten **Eisenkapelle**. Weiter geht's auf dem Lußweg Richtung Osten bis zur Müllerstadelstraße, wo wir links abbiegen und gleich darauf rechts die Straße Auf der Allmende nehmen. Nach der Brücke über die Westumgehung A 99 biegen wir scharf links ab und gehen am Lärmschutzwall entlang bis zur Siberstraße. Wir überqueren sie, gehen geradeaus über die kleine Brücke über die **Würm**, biegen dann links in die Eversbuschstraße und folgen ihr etwa einen halben Kilometer bis zum **S-Bahnhof Karlsfeld**.

# 24 Entlang der Würm von Lochham nach Karlsfeld

## Am Ufer der kleinen Schwester der Isar

Leicht | 12 km | Keine Hm | 3.30 Std.

**Tourencharakter**
Überwiegend Asphalt und Kiespfade

**Ausgangspunkt**
S-Bahnhof Lochham (S6). GPS: 48.1289, 11.43116

**Endpunkt**
S-Bahnhof Karlsfeld (S2)

**MVV**
Man kann die Tour an folgenden MVV-Haltestellen unterbrechen: Pasing (verschiedene S-Bahnen), Blutenburg (Buslinie 143), Von-Kahr-Straße (Buslinie 164).

**Einkehr**
Schlossschänke Blutenburg, Weichandhof, »Zum Alten Wirt« in Obermenzing, Biergarten Inselmühle, Gaststätte »Zur Allacher Schießstätte«

**Die Tour führt entlang des zweiten Flusses quer durch München, von der südlichen zur nördlichen Stadtgrenze. Nicht immer kann man direkt am Ufer der Würm entlangspazieren, und dennoch ist die Wanderung reizvoll und führt fast auf gesamter Strecke durch einen Grünzug zu einigen Höhepunkten innerhalb Münchens, etwa zur Blutenburg oder zum Biergarten Inselmühle.**

Start in Lochham Wir verlassen den **S-Bahnhof Lochham** auf der Südseite und wenden uns nach links. Durch die Grünanlage neben der A 96 gehen wir nach Osten, bis wir die Lochhamer Straße erreichen. Beim Kreisverkehr gehen wir nach Nordosten die Straße Am Wasserbogen entlang, überqueren die Autobahn und biegen hinter der Brücke sofort rechts in den **Paul-Diehl-Park** ein.

Wir halten uns halb links und erreichen – auf welchem Weg auch immer – die **Würm**, der wir flussabwärts zum **Pasinger Stadtpark** folgen. Verlaufen kann man sich nicht, es sind verschiedene Wege möglich. Kommt man links zu den Häusern, hält man sich etwas mehr rechts; Fahrradwegweiser, die nach Pasing, Blutenburg und Dachau leiten, helfen, den richtigen Weg zu finden.

Zum Schloss Blutenburg Nachdem wir den **Weiher im Klostergarten** rechts passiert haben – hier stand übrigens im Mittelalter eine kleine Wasserburg –, müssen wir einige Straßen über- bzw. unterqueren: zuerst die Institutstraße, dann die Bodenseestraße und schließlich die Kaflerstraße. Es liest sich komplizierter, als es ist, die Radwegweiser helfen, die richtige Route zu finden.

Nun führt unser Weg neben der Würm unter den Gleisen des **Pasinger Bahnhofs** hindurch und über die Theodor-Storm-Straße. Beim Brückerl über die Würm halten wir uns rechts und kommen am **galizischen Steinkreuz** vorbei zum **Schloss Blutenburg**, dem wir – falls noch nicht geschehen – unbedingt einen kurzen Besuch abstatten müssen.

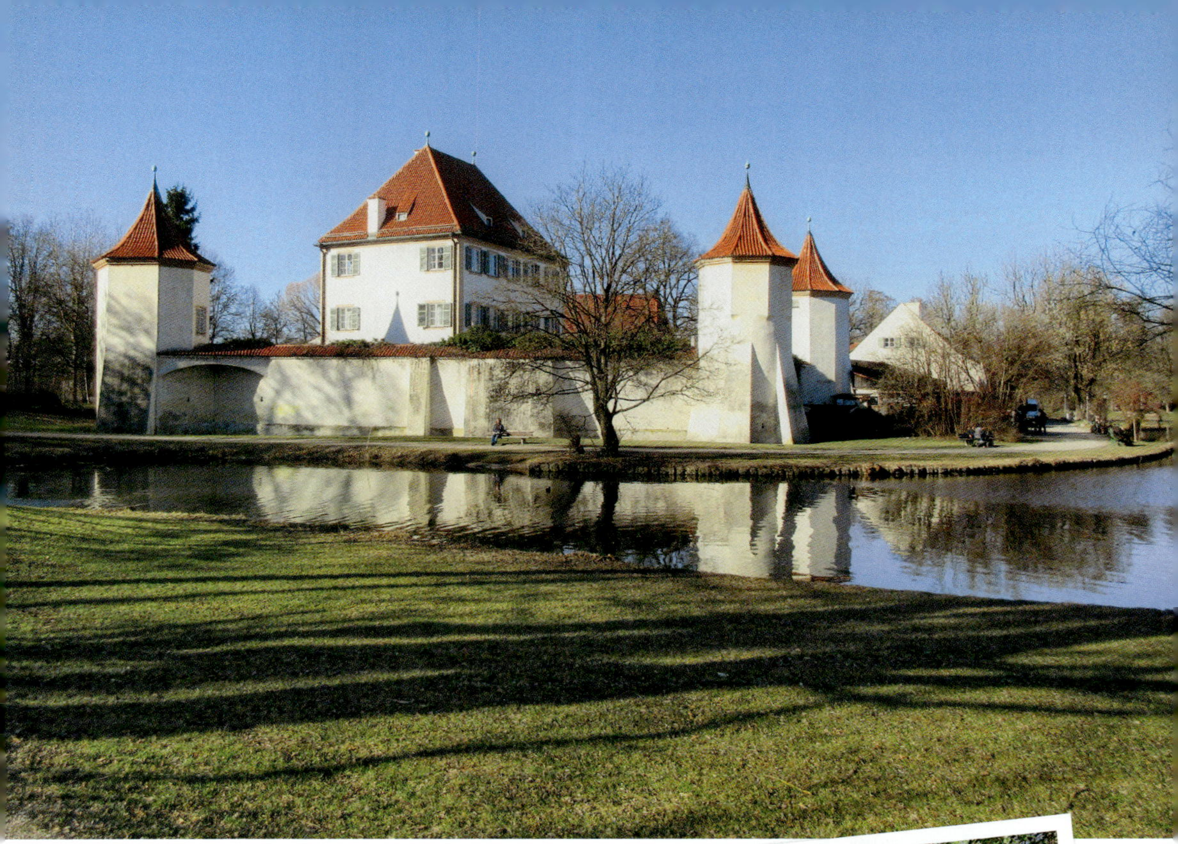

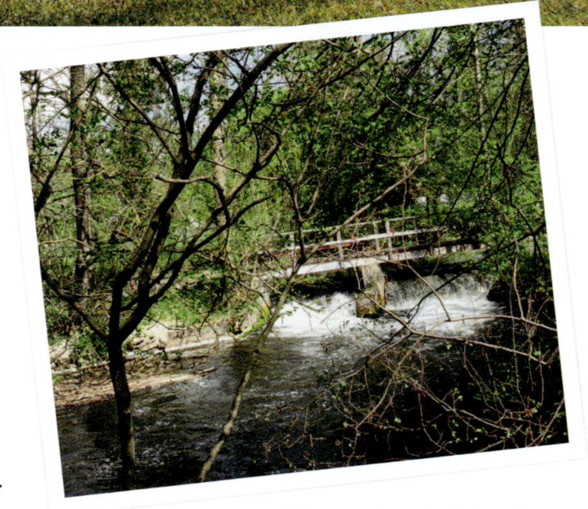

Fußgängerbrückerl über die Würm

Ganz oben: Zufluchtsort der Bernauerin und Residenz eines Bayernherzogs: die Blutenburg

Zur Inselmühle Vorbei an den zwei **Denkmälern** – das eine erinnert an den Todesmarsch der Dachauer Häftlinge in den letzten Tagen des Zweiten Weltkriegs, das andere an eines der berühmtesten Liebespaare der bayerischen Geschichte, Agnes Bernauer und Albrecht III. – führt unser Weiterweg unter der Verdistraße hindurch und am **Carlhäusl** vorbei weiter nach Norden in Richtung Dachau.

Spätestens kurz vor der alten **Menzinger Dorfkirche St. Georg** müssen wir die Flussseite wechseln und folgen der Würm in die Grünanlage hinein. Wir kommen an einem wunderschönen **Biotop** vorbei, das man so in einer Großstadt gar nicht vermuten würde, und erreichen die **Gaststätte Inselmühle**, deren Biergarten im Sommer nur schwer zu widerstehen ist.

An der Würm entlang nach Norden Der Weiterweg führt uns über die Ampelanlage der Pippinger und Mühlangerstraße zum

## Wissenswertes

Über die Anfänge von **Schloss Blutenburg** ist nichts Genaues bekannt. Sicher wurde es 1432 erstmals erwähnt. Seit 2013 steht ein **Bronzedenkmal** des Bildhauers Joseph Michael Neustifter vor dem Schloss. Es erinnert an eines der unglücklichsten Liebespaare der bayerischen Geschichte: die Bernauerin und Herzog Albrecht III. Der wohl etwas beschränkte Herzogssohn heiratete (vermutlich) heimlich seine Geliebte Agnes. Das war wohl keine so gute Idee. Die Wittelsbacher hatten im späten Mittelalter die Gepflogenheit, ihre Besitztümer unter ihren Söhnen aufzuteilen. Falls ein Herzog keinen legitimen Sohn als Nachfolger vorweisen konnte, sollte dessen Teilherzogtum unter den anderen Verwandten aufgeteilt werden. Unter diesen Umständen war diese Heirat für die schöne Bernauerin tödlich. Albrechts Vater, Herzog Ernst, konnte und wollte die unstandesgemäße Verbindung nicht hinnehmen, hätte es doch mit großer Wahrscheinlichkeit zum Krieg zwischen den einzelnen bayerischen Herzögen um die Nachfolge Albrechts III. geführt. Also wurde Agnes Bernauer am 12. Oktober 1435 in Straubing verhaftet, vor Gericht gestellt und schließlich in der Donau ertränkt. Dabei war allen Beteiligten die Unrechtmäßigkeit ihres Handelns klar. Das zeigt auch die Sühnekapelle in Straubing, die bereits 1436 von ihrem Schwiegervater Herzog Ernst errichtet wurde und in der sie auch begraben liegt. Albrecht III. heiratete übrigens kurze Zeit später standesgemäß Herzogin Anna von Braunschweig, hatte mit ihr 10 Kinder und galt weiter als großer Liebhaber zarter Frauen.

Albrecht III. wurde auch »der Fromme« genannt, ein Titel, dem im Mittelalter die Chronisten eher beschränkten Herrschern zubilligten. Die Geschichte inspirierte den weltberühmten Komponisten Carl Orff zu seinem bairischen Stück »Die Bernauerin«. Der Erbfolgekrieg war dennoch nicht zu vermeiden, und große Teile des Landes sanken 1504/1505 in Schutt und Asche, als Georg, der Letzte der reichen Landshuter Herzöge, ohne Sohn starb und seine Tochter auf das Erbe nicht verzichten wollte.

Noch eine Liebesgeschichte ist mit der Blutenburg verbunden: Am 12. Februar 1848 verbrachte Lola Montez hier die letzte Nacht vor ihrer Ausweisung aus Bayern. Vorher hatte sie dem König Ludwig I. derart den Kopf verdreht, dass er im März 1848 abdanken musste.

Kunstkennern ist die Blutenburg vor allem wegen der **Schlosskapelle** ein Begriff. Herzog Sigismund, der zweitälteste Sohn Albrechts III., zog sich nach seiner Abdankung in dieses Schloss zurück, wo er das Leben eines Playboys führte, was ein zeitgenössischer Chronist mit spitzer Feder kommentierte: »Ihm war wohl mit schönen Frauen und weißen Tauben, Pfauen, Meerschweinchen, Vögeln und allerlei seltsamen Thierlein, auch mit Singen und Saitenspiel.« Er lebte hier mit seiner bürgerlichen Lebensgefährtin Margarete Pfättendorfer, mit der er auch zwei Söhne hatte. Seine große Leidenschaft war aber der Bau von Kirchen. Ohne ihn gäbe es heute wohl keine spätgotische Frauenkirche in München, und auch die Schlosskapelle in Blutenburg – eine der schönsten spätgotischen Kirchen Bayerns – wäre nie gebaut worden.

Seit 1983 befindet sich im Schloss die **Internationale Jugendbibliothek**. Sie umfasst heute eine Sammlung von mehr als 500 000 Kinderbüchern in 130 Sprachen.

**Friedhof Untermenzing**, der aber links liegenbleibt. Nun folgen wir der Fahrradstraße neben der Würm. Nicht immer können wir direkt am Ufer entlanggehen, einige Häuser stehen direkt am Flüsschen. Bei einigen Querstraßen mit Autoverkehr heißt es vorsichtig zu sein und auch nicht alle Fahrradfahrer verhalten sich rücksichtsvoll. Nach einiger Zeit erreichen wir die **Gaststätte »Zur Allacher Schießstätte«**, die auch einen netten kleinen Biergarten besitzt.

Unser Weg aber führt weiter nach Norden. Ein Stück geht es die Siberstraße entlang, dann biegen wir kurz vor dem Eisenbahntunnel rechts in den Hohenadelweg ein, überqueren noch einmal die Würm und folgen schließlich der Eversbuschstraße bis zum **S-Bahnhof Karlsfeld**.

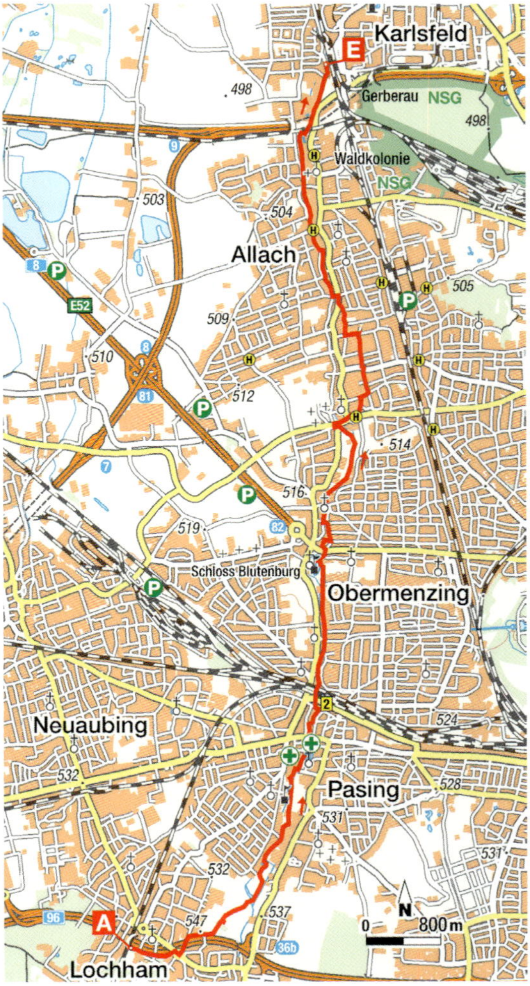


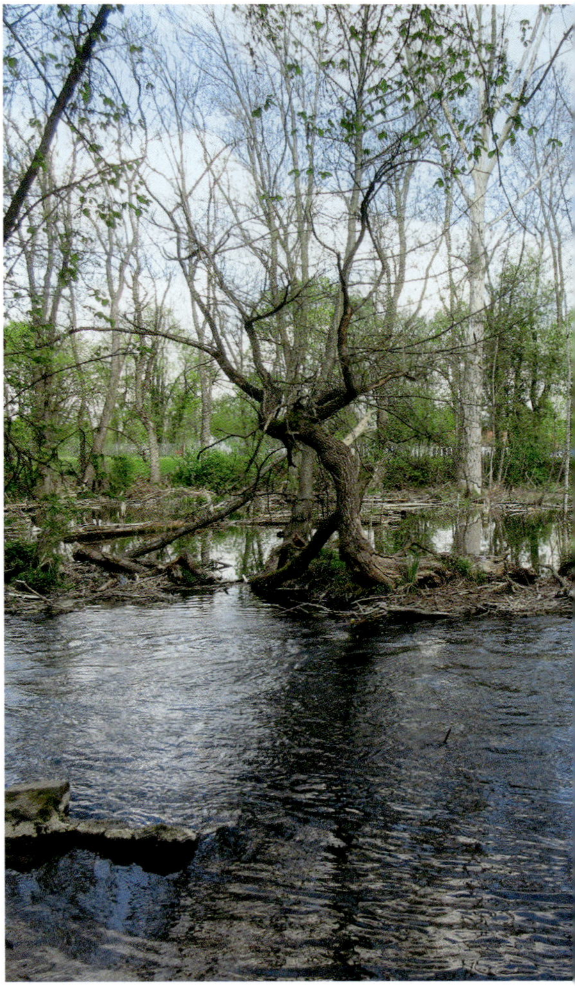

Wild und ursprünglich: Biotop an der Würm

# 25 Von Pasing zum Klinikum Großhadern

## Entlang der Würm durch einen alten Bannwald

Leicht | 8 km | Keine Hm | 2 Std.

**Tourencharakter**
Überwiegend Asphalt und Kiespfade

**Ausgangspunkt**
S-Bahnhof Pasing (S3, S6, S8). GPS: 48.14913, 11.46115

**Endpunkt**
U-Bahnhof Klinikum Großhadern (U6)

**MVV**
Man kann die Tour in Locham/Am Kirchlhölzl (Buslinien 258, 259, 265) oder an der Würmtalstraße/Haltestelle Waldhüterstraße (Buslinien 160, 268) abkürzen.

**Einkehr**
Unterwegs keine

Rechte Seite: Italienisches Flair am Würmkanal: die Wohnanlage »Residenza Veneziana« am Pasinger Stadtpark

**Die abwechslungsreiche Tour führt durch den Pasinger Stadtpark und den ursprünglichen Lochhamer Schlag zum Klinikum Großhadern, einem der großen Krankenhäuser Münchens, das man übrigens bei sichtigem Wetter von vielen Münchner Hausbergen zwischen Brauneck und Herzogstand aus sehen kann.**

### Durch den Pasinger Stadtpark

Wir verlassen den **S-Bahnhof Pasing** auf der Südseite, überqueren die Kaflerstraße und biegen in die Irmonherstraße ein. Wir folgen ihr bis zum Manzingerweg. Hier überqueren wir auf kleinen Brücken den **Nymphenburger Kanal** und die **Würm**. Wir wenden uns nach links und folgen immer dem Lauf der Würm. Der Weg führt unter der Bodenseestraße hindurch. Wir gehen in der Institutstraße kurz nach links und gleich wieder nach rechts in den Steinerweg, bis wir schließlich den **Pasinger Stadtpark** erreichen Hierbei sind die Fahrradwegweiser Richtung Starnberg hilfreich.
Unser Weg Am Wasserschloß führt nun immer an der rechten Seite der Würm nach Süden, vorbei am **Weiher des Klostergartens**, auf dessen Insel im Mittelalter die Pasinger Wasserburg stand, und an der **Kirche Maria Geburt**. Kurz darauf wechseln wir die Bachseite und folgen weiter dem Weg zwischen Würm und Würmkanal. Nach etwa einem Kilometer zielt der Weg auf einige Häuser und die Planegger Straße. Hier überqueren wir den **Würmkanal** und folgen ihm weiter an seinem rechten Ufer. Dabei kommen wir durch die neue, städtebaulich sehr gelungene Wohnanlage am Josef-Osterhuber-Platz.

### Zum Lochhamer Schlag

Unser Weg führt am **Fabrikkanal** weiter, und nach etwa einem Kilometer, vorbei an der Ableitung des **Abelskanals**, kommen wir zu einer Brücke, an der der Fabrikkanal aus der Würm abgeleitet wird. Hier haben wir den **Paul-Diehl-Park** erreicht. Der Weg führt am Würmufer den Paul-Eipper-Weg entlang und über die Lindauer Autobahn A 96 zur

Lochhamer Straße. Hier geht es links weiter zur Ampel über die Pasinger Straße. Wir überqueren erneut die Autobahn und biegen danach rechts in die **Heitmeiersiedlung** ab.

Wir folgen der Böcklinstraße, wo diese links abbiegt, nehmen wir rechts den Feldweg, der immer an der Autobahn entlang zum **Lochhamer Schlag** führt. Dort können wir wieder mithilfe einer breiten Unterführung auf die andere Seite der Autobahn gelangen. Wir gehen noch ein kurzes Stück die Autobahn entlang und biegen beim nächsten Geräumt rechts ab. Natürlich kann man sich hier mithilfe eines Stadtplans selbst einen anderen Weg suchen. Wir wollen aber am Marterl **Christ im Stamm** vorbeikommen – also spätestens beim zweiten Querweg links abbiegen, und schon sind wir da.

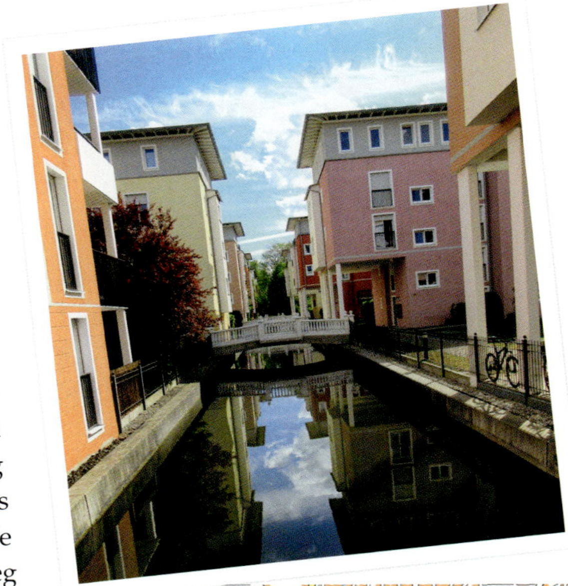

Nach Großhadern Wir folgen dem Weg nach Osten, biegen nach gut 100 Metern rechts ab und befinden uns nun auf der kürzesten Strecke zur Würmtalstraße zwischen Martinsried und Großhadern. Dazu überqueren wir die für Kfz gesperrte Großhaderner Straße. Geradeaus weiter haben wir in Kürze nun die Würmtalstraße erreicht, die wir hier an einer Ampelanlage überqueren können. Wir gehen ein kurzes Stück stadteinwärts und biegen noch vor der Butenandtstraße nach rechts in den kleinen Park ein.

Vorbei an der Sportanlage der Großhaderner Klinik kommen wir nun zur Straße Am Klopferspitz, biegen dort links ab und erreichen kurz darauf den Weg nach links zum Klinikum Großhadern. Nach etwa einem Kilometer gelangen wir zum **U-Bahnhof Klinikum Großhadern**.

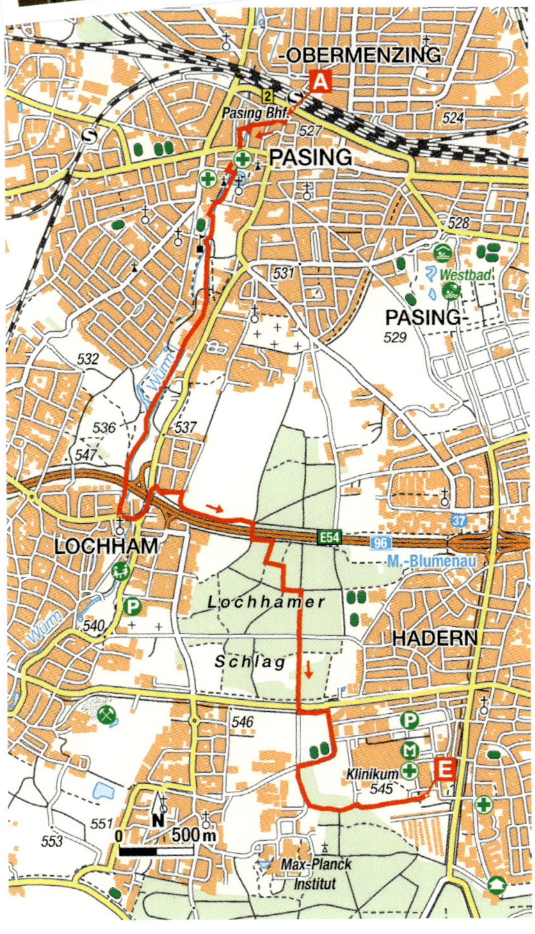

# 26 Durch den Lochhamer Schlag nach Großhadern

## Wo mitten in der Stadt die Rehe äsen

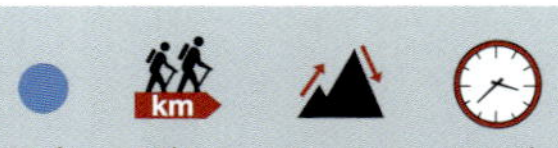


**Tourencharakter**
Überwiegend Asphalt und Kiespfade

**Ausgangspunkt**
Trambahn- (Linie 19) bzw. Bushaltestelle (Linie 57) Am Westbad. GPS: 48.14227, 11.47495

**Endpunkt**
U-Bahnhof Klinikum Großhadern (U6)

**MVV**
Man kann die Tour an der Würmtalstraße/Haltestelle Waldhüterstraße (Buslinien 160, 268) abkürzen.

**Einkehr**
Unterwegs keine

**Nur knapp zwei Kilometer vom Pasinger Zentrum kann man auf den Feldern nördlich des Lochhamer Schlags Rehe äsen sehen. Dieser Bannwald bietet sich daher geradezu als ideales Gebiet für eine Wanderung mitten durch die Stadt an.**

### Zum Marterl Christ im Stamm

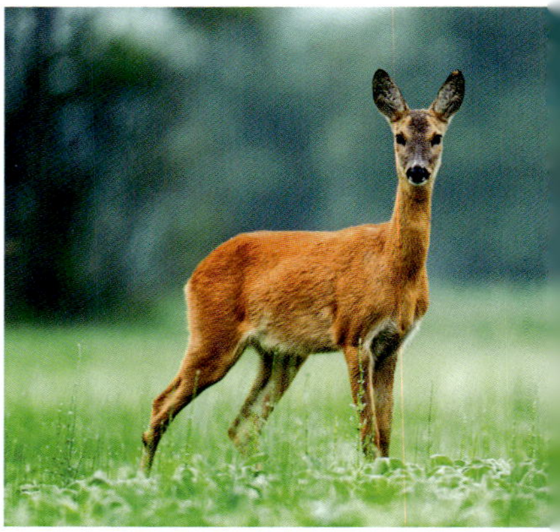

Wir beginnen unsere Wanderung an der **Haltestelle Am Westbad** und steuern am Parkplatz vorbei den **Grünzug** zwischen dem Westbad und der Kleingartenanlage an. Südlich des Freibads befindet sich eine weitere **Kleingartenanlage** – um diese können wir entweder im Uhrzeigersinn herumgehen oder wir benutzen gleich den Weg zwischen dem Bad und den Schrebergärten. Wir treffen auf die Silberdistelstraße und schlagen den Feldweg nach Westen ein, der uns nach etwa einem halben Kilometer zu einem Grünzug und weiter zur Blumenauer Straße führt.

Wir überqueren sie und auch den asphaltierten Schlagweg und biegen links in den Feldweg ein, der auf den **Lochhamer Schlag** zuführt. Wir wandern am westlichen Waldrand entlang, bis wir zur Lindauer Autobahn (A 96) kommen. Wir gehen durch die Unterführung, biegen danach sofort links ab, um kurz darauf in den nächsten Waldweg rechts abzubiegen. Bei nächster Gelegenheit gehen wir wieder links und dann noch einmal rechts und erreichen das Marterl **Christ im Stamm**.

### Durch den Schlag

Der Weiterweg führt uns noch etwa 200 Meter nach Osten, dann biegen wir wiederum rechts ab und folgen dem breiten Weg genau nach Süden. Wir queren die asphaltierte Großhaderner/Gräfelfinger Straße, die nicht für den öffentlichen Verkehr freigegeben ist, und kommen nach etwa 700 Metern zur Würmtalstraße.

Wir überqueren sie und folgen ihr kurz nach links, um vor der Butenandtstraße wieder rechts in die **Grünanlage** abzubiegen. Durch sie geht's hindurch, bis wir an der Sportanlage die Straße Am Klopferspitz erreichen. Wir biegen links in sie ein, folgen ihr zwischen dem Wald links und dem **Campus der LMU** rechts bis zu einem asphaltierten Rad- und Gehweg. Nach links kommen wir in etwa 10 Minuten zum Krankenhaus und zum **U-Bahnhof Klinikum Großhadern**.

Linke Seite: Rehe als Kulturfolger leben vor allem am Stadtrand, hier finden sie Unterschlupf und Nahrung.

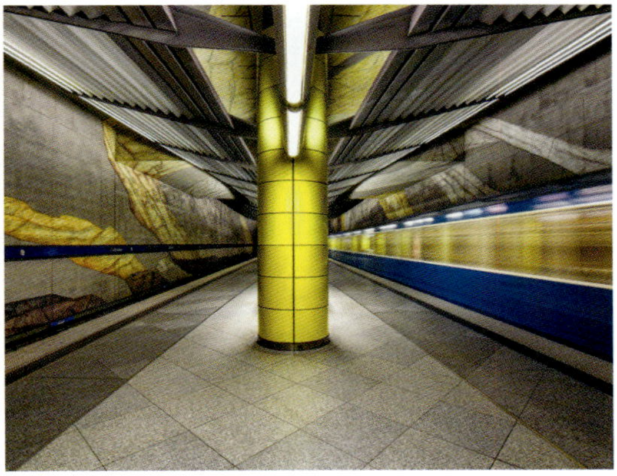

S- und U-Bahnen bieten optimale Bedingungen für alle Wanderungen in und um München.

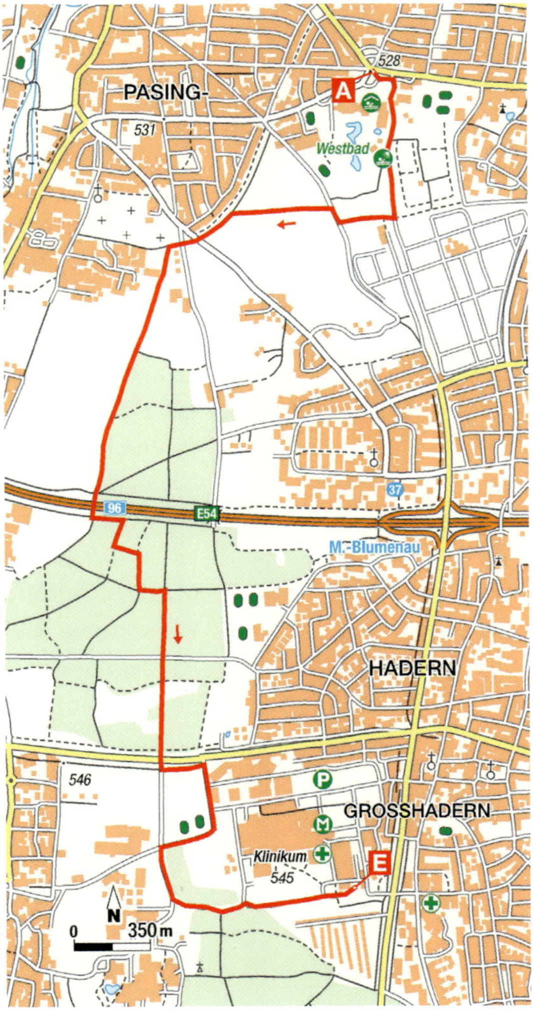


## Wissenswertes

1910 wurden in Lochham elf **Grabhügel** als sehr frühe Zeugnisse der Besiedelung der Münchner Schotterebene entdeckt. Sie werden der Mittelbronzezeit (Hügelgräberkultur) zugeordnet. Besonders bemerkenswert ist, dass man dabei auch auf Schädel mit rundlicher Öffnung stieß. Daraus hat man schlussgefolgert, dass damals schon die Menschen hier in Bayern sich nicht nur die Schädel einschlugen, sondern, aus welchen Gründen auch immer, operative Schädelöffnungen vornahmen.

# 27 Vom Südpark nach Großhadern

## Entdeckungen im und um den Waldfriedhof

| Leicht | 7 km | Keine Hm | 2 Std. |
|---|---|---|---|

**Tourencharakter**
Überwiegend Kiespfade

**Ausgangspunkt**
Bushaltestelle Aichacher Straße (Linie 132). GPS: 48.10481, 11.51789

**Endpunkt**
U-Bahnhof Klinikum Großhadern (U6)

**MVV**
Man kann die Tour an folgenden Bushaltestellen abbrechen: Lorettoplatz (Linie 54), Tischlerstraße (Linie 56).

**Einkehr**
Unterwegs keine; Biergarten Waldheim (liegt nicht direkt am Weg)

**Die Tour führt anfangs durch den kleinen Südpark, dann durch den größten Friedhof Münchens, der eigentlich der Überrest eines Zeugenwalds ist, und schließlich durch einen der Forste an der südlichen Stadtgrenze und zum Klinikum Großhadern.**

Durch den Waldfriedhof Von der **Bushaltestelle Aichacher Straße** folgen wir noch kurz der Höglwörther Straße und biegen rechts in den **Südpark** ein. Kurz darauf müssen wir noch die Inninger Straße überqueren. Unser Weg führt uns weiter in Richtung A 95 und kurz darauf über eine Brücke über die Boschetsriederstraße. Mithilfe einer Unterführung erreichen wir den **Waldfriedhof**. Der nächste Eingang befindet sich, wenn wir in Richtung Friedhof blicken, rechts. Achtung: Die Öffnungszeiten des Waldfriedhofs beachten! Man kann zwar immer wieder hinaus, aber das nicht überall.
Wir gehen geradeaus weiter in den Friedhof hinein bis zur **Anastasiakapelle**. Nach dem wir (vermutlich) kurz in die Kapelle hineingeschaut haben, gehen wir zwischen den Sektionen 195 und 200 nach links und folgen dem Weg etwa einen halben Kilometer, bis er zwischen den Sektionen 250 und 251 nach links leitet. Nahe der Autobahn führt der Weg weiter zum **Italienischen Militärfriedhof**. Wir gehen weiter zum **kleinen See**, wo wir die Wanderung abkürzen könnten (wir müssten nur an der neuen Aussegnungshalle vorbei zur Bushaltestelle Richtung Lorettoplatz gehen).

Im Fürstenrieder Wald Wir biegen aber beim See links ab und gehen geradeaus weiter, bis wir bei der **Kriegsgräberstätte an der Tischlerstraße** den Waldfriedhof verlassen. Hier könnte an der Bushaltestelle die Wanderung ebenfalls abgebrochen werden. Wir aber wenden uns nach rechts, folgen der Autostraße etwa 100 Meter und biegen links in den **Fürstenrieder Wald** ein. Nach einem guten halben Kilometer überqueren wir den Hader-

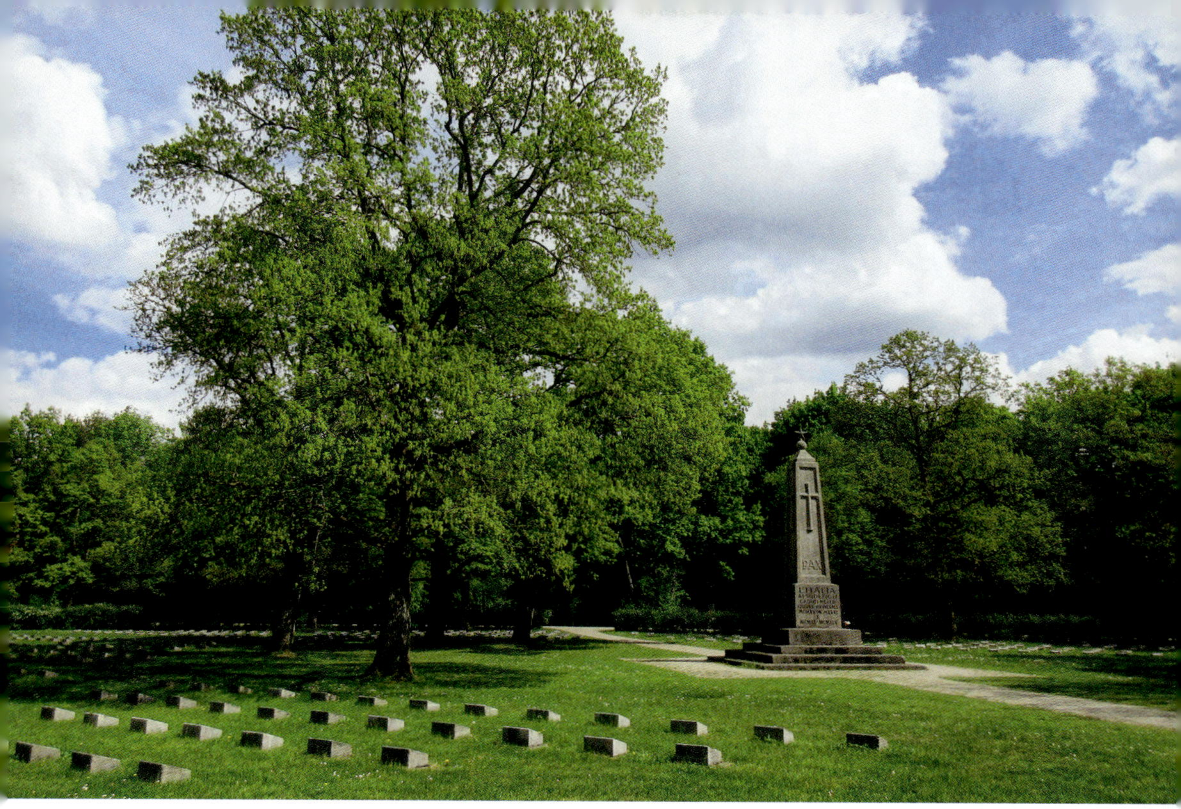

ner Weg (eine Autostraße), und nach weiteren 200 Metern biegen wir im Wald rechts ab. Wir halten uns geradeaus, und nach etwa einem Kilometer treffen wir auf den Fuß- und Radweg, der das Klinikum Großhadern mit der Fakultät für Biologie der Ludwigs-Maximilians-Universität München verbindet. Wir folgen dem Weg nach rechts und erreichen nach etwa einem guten halben Kilometer den **U-Bahnhof Klinikum Großhadern**.

Der Cimitero Militare Italiano für die in Kriegsgefangenschaft verstorbenen italienischen Soldaten der beiden Weltkriege

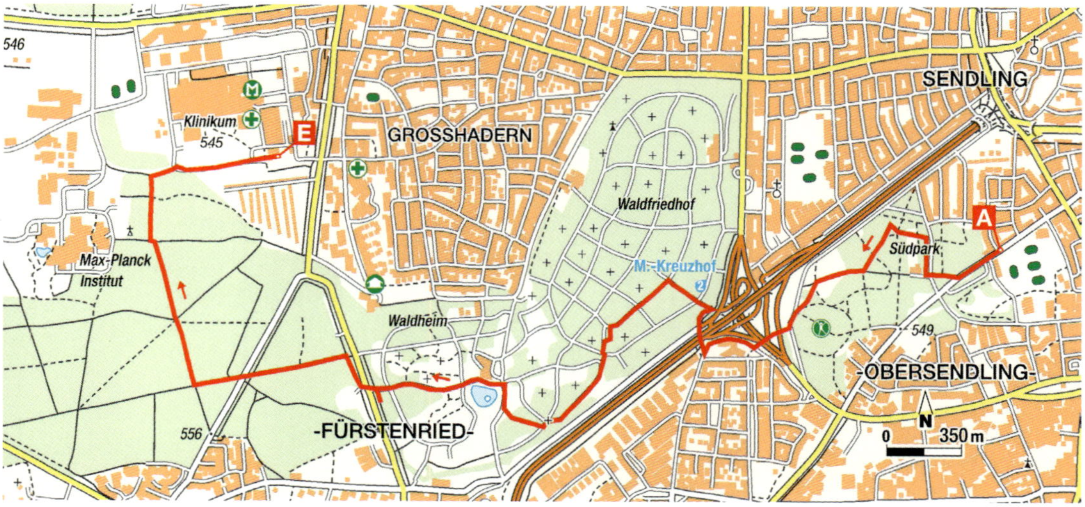

# 28 Von Freiham nach Maria Eich

## Klassisches Pilgerziel der Münchner

Leicht | 10 km | Keine Hm | 2.30 Std.

**Tourencharakter**
Überwiegend Kieswege

**Ausgangspunkt**
S-Bahnhof Freiham (S8). GPS: 48.14006, 11.40983

**Endpunkt**
S-Bahnhof Harthaus (S8)

**MVV**
Man kann die Tour nicht abkürzen.

**Einkehr**
Unterwegs keine

**Der Wallfahrtsort Maria Eich ist eng mit der Stadt München verbunden. Auch heute noch wallfahren viele Münchner auf dem Pilgerweg zu diesem kleinen Gnadenort. Für eine Wanderung ist dieser aber zu kurz. Unsere Wanderung führt zwar weit über die Stadtgrenzen hinaus, doch befindet sich der Ausgangspunkt noch innerhalb der Stadt München.**

Auf dem Wallfahrerweg Wir verlassen den **S-Bahnhof Freiham** auf der Nordseite, wenden uns nach links und gehen bis zur Freihamer Allee. Dort biegen wir links ab und folgen ihr am **Gut Freiham** vorbei. Nach etwa einem Kilometer, kurz vor der A 96, biegt unser Weg links ab und führt auf einer für den öffentlichen Verkehr gesperrten Brücke über die Autobahn.

Wir folgen halb links dem geteerten Weg und erreichen nach etwa einem halben Kilometer einen fast rechtwinklig rechts abzweigenden Forstweg. Diesen nehmen wir und kommen in Kürze zum sogenannten **Wallfahrerweg**, auf dem wir nach gut zwei Kilometern die kleine **Wallfahrtskirche Maria Eich** erreichen; kurz davor unterqueren wir noch mithilfe einer Unterführung eine Autostraße.

Rechte Seite oben links: Kreuzwegstation am Wallfahrerweg

Über den Wallfahrerweg geht's zur Kirche Maria Eich.

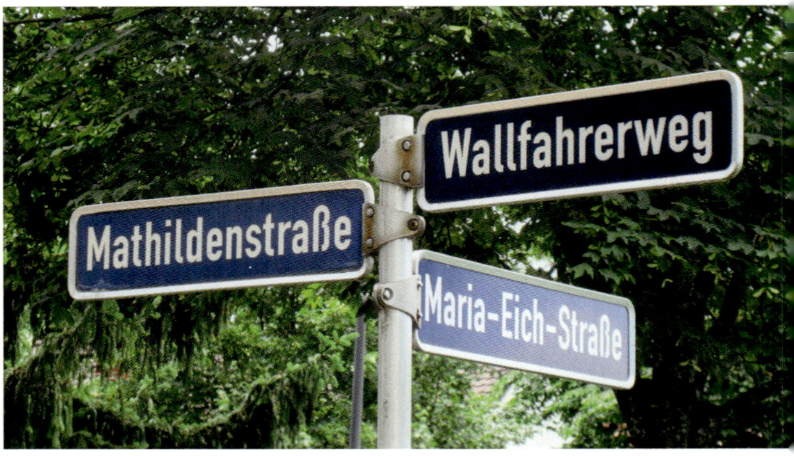

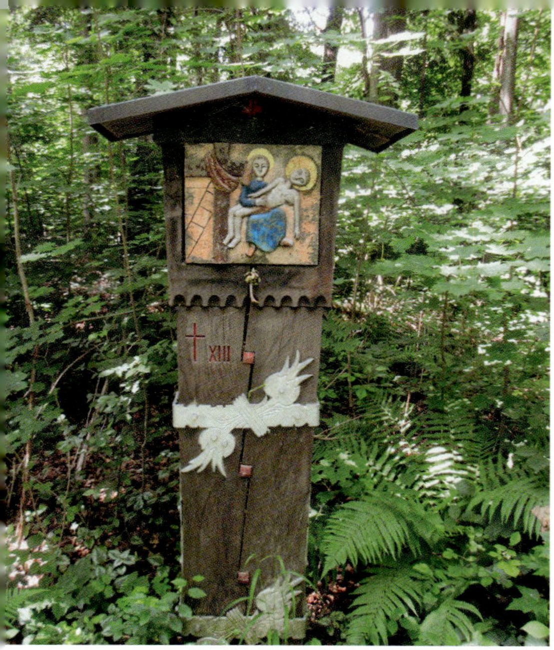

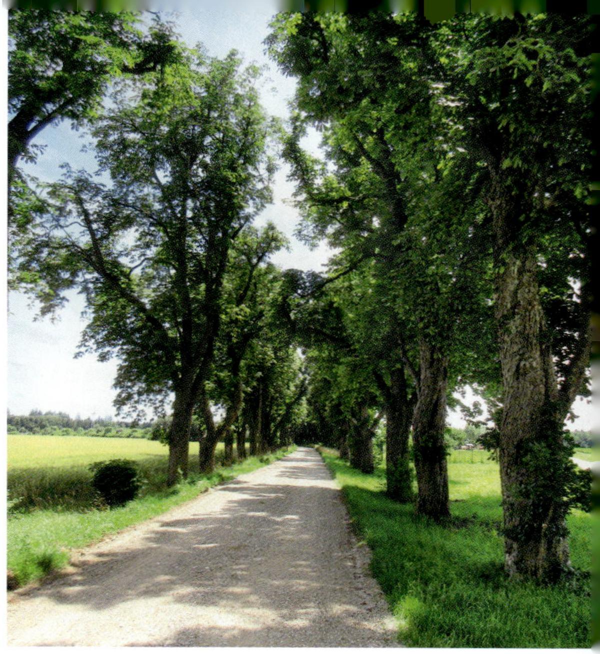

Alte Allee bei Gut Streiflach

**Durch Wald und über Felder** Nachdem wir den Wallfahrtsort besichtigt haben, gehen wir ein kurzes Stück den Herweg zurück, benutzen wieder die Unterführung und wenden uns bei der Informationstafel nach links. Am Ende des Parkplatzes nehmen wir den Weg rechts und folgen ihm, ohne nach links oder rechts abzubiegen, durch den Wald und über die **Dickwiese**, bis wir nach knapp zwei Kilometern wieder die A 96 erreichen.

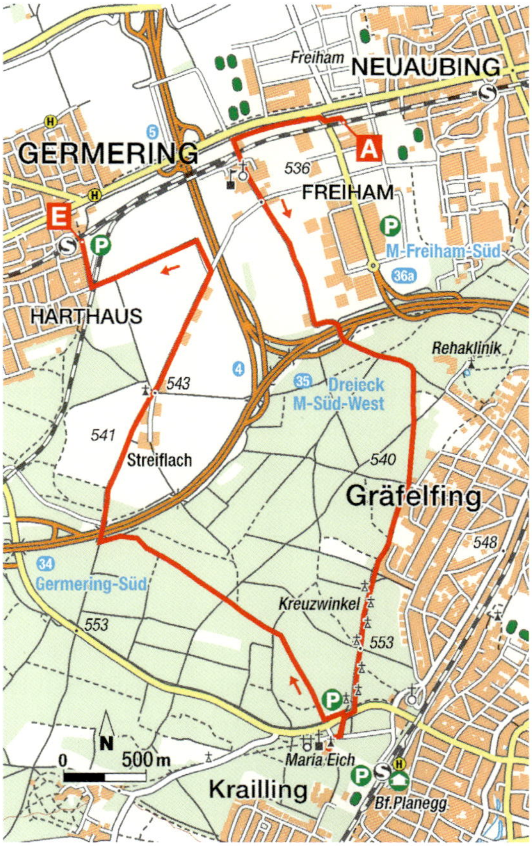


Mithilfe der Unterführung wechseln wir dann auf die andere Seite der Autobahn. Nun folgen wir der Schotterstraße (Streiflacher Weg) am **Gnadenhof Streiflach** vorbei bis zur Brücke über die A 99, die uns zurück zur Freihamer Allee und zum Gut Freiham bringen würde.

Wir aber wenden uns noch vor der Brücke nach links und gehen etwa 200 Meter neben der Autobahn entlang, bis nach links der Harthauser Weg abzweigt. Diesem folgen wir und kommen nach einem knappen Kilometer nach **Harthaus**. Am Ortsrand gehen wir rechts und folgen schließlich der Maffeistraße bis zur **S-Bahnstation Harthaus**, wo wir unsere Wanderung beenden.

# Die Münchner Schotterebene

Manche Münchner bezeichnen die Münchner Schotterebene als eintönig, ist sie doch ein weiträumiger Sander (Geröllablagerungen vor einem Gletscher) und im Lauf der letzten Eiszeiten entstanden. Als sich vor etwa 16 000 Jahren am Ende der Würm-Kaltzeit die Gletscher wieder Richtung Alpen zurückzogen, entstand im Voralpenland, südlich von München, eine vielgestaltige Eiszeitlandschaft. Nach dem Abschmelzen des Eises bildete sich im Süden ein riesiger See. Dieser Wolfratshausener See bestand aber nur eine geologisch kurze Zeit, etwa 1000 Jahre. Die Wassermassen durchbrachen schließlich an einigen Stellen die Endmoränen. Die meisten dieser Durchbrüche fielen bald wieder trocken. So entstanden Bäche, die heute entgegen ihrer damaligen Richtung fließen und als Seitenbäche in die Isar münden, z. B. der Moosbach bei Egling. Die Ur-Isar hingegen durchbrach bei Schäftlarn als mächtiger Strom im alten Flussbett der Ur-Loisach den aufgeschütteten Moränenwall, und so ergossen sich riesige Wassermengen in Richtung Norden, wobei das heutige Isartal immer weiter ausgespült und eingetieft wurde.

Auf der Höhe von Großhesselohe ergoss sich das aus dem canyonartigen Tal strömende Wasser in die Ebene. Die Fließgeschwindigkeit nahm rapide ab, und die gewaltigen Schuttmengen wurden als riesige Schotterschicht im Bereich des heutigen Münchens trichterförmig abgelagert. Große Steine kamen bereits nahe der Endmoräne zu liegen, der feinere Kies und Sand wurde vom Wasser noch weiter flussabwärts transportiert.

Da auch in der Nacheiszeit wärmere Perioden, in denen viel Schmelzwasser aus den Alpen strömte, sich mit kälteren abwechselten, wurden ständig neue Schotterflächen aufgebaut und abgetragen. Die Isar grub sich immer wieder durch alte Ablagerungen und füllte anschließend diese Eintiefungen mit neuem Geröll. So entstanden verschiedene Schotterzungen, z. B. die Feldmochinger Schotterzunge.

Die unterste Schicht bilden verfestigte Ablagerungen aus der Mindel-Eiszeit, der sogenannte Nagelfluh. Darüber liegt Schotter aus der folgenden Riß-Eiszeit und als schließlich jüngste Schicht das Geröll aus der letzten, der Würm-Eiszeit. Im Norden des Stadtgebiets wird die Kiesdecke allerdings so gering, dass das Grundwasser, das auf der voreiszeitlichen wasserundurchlässigen Flinz-Mergel-Schicht nach Norden fließt, an der Oberfläche austrat und weitläufige Niedermoore bildete, nämlich das Dachauer und das Erdinger Moos. Ja, bildete, heute wird das Grundwasser durch Gräben abgeleitet. So entstand dort Ackerboden, z. B. zwischen Moosach und

Dachau. Diese Aufschüttungen, in die sich die Isar auch in jüngster Zeit weiter eingegraben hat, bilden heute im Stadtgebiet München verschiedene Höhenstufen. Die niedrigste ist die Auenstufe (Alluvium); hier befinden sich die Isarvorstadt, die Au, das Lehel, der Flaucher und der Englische Garten. Dann folgt die Altstadtterrasse (älteres Alluvium), auf der das alte München errichtet wurde. Noch höher ist die Niederterrasse, auf der sich z. B. am Westrand der Theresienwiese die Bavaria erhebt. Außerdem finden sich noch Reste von Grundmoränen der vorletzten Eiszeit, die als kleine Hügel zwischen den Schotterströmen stehen geblieben und durch eine Löß- und Lehmauflage erkennbar sind, z. B. der Warnberger Riedel im Süden oder der Aubinger Riedel im Westen. Und im Osten Münchens blieb als größte dieser Grundmoränen noch die Föhringer Hochterrasse erhalten. Aus dem dort abgebauten Lehm wurden die Ziegel gebrannt, aus denen die Häuser Alt-Münchens und auch die Frauenkirche gebaut wurden.

Heute bildet die Münchner Schotterebene ein etwa 1500 Quadratkilometer großes Dreieck. Die ungefähren Eckpunkte sind Weyarn an der A 8 im Südosten, Moosburg an der Isar im Nordosten und Maisach im Westen. Nach Norden werden die aufgeschütteten Gesteinsmassen immer niedriger, von etwa 100 Metern im Süden bis nur wenige Meter bei Garching. Die Dicke der Gesteinsschichten führte dazu, dass nur zwei Gewässer oberirdisch den Moränenwall durchbrechen konnten: die Isar und die Würm. Andere Abflussbäche, z. B. der Hachinger Bach, erscheinen erst ziemlich weit im Norden an der Oberfläche. Weil es außer Isar, Würm und Hachinger Bach keine natürlichen Flüsse und Bäche im Süden der Münchner Schotterebene gibt, war diese Gegend lange Zeit unbewohnt. Für die Menschen, die sich dort im frühen Mittelalter ansiedelten, war es durch die dicke Kiesschicht schwierig, an das lebensnotwendige Grundwasser zu gelangen. So konnten sie sich nur bei den in günstigeren Lagen zu findenden Brunnen niederlassen. Diese Orte wurden nach den Eigentümern der Brunnen benannt, so etwa Putzbrunn (einst Puzzoprunnin), Grasbrunn (Gramasprunnin) oder Siegertsbrunn (Sigihartasprunnin).

Wie bereits zu Anfang erwähnt, empfinden viele die Schotterebene als eintönig. Wenn man aber genauer hinschaut, erkennt man, dass nicht nur die Natur, sondern auch die Bewohner der Schotterebene eine vielfältige Landschaft schufen und schaffen. Viele Wissenschaftler vermuten, dass wir in einer Zwischen-Eiszeit leben und in spätestens 15 000 Jahren – trotz Klimaerwärmung – die nächste Kaltzeit beginnt. Dann werden die meisten Touren in einer Neuauflage dieses Wanderführers nicht mehr zu finden sein …

# 29 Am Rand des Forstenrieder Parks

## Zwischen Wald und Großstadt

Leicht | 9 km | Keine Hm | 2.30 Std.

**Tourencharakter**
Überwiegend Asphalt und Kiespfade

**Ausgangspunkt**
U-Bahnhof Basler Straße (U3). GPS: 48.09119, 11.4911

**Endpunkt**
Trambahnhaltestelle Großhesseloher Brücke (Linien 15, 25)

**MVV**
Man kann die Tour an folgenden MVV-Haltestellen unterbrechen: Warnbergstraße (Buslinie 135), Am Grundelberg (Buslinie 270), Großhesselohe Isartalbahnhof (S7).

**Einkehr**
Restaurant Poseidon in Unterdill, Gaststätte Waldwirtschaft

**Die Tour führt am Rand eines der großen Forste im Süden Münchens entlang. Diese grünen Lungen sind wichtige Naherholungsgebiete für das Millionendorf. Durch einen Grünzug an der südlichen Stadtgrenze erreichen wir schließlich das Isarhochufer. Man kann sich gut vorstellen, dass dort im Jazzbiergarten der Waldwirtschaft die Wanderung stilvoll ausklingt.**

Am Waldrand entlang Wir verlassen den **U-Bahnhof Basler Straße** auf der Westseite (Fahrtrichtung stadtauswärts) und gehen auf dem Uriweg zur A 95. An der Autobahn biegen wir links in den **Grünzug** ein und kommen, nachdem wir die Lisl-Karlstadt-Straße passiert haben, zu einem Acker, an dessen Rand ein Pfad zur Forstenrieder Allee hinausführt. Wir überqueren diese und biegen fast genau gegenüber in den Pentenrieder Weg

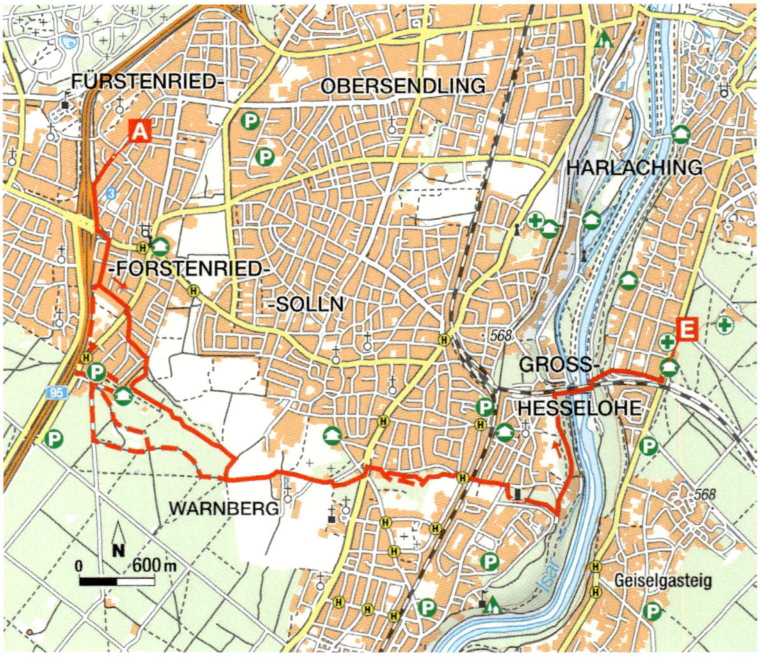

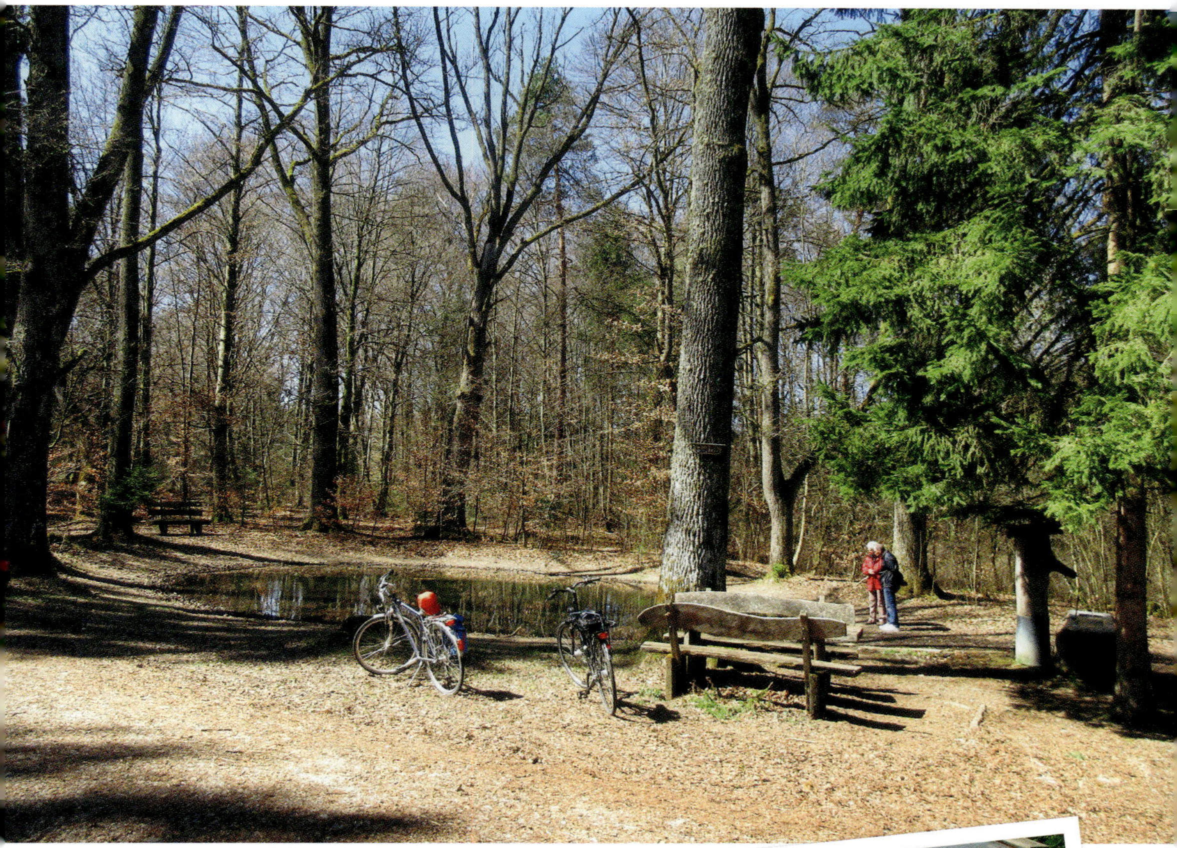

ein. Rechts über den Falkenhorstweg und gleich darauf links durch die Leuthener Straße erreichen wir den Waldrand.

Nun gibt es mehrere Möglichkeiten, die alle gleich schön sind: Entweder wir wandern entlang der Wiesen und Felder immer am Waldrand entlang, bis wir zum Tor am Reitweg gelangen, bei dem unser Weiterweg nach Osten Richtung Gut Warnberg abzweigt. Oder wir gehen in den Wald hinein. Dieser Weg führt außerhalb des **Wildparks** am Zaun entlang, der den **Forstenrieder Park** vom Umland trennt, bis wir auch hier das **Tor am Reitweg** erreichen.

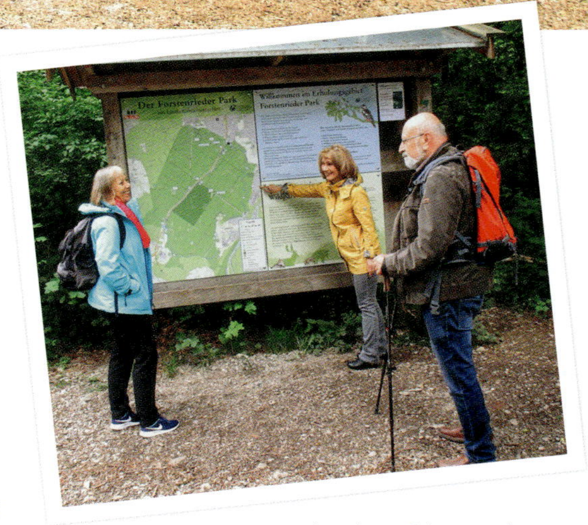

Durch Schautafeln gut informiert können Wanderer den Forstenrieder Park erkunden.

Ganz oben: Wildtränke und Laichgewässer: der kleine Teich bei der Achterlacke

Nach Pullach … Nun folgen wir dem Weg, der uns zum **Warnberger Weiher** und **Gut Warnberg** leitet. Nach kurzer Zeit er-

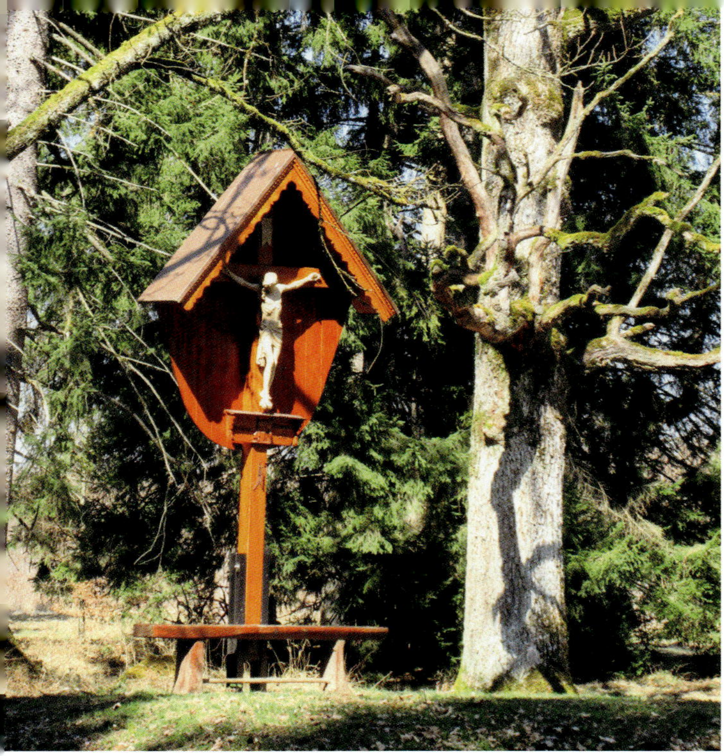

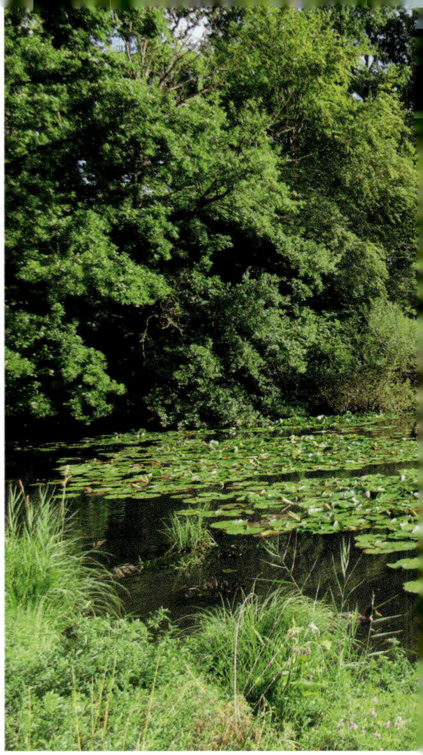

Marterl im Forst künden von Unfällen, aber auch vom Kampf zwischen Wuidschützen und Jagern.

reichen wir den **Waldfriedhof Solln**. Bei der Aussegnungshalle können wir uns rechts in die Büsche schlagen oder wir folgen einfach der Straße bis zur Wolfratshauser Straße.

Wir überqueren sie und gehen kurz nach links zur Rungestraße, der wir etwa 200 Meter folgen, um dann rechts in den Wald einzubiegen. Diesen durchqueren wir in Richtung Osten bis zum Gelände des Pullacher Gymnasiums, halten uns dort links und kommen an der Wettersteinstraße heraus. Auf der anderen Straßenseite führt eine kleine Unterführung unter den Bahngleisen hindurch zur Kreuzeckstraße. Hier ist der Abzweig für die Abkürzung zum Isartalbahnhof Großhesselohe (s. Varianten).

## Wissenswertes

Übrigens: Warnberg ist nicht nur der höchste natürliche Punkt innerhalb der Stadtgrenzen, hier befand sich im Mittelalter auch eine der wenigen Burgen, die in und um München errichtet wurden.

... und zur Großhesseloher Brücke Wir aber folgen kurz dem Promenadeweg, überqueren die Heilmannstraße und biegen sofort wieder rechts in den Waldweg ein, der uns an einem Wasserturm vorbei zum Isarhochufer und somit zur **Waldwirtschaft Großhesselohe** bringt.

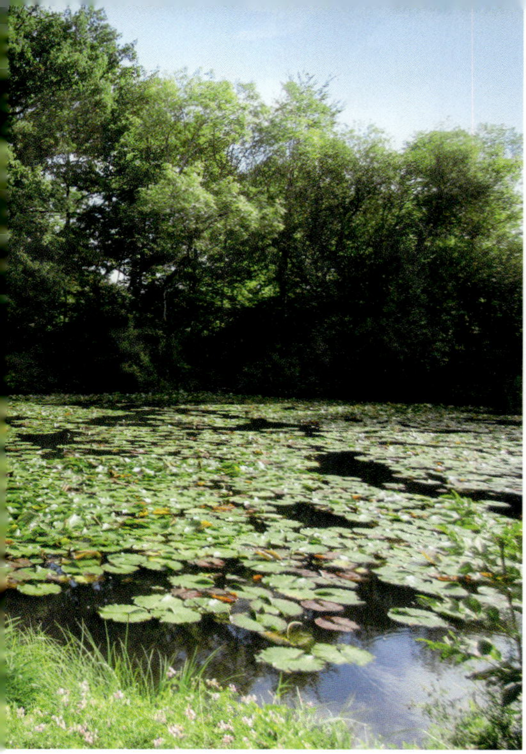 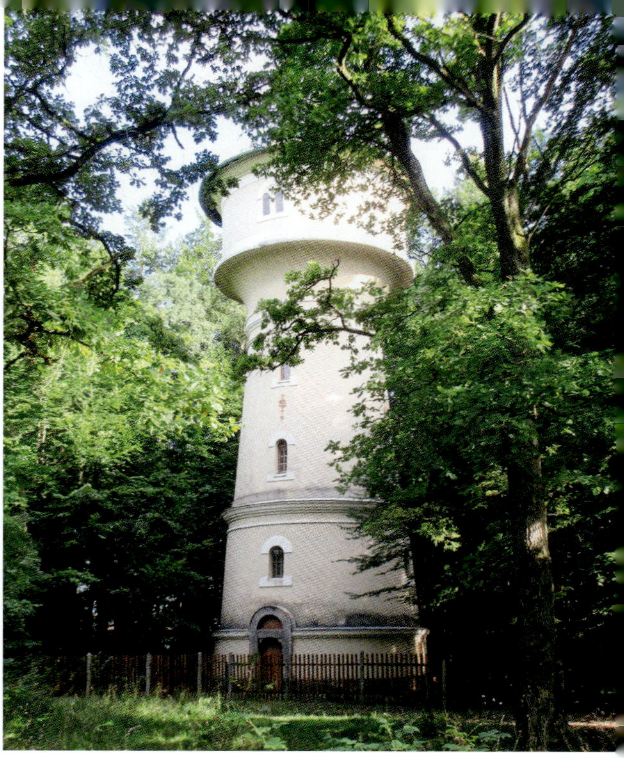

Der 1895 errichtete Wasserturm in Pullach versorgte einst die Gemeinde Solln mit Trinkwasser.

Links: Idylle am Warnberger Weiher

Der Weiterweg führt am Isarhochufer entlang zur **Großhesseloher Eisenbahnbrücke**. Auf ihr gelangen wir zum anderen Isarhochufer, halten uns dort links, erreichen die Holzkirchner Straße, gehen auf ihr bis zur Geiselgasteigstraße, biegen hier links ab und gelangen so zum Ziel unserer Wanderung, der **Trambahnhaltestelle Großhesseloher Brücke**.

## Varianten

- Zu Beginn der Wanderung kann man am Rand der Autobahn noch weitergehen bis zum Parkplatz der Tennisanlage Forstenrieder Park an der Forstenrieder Allee. Wir überqueren diese und gehen noch vor dem Restaurant Poseidon in Unterdill durch das Tor rechts in den Wildpark (Wildrost) hinein. Hier kann man oft bereits einige Wildschweine sehen (wer ihnen nicht so nah begegnen will oder seinen Hund dabeihat, wählt besser einen der beiden Wege der Originalroute). Wir folgen dem Neuhauser Weg etwa einen halben Kilometer und wenden uns am Warnberger Weg nach links. Diesem folgen wir bis zum Tor am Reitweg und gelangen über die Felder zum Gut Warnberg.
- Man kann die Tour abkürzen, indem man nach der Unterführung unter der S-Bahn an der Kreuzeckstraße nach links abbiegt und so zum Isartalbahnhof in Großhesselohe kommt (die Wanderung verkürzt sich damit auf ca. 7 km).

# 30 Durch den Forstenrieder Park nach Baierbrunn

## Zu Besuch bei Rot- und Schwarzwild

| Leicht | 14 km | ↑↓ 200 Hm | 3.30 Std. |
|---|---|---|---|

**Tourencharakter**
Überwiegend Kiespfade

**Ausgangspunkt**
Bus-Endhaltestelle Forstenrieder Park (Linie 132).
GPS: 48.07749, 11.48843

**Endpunkt**
Trambahn-Endhaltestelle Derbolfinger Platz/Grünwald (Linie 25)

**MVV**
Man kann die Tour an den S-Bahnhöfen Baierbrunn und Buchenhain sowie Höllriegelskreuth (alle S7) abbrechen.

**Einkehr**
Waldgasthof Buchenhain, Restaurant Poseidon in Unterdill

**Diese Wanderung führt in einen der großen Forste südlich von München, sie ist also genau genommen keine Wanderung innerhalb der Stadtgrenze, der Forstenrieder Park ist aber keiner Gemeinde zugeordnet. Noch ein kurzer Hinweis: Da diese Wanderungen durch die Forste, die zum großen Teil (noch) aus Fichtenwäldern bestehen, relativ eintönig sind, bietet sich für größere Unternehmungen hier das Fahrrad an.**

Durch den Forstenrieder Park Von der **Bus-Endhaltestelle Forstenrieder Park** überqueren wir die Forstenrieder Allee und gehen links kurz in Richtung Restaurant Poseidon in Unterdill. Gleich darauf haben wir das **Tor in den Park** erreicht. Wir wandern nun etwa einen halben Kilometer den Neuhauser Weg entlang, bis wir einen Wegstern erreichen, an dem links der Warnberger Weg abzweigt. Unser Weg führt aber rechts entlang des Theresien Geräumts, einer breiten Forststraße, der wir immer geradeaus etwa zwei Kilometer weit folgen. Bei der dritten deutlichen Kreuzung biegen wir links kurz auf das Preysing Geräumt ab, und schon nach 200 Metern führt unser Weg wieder rechts ins Ottertal Geräumt.
Wir folgen dem kleinen Tal, bis wir zu einer Kreuzung kommen, in deren Nähe sich die **Wildbeobachtungsstelle am Gelben Haus** befindet. Kurz vorher könnten wir einen kleinen Pfad nach rechts hinaufsteigen und uns über die verschiedenen Arten der Einzäunung dieses riesigen Jagdreviers der Wittelsbacher informieren; hier befinden sich auch mehrere Schautafeln, mit denen man sich über die Geschichte des Parks informieren kann.

Caroline und Auguste An dieser Kreuzung hier zweigt auch die Variante 2 ab, die über das Ludwig Geräumt in der Nähe der Römerstraße Via Julia schnell zum Waldgasthof Buchenhain leiten würde. Nachdem wir vielleicht Rothirsche und Wildschweine beobachten konnten, wandern wir nun aber weiter

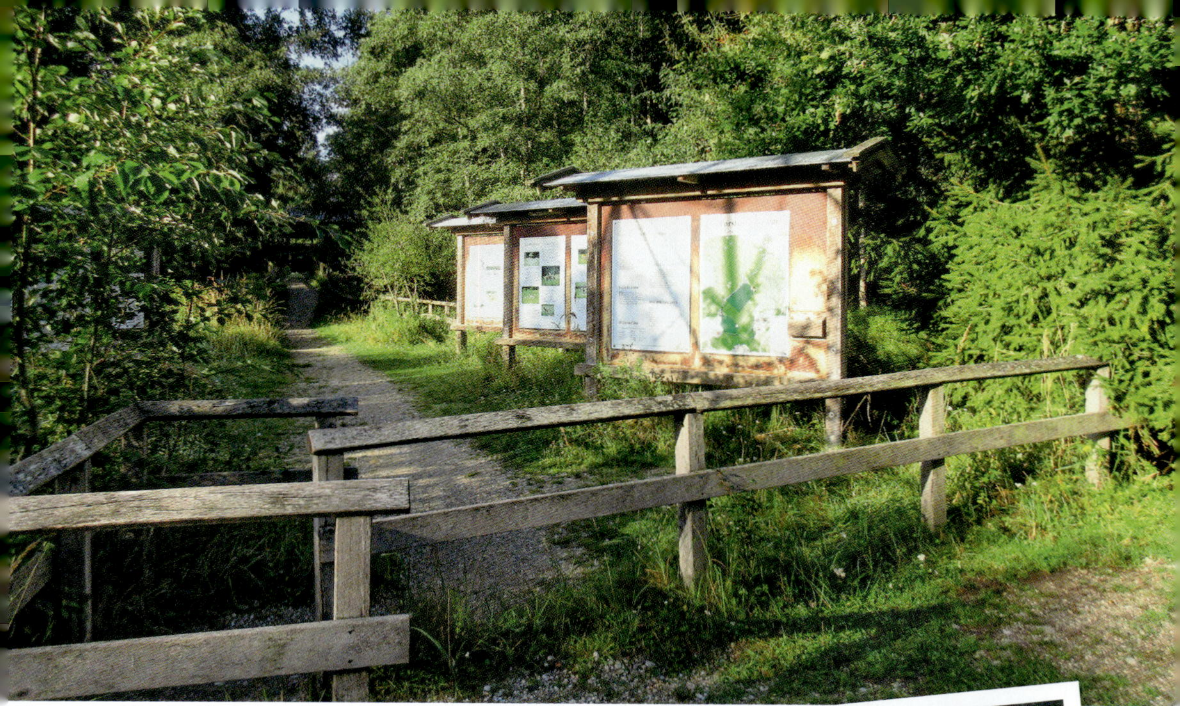

Richtung Südwesten und zuerst noch etwa 400 Meter entlang des Carolinen Geräumts, dann biegen wir links ab ins Ottertal Geräumt, das durch das Gelände der Wildbeobachtungsstelle unterbrochen wurde. Der Weg führt weiter durch das kleine Tal, bis wir in der Nähe des Hochbehälters, in dem das Münchner Trinkwasser aus dem Loisachtal gespeichert wird, das Augusten Geräumt erreichen. Hier biegen wir rechts ab.

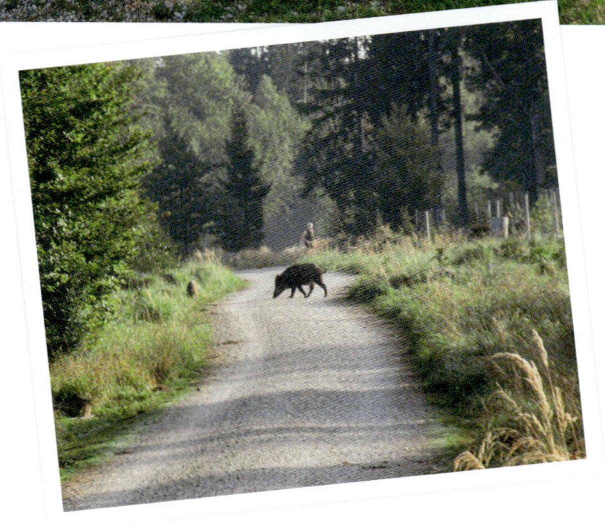

Mit etwas Glück kreuzen im Forstenrieder Park Wildschweine unseren Weg.

Ganz oben: Bei der Wildbeobachtungsstelle am Gelben Haus werden interessierte Wanderer gut informiert.

Nach Grünwald Nach gut einem Kilometer kommen wir zu einer Kreuzung. Hier am Friederiken Geräumt biegen wir bei einem schon ziemlich verfallenen Holztisch mit Bänken links ab. Nach einem knappen Kilometer verlassen wir beim Forsthaus den Forstenrieder Park und gehen entlang der Oberdiller Straße nach **Baierbrunn**, wo wir am S-Bahnhof die Wanderung abkürzen könnten.

Wir überqueren die Wolfratshauser Straße, biegen rechts in die Hermann-Roth-Straße ab und gehen nun immer geradeaus weiter, bis wir zum **Waldgasthof Buchenhain** kommen. Wir wandern nun am Isarhochufer Richtung Norden, bis uns die Fußgän-

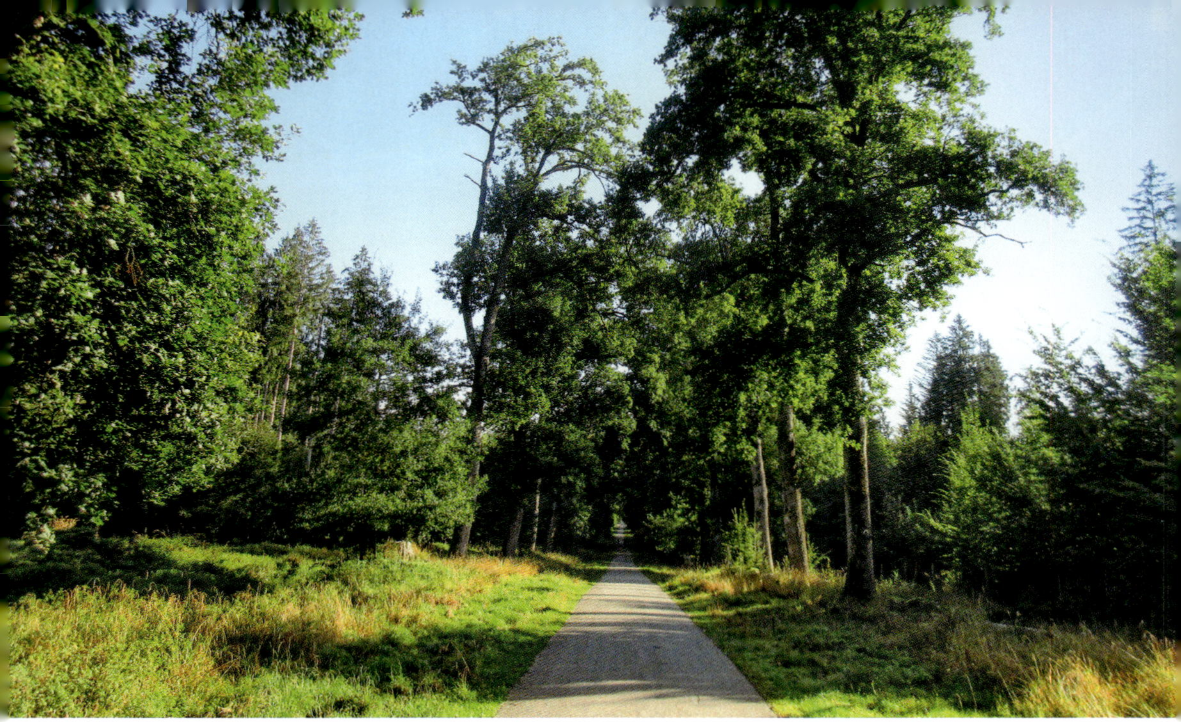

## Wissenswertes

Im südlichen Teil der großen Parks finden sich die **Alt-Moränen der vorletzten Kaltzeit (Riß-Eiszeit)**, zwischen denen die Schmelzwässer der Würm-Eiszeit, die erst vor ca. 12 000 Jahren zu Ende ging, gewaltige Abflussrinnen gegraben haben. Heute unterbrechen diese bis zu 5 km langen und bis zu 10 m tief eingeschnittenen Täler die einförmige flache Schotterebene. Das Ottertal ist eines davon. Heute führt es kein Wasser mehr. Und mit großer Wahrscheinlichkeit hat der Name nichts mit einem Otter zu tun – laut dem Schmellerschen Wörterbuch leitet sich der Name vermutlich von »utta« ab, also dem Schupfen, wo ein Bauer einst seinen Wagen einstellte.

Der Perlacher Forst wie auch der Forstenrieder Park wird von sogenannten **Geräumten** durchzogen. Der Begriff wird erst seit Beginn des 19. Jh. gebraucht. So werden mehr oder weniger dauerhafte Schneisen bezeichnet, in denen nicht nur die Bäume gefällt, sondern auch die Wurzeln und Baumstümpfe entfernt wurden, damit die höfischen Jagdgesellschaften schnell auf bequemen Reittrassen zu dem bei der Parforcejagd gestellten Wild gelangen konnten. Später dienten sie allgemein als Stell- und Holzabfuhrwege. Oft wurden sie mit Flurnamen (Harthauser und Ottertal Geräumt) oder mit den Namen der Mitglieder der Wittelsbacher Herrscherfamilie (z. B. Amalien Geräumt) bezeichnet.

Kreuzungen, an denen sich mehrere Geräumte treffen, werden als **Jagdsterne** bezeichnet, so etwa der Hartmann-Stern an der Kreuzung Jägersteig Geräumt, Harthauser Geräumt und Oberbiberger Straßl. Hier hielt sich während der Hofjagd der absolutistische Herrscher auf. Bei ihm, dem Mittelpunkt, laufen – wie auch bei den barocken Sichtachsen der Barockschlösser, z. B. in Nymphenburg – alle Wege zusammen.

gerbrücke des Josef-Breher-Wegs zur Treppe bringt, die hinunter zur **Grünwalder Brücke** führt. Haben wir die Brücke überquert, laufen wir hinauf zur **Grünwalder Burg** und erreichen im Weiteren die **Trambahn-Endhaltestelle Derbolfinger Platz** in **Grünwald**.

## Varianten

- Man kann die Wanderung auch am Startpunkt der Tour 29 (U-Bahnhof Basler Straße, U3) beginnen. Die Strecke verlängert sich dadurch um etwa zwei auf 16 Kilometer.
- Man kann die Tour wesentlich abkürzen, indem man von der Wildbeobachtungsstelle am Ludwig Geräumt beim Gelben Haus direkt auf der ehemaligen Römerstraße, der Via Julia, nach Buchenhain wandert und von dort mit der S7 zurück nach München fährt. Die Wanderung verkürzt sich dadurch um vier auf zehn Kilometer.
- Oder man steigt vom Waldgasthof am Hang die Treppen hinab zum Münchner Klettergarten und folgt dem Lauf des Isar-Werks-Kanals zum Brückenwirt an der Grünwalder Brücke.

Linke Seite: Eine Allee aus mächtigen alten Eichen im Forstenrieder Wildpark

Fingerspitzl-Quergang: Bouldern im Klettergarten in Baierbrunn

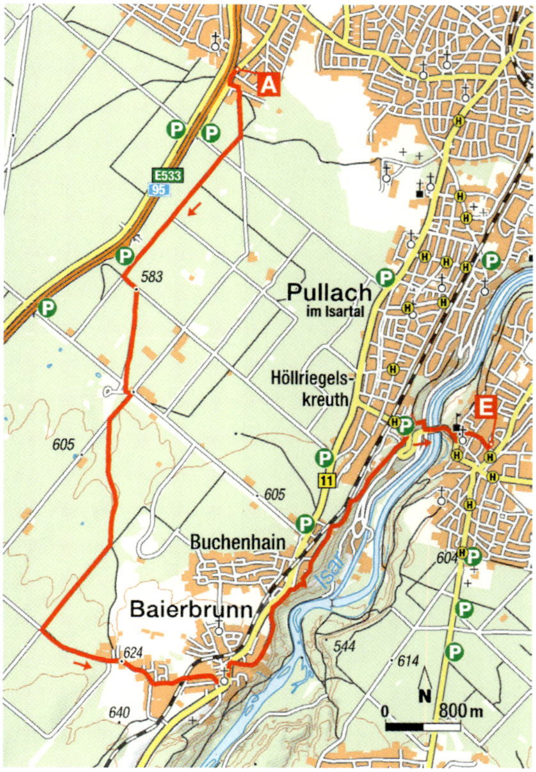


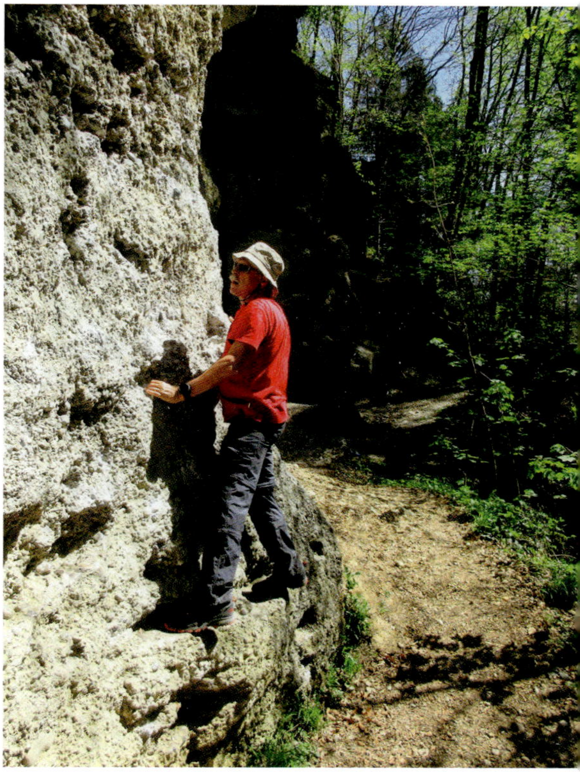

# 31 Die Grünwalder Runde

## Wo die oiden Rittersleut' des Isartals hausten

Leicht | 10 km | ↑↓ 130 Hm | 2.30 Std.

**Tourencharakter**
Meist Kieswege, z. T. auch Pfade und im Ort gepflasterte Gehwege

**Ausgangs-/Endpunkt**
Trambahn-Endhaltestelle Derbolfinger Platz/Grünwald (Linie 25). GPS: 48.042054, 11.523440

**MVV**
Man kann die Tour nicht abkürzen.

**Einkehr**
Kiosk an der Sauschütt, in Grünwald etliche Cafés und Gaststätten, bei der Variante 2 auch der Brückenwirt oder die Gaststätte Buchenhain

**Diese Wanderung ist ein Klassiker für Münchner, führt sie doch ins obere Isartal. Als weitere Anreize seien die Burg Grünwald, die Sauschütt, die Römerschanze und der Georgenstein genannt. Mit ihren gut zehn Kilometern überfordert sie den Wanderer auch nicht, und im Sommer ist sie sehr angenehm, führt der Weg doch meist durch schattigen Forst.**

Walderlebniszentrum Sauschütt Von der **Trambahn-Endhaltestelle Derbolfinger Platz** in **Grünwald** folgen wir dem Luitpoldweg, biegen links in die Rathausstraße ein und kommen so zum **Marktplatz**. Wir überqueren hier an der Ampelanlage die Emil-Geis-Straße und biegen halb rechts ab in die Straße Auf der Eierwiese. Wir folgen ihr vorbei an der **Nepomukkapelle** bis zum Georg-Probst-Weg. Unser Weiterweg führt den kleinen Hang hin-

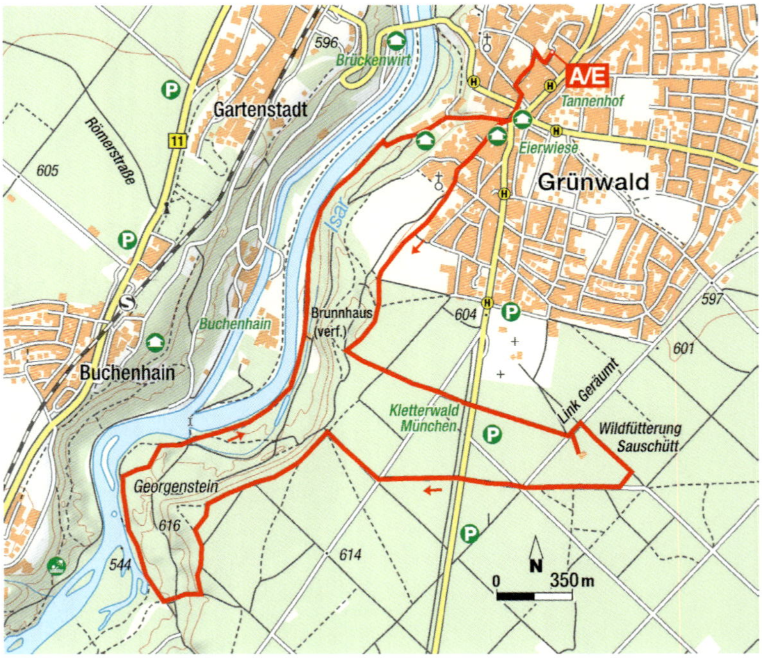

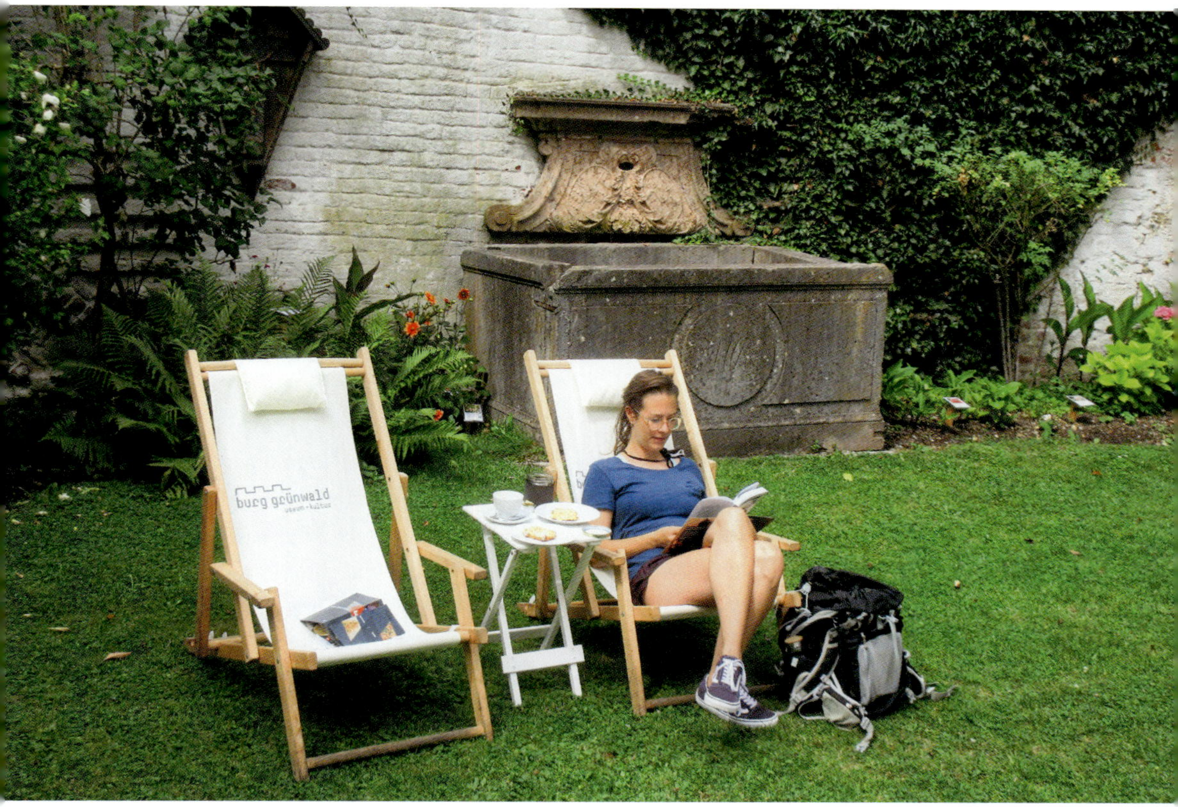


Nach der Tour: Erholung im Café der Burg Grünwald

auf zur Oberen Eierwiese und zwischen den Feldern bis zum Wald. Nach etwa einem halben Kilometer treffen wir auf einen Querweg, dem wir nach links folgen.
Nach einem weiteren halben Kilometer müssen wir vorsichtig beim Parkplatz des Walderlebniszentrums Sauschütt die St 2072 (Tölzer Straße) überqueren. Wir gehen geradeaus weiter und erreichen bald darauf beim Link Geräumt das **Walderlebniszentrum Sauschütt**. Hier gibt es einiges zu sehen und zu erleben, vor allem wenn Kinder und Jugendliche mit uns wandern. Das kleine Waldmuseum im historischen Pavillon lohnt auf jeden Fall einen Besuch. Der Eintritt ist übrigens kostenlos. Wenn der Kiosk am Wochenende geöffnet ist, kann man sich hier sehr preiswert eine kleine Brotzeit gönnen.

Isarhangkante und Römerschanze Unser Weiterweg führt im Uhrzeigersinn um das **Wildschweingehege** herum. Am Jagdstern Link und Maximilian Geräumt gehen wir geradeaus weiter und müssen kurz darauf erneut die St 2072 mit äußerster Vorsicht überqueren. Dann gehen wir geradeaus weiter, bis wir bei der Überlandleitung das Budick Geräumt erreichen. Wir biegen halb rechts ab und kommen beim sogenannten **Isartalblick** auf das Stauwehr zur Isarhangkante.

Hier geht es nun links den kleinen Pfad am Hochufer entlang, bis wir nach etwa einem halben Kilometer die **Römerschanze** erreichen. Eine Schautafel informiert über ihre Geschichte, allerdings ist außer den beeindruckenden Erdwällen nichts mehr zu sehen.

## Wissenswertes

Der Name **Sauschütt** bezeichnete früher Futterstellen für das Schwarzwild. Die Grünwalder Sauschütt war jahrhundertelang ein Ort für Hofjagden. König Max II. ließ hier im Jahr 1863 einen Jagdpavillon errichten, der heute als kleines, aber feines Waldmuseum dient. Das Walderlebniszentrum soll den Menschen, vor allem Kindern und Jugendlichen im Großraum München, die Bedeutung des Ökosystems Wald nahebringen. Neben dem Museum gibt es einen Walderlebnispfad und ein Wildschweingehege. Betreut wird das Ganze von einem Team aus zwei Försterinnen, einem Forstwirtschaftsmeister und zwei Forstwirten, die von einem Förderverein unterstützt werden, den Freunden und Förderern der Grünwalder Sauschütt e. V., der an schönen Wochenenden und Feiertagen auch das WEZ-Café betreibt.

In einigen Münchner Stadtteilen und in vielen Gemeinden rund um München findet man **Maibäume**. Sie werden in den Farben Weiß und Blau bemalt und mit Tafeln der Ortsvereine usw. geschmückt. Etwa alle fünf Jahre muss ein neuer Baum aufgestellt werden, und zwar im Rahmen eines Festes am 1. Mai. In der Stadt geschieht das heute oft mithilfe von Kränen durch die Berufsfeuerwehr oder das THW, im Umland dagegen werden sie meist noch von den Burschenvereinen (den unverheirateten Männern eines Ortes) auf die (gefährliche) traditionelle Weise mit langen Stangen, den »Schwaiberln«, aufgerichtet.

Der Ursprung dieses Brauchs ist nicht genau bekannt, dass er von den Kelten stammt, die vor mehr als 2000 Jahren hier lebten, darf bezweifelt werden, obwohl sich die Altbaiern als Mischvolk verstehen: ursprünglich Kelten, die von den Römern zivilisiert und schließlich von den Bajuwaren in der Völkerwanderungszeit germanisiert wurden. Die ältesten gesicherten Belege stellen Bilder des 16. Jh. dar, auf denen schon Maibäume zu sehen sind. Aber wie gesagt: »Gwieß woaß ma's net« (Gewiss weiß man's nicht).

Das Stehlen eines noch nicht aufgestellten Maibaums ist ein beliebter Brauch. Dabei gibt es strenge Regeln. Damit der Baum gar nicht erst abhandenkommt, wird er bewacht. Ist er aber erst mal gestohlen worden, so muss er wieder ausgelöst werden. Das geschieht mit einer ziemlich großen Menge Bier und einer deftigen Brotzeit, die gemeinsam vernichtet werden.

Übrigens: München hat als Millionendorf einen eigenen Maibaum – er steht am Viktualienmarkt, wird von den sechs Münchner Brauereien gestiftet und ist schon mehrere Male gestohlen worden, zuletzt 2017.

Rückweg über den Georgenstein Weiter geht es nun an der Hangkante nach Süden, bis der Römerweg rechts ins Isartal hinableitet. Wenn wir stur geradeaus gehen, kommen wir direkt am **Georgenstein** an der Isar heraus. Dieser war früher eine Gefahrenstelle für die Flößerei; heute wird der kleine Felsgipfel schon mal von wagemutigen Wanderern erklommen.
Der Rückweg führt nun immer an der Isar entlang, und vorbei am **Isarkraftwerk** und dem **Brunnhaus** kommen wir nach zweieinhalb Kilometern zum rechts den Hang hinaufführenden Gasteig. Er bringt uns wieder hinauf nach **Grünwald** und vorbei am Marktplatz mit dem Kriegerdenkmal und dem Maibaum zu unserem Ausgangspunkt, der **Trambahn-Endhaltestelle Derbolfinger Platz**.

Unten links: Im Jagdpavillon von 1863 ist heute ein kleines, feines Waldmuseum untergebracht.

Unten rechts: Am Kiosk kann man seine Trinkflasche füllen.

Dieser Schwarzkittel ist in der Grünwalder Sauschütt zu Hause.

## Varianten

- Falls man noch nicht genug hat, kann man weiter Richtung München wandern, z. B. nach Großhesselohe.
- Es besteht auch die Möglichkeit, auf der anderen Isarseite flussaufwärts nach Buchenhain zu gehen, um dort beim Brückenwirt oder in der Gaststätte Buchenhain (die berühmt ist für ihre »Auszognen«, ein typisch bayerisches Schmalzgebäck) einzukehren und mit der S-Bahn zurückzufahren.

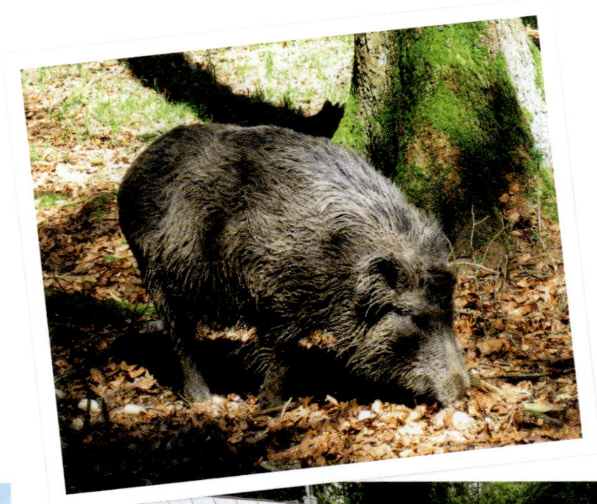

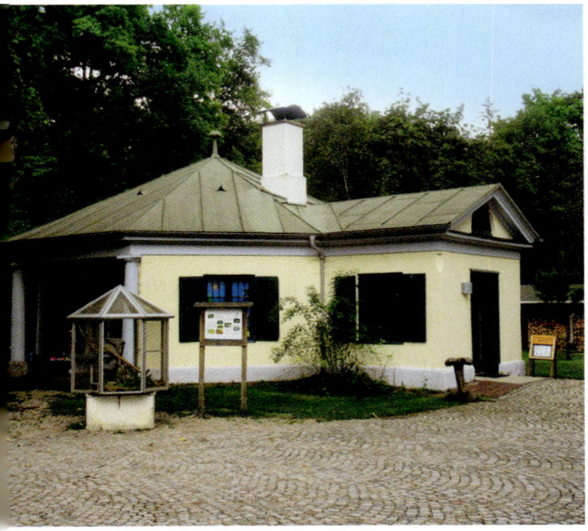

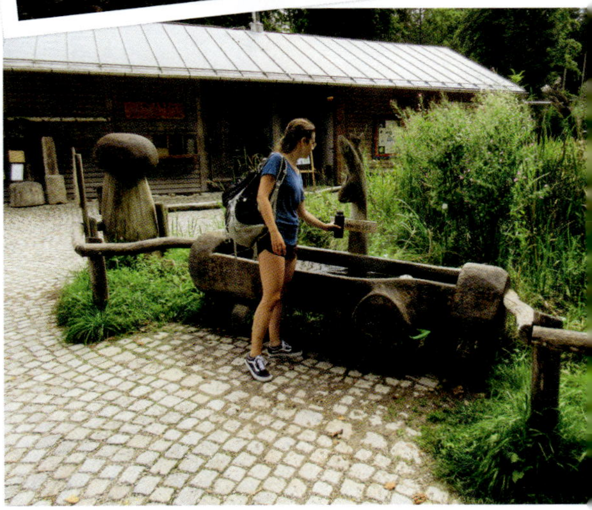

# 32 Am Hachinger Bach

## Lange Tour am kleinen Bacherl

Leicht | 17 km | Keine Hm | 4.30 Std.

**Tourencharakter**
Überwiegend Asphalt und Kiespfade

**Ausgangspunkt**
S-Bahnhof Deisenhofen (S3). GPS: 48.02017, 11.58358

**Endpunkt**
U-Bahnhof Josephsburg (U2)

**MVV**
Man kann die Tour an vielen MVV-Haltestellen unterbrechen oder auch erst beginnen: u. a. in Taufkirchen (S3), Perlach-Bahnhof (S7), Michaelibad (U5, U7). Zudem fahren im ersten Teil der Wanderung auf weiter Strecke die Buslinien 217, 222 und 224 parallel zum Hachinger Bach.

**Einkehr**
Bei dieser Wanderung kommen wir an zahlreichen Cafés und Gaststätten vorbei.

**Um ehrlich zu sein: Der Hachinger Bach ist nur ein Bacherl und kann weder mit der Isar noch mit der Würm mithalten. Nichtsdestoweniger sollte man seinen Lauf einmal erkunden. Seine Ufer sind schon seit über 2000 Jahren besiedelt, und die Tour führt oft entlang von Straßen und Siedlungen und nicht nur durch Parks und Grünzüge.**

Zum Hachinger Bach Wir verlassen den **S-Bahnhof Deisenhofen** auf der Ostseite und folgen der Gleißentalstraße etwa einen knappen Kilometer, bis wir bei einer Grünanlage die Straße Hinteres Gleißental erreichen, der wir nach links folgen. Nach gut anderthalb Kilometern kommen wir zum Kirchweg, der uns zum Hachinger Bach führt. Wir folgen ihm, überqueren die Kybergstraße und gehen weiter am Ufer entlang zur Straße Talanger. Hier müssen wir das Bachufer nach rechts verlassen und ein ganzes Stück an den Häusern entlangmarschieren, zuerst durch die Hahilingastraße und dann auf dem Bachweg. Hier treffen wir nach kurzer Zeit wieder auf den **Hachinger Bach**.

Nach Taufkirchen An der Holzstraße geht's nach links, an der Pöttingerstraße nach rechts. Am **Naturbad Furth** vorbei führt der Weg weiter an der St 2368 entlang. An einer Ampelanlage überqueren wir die Autostraße und wandern am Autobahnsee vorbei unter der A 995 hindurch. Wir wenden uns dann am Mühlweg nach links und gehen auf dem Pöttinger Weg an der **Hofkapelle St. Sebastian** und den Feuchtwiesen am Hachinger Bach zur Kirche **St. Johannes der Täufer** in **Taufkirchen**.
Wir folgen weiter dem Bach, kommen zur Münchner Straße, die wir an einer Ampel überqueren, und nehmen den Wolfsschneiderweg am anderen Bachufer. Am Heimgarten wechseln wir wieder die Bachseite und biegen rechts in die Münchner Straße ein, der wir bis zur Bahnhofstraße folgen. Dort geht unser Weg links ab und wir gehen weiter zum Oberweg. Hier könnten wir

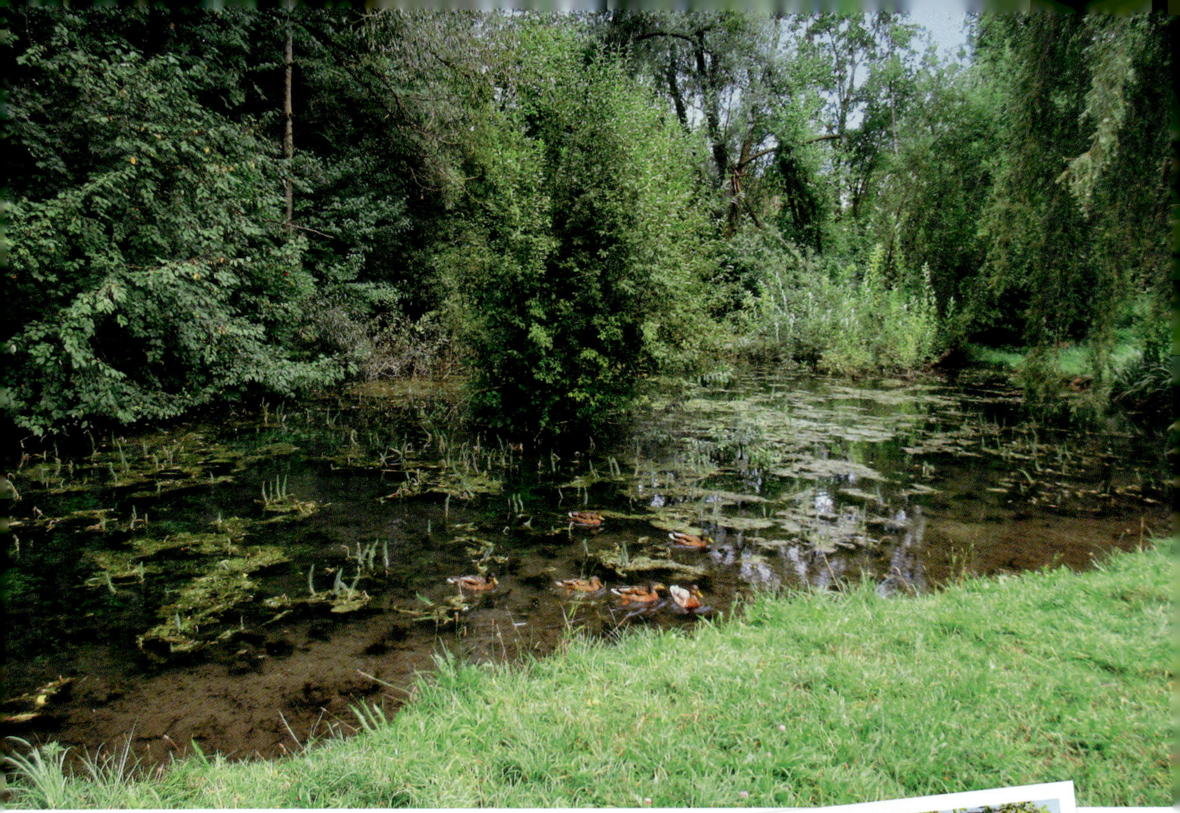

nach knapp sieben Kilometern unsere Wanderung abkürzen, indem wir geradeaus weiter zum S-Bahnhof Taufkirchen (S3) laufen.

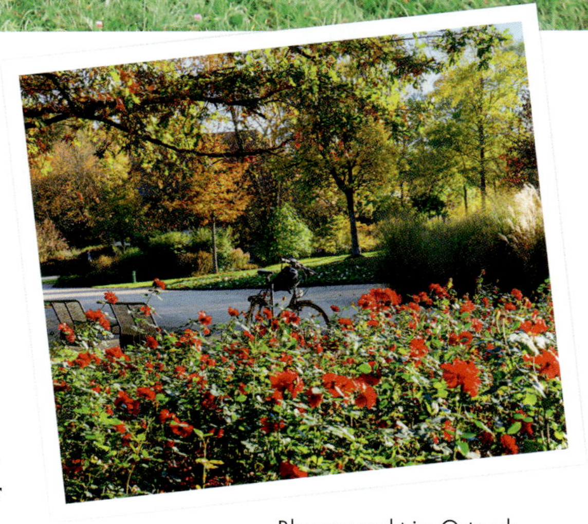

Blumenpracht im Ostpark

Ganz oben: Meist stehen am Ufer des Hachinger Bachs Häuser, man findet aber auch romantische Fleckerl.

## Durch Unterhaching nach Unterbiberg

Wir aber biegen rechts in den Oberweg ein, überqueren nach einem knappen Kilometer die Waldstraße, folgen dem Feldweg weitere 250 Meter und biegen dann an einer Kreuzung rechts nach **Unterhaching** ab. An der Tölzer Straße links, dann weiter der Hauptstraße folgen entlang bis zum Maibaum an der Wirtschaft Kammerloher. Dort gehen wir geradeaus weiter in die Badstraße, vorbei am **Freibad** Unterhaching und am Sportzentrum. An der Von-Stauffenberg-Straße wechseln wir mal wieder die Uferseite und folgen dem Bach, bis wir An der Hachinger Haid den **Landschaftspark Hachinger Tal** erreichen.

Wir gehen weiter am Bach entlang, bis wir zu einem Kinderspielplatz kommen. Leider führt der Weg nun vom Bach weg nach links und ein Stück an der Biberger Straße entlang. Wir biegen in den Parkplatz neben der Autobahn ein und können auf einem kleinen Fußweg neben dem Bach unter der A 8 hindurchqueren. Ein kleiner Feldweg führt zur **St.-Georgs-Kirche** in **Unterbiberg**. Hier haben wir die Landeshauptstadt München erreicht, nach immerhin elf Kilometern Fußmarsch.

Altperlach und Perlacher Haid Wir folgen weiter dem Bachlauf und kommen zur Straße Am Hachinger Bach. Hier wäre wieder eine gute Gelegenheit, die Wanderung zu beenden, indem wir uns nach links zu Bushaltestelle (Linien 199, 211, 217) wenden. Unser Weg aber führt weiter nach Norden, immer am Bach entlang durch den Grünzug bis zur Bebauung rechts. Nach etwa einem Kilometer müssen wir den kleinen Pfad an einer Brücke nach rechts einschlagen und erreichen gleich darauf die Unterbiberger Straße, der wir nach links folgen. An der Weidener Straße können wir noch ein kurzes Stück dem Bachlauf direkt folgen, indem wir über die Brücke nach links queren und gleich wieder rechts am Bach entlanggehen.

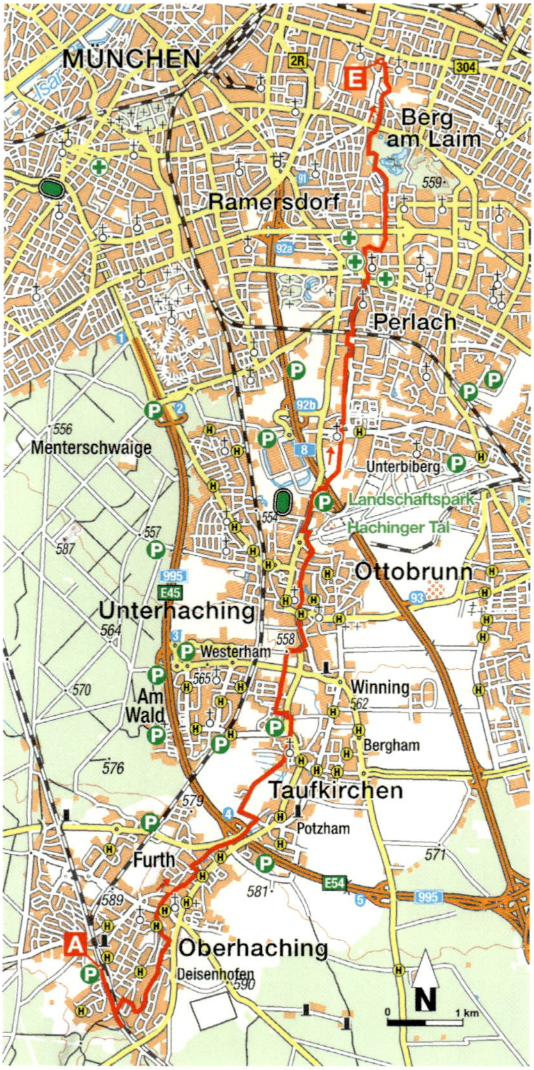


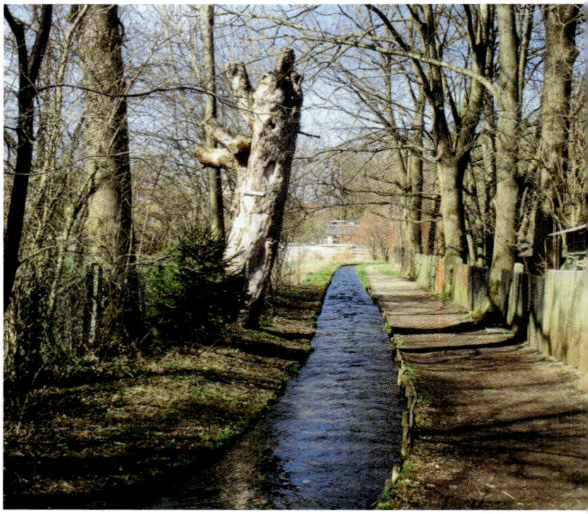

Das kleine Bacherl erreicht hier die Münchner Stadtgrenze.

Wir folgen nun der Unterbiberger Straße, die in die Sebastian-Bauer-Straße mündet, immer weiter bis ins Zentrum von **Altperlach**. Vom Pfanzeltplatz geht es die Hofmarkstraße weiter. Wir wandern mitten durch die Häuser Altperlachs, ein unbekanntes, romantisches Fleckerl München, das es zu entdecken gilt. Schon nach einem halben Kilometer, an der Bezirkssportanlage Krehlebogen, biegt der Hachinger Bach nach rechts ab. An einer Infotafel können wir uns über die **Perlacher Haid** informieren.

Durch den Ostpark Unser Weg führt rechts um die Bezirkssportanlage herum, dann überqueren wir die Ständlerstraße, folgen dem Grünzug parallel zum Alfred-Baeyer-Damm und erreichen bei der Staudingerstraße den **Ostpark**. Auch hier geht es am Bachufer weiter und am Eissportzentrum vorbei. Wir laufen links um das **Michaelibad** herum, überqueren die Heinrich-Wieland-Straße und können im gegenüberliegenden Grünzug dem Hachinger Bach noch etwa 100 Meter weit folgen, bevor er am **Sickerbecken** in der Erde verschwindet. Wir gehen den letzten Kilometer weiter nach Norden, überqueren die Else-Rosenfeld-Straße und erreichen so den **U-Bahnhof Josephsburg**.

## Wissenswertes

Der **Hachinger Bach** ist das einzige Fließgewässer, das rechts der Isar auf der Münchner Schotterebene entspringt. Im Oberlauf fließt sein Wasser unterirdisch durch das Gleißental, ein Trockental, das den Deininger Weiher mit Deisenhofen verbindet. Es ist eine Schmelzwasserabflussrinne eines ehemaligen Gletschersees, dem Wolfratshausener See. Im Hachinger Tal tritt zwischen Deisenhofen und Oberhaching das Wasser des Hachinger Bachs zu Tage, eine richtige Quelle besitzt er jedoch nicht. Bei Perlach erreicht er das Münchner Stadtgebiet. Früher versickerte er nordwestlich des Michaelibads, heute fließt er in einem Rohr unter den Gleisen der Bundesbahn hindurch und kommt bei Daglfing als einer der beiden Hüllgräben wieder ans Tageslicht. Der oberirdische Lauf des Hachinger Bachs beträgt insgesamt ca. 12 km.

Seinen Namen bekam der Hachinger Bach wahrscheinlich vom Geschlecht der Hahilinga, einem der fünf bayerischen Ur- und Hochadelsgeschlechter. Es wird in der Lex Baiuvariorum, dem ersten bayerischen Gesetzbuch (um 740 niedergeschrieben), neben den Huosi, Trozza, Fagana, Anniona und dem Herzogsgeschlecht der Agilolfinger genannt. Haching ist also ein sogenannter »-ing«-Ort, das bedeutet in etwa »Ort der Sippe des Hacho«. Diese errichtete hier ab dem 5. Jh. mehrere Siedlungen. Doch schon vor den Bajuwaren lebten Menschen an den Ufern des Hachinger Bachs. So wurde am Ausgang des Gleißentals am Kyberg ein keltischer Herrensitz gefunden, der der Hallstattzeit zugeordnet wird. Die ältesten Funde aber reichen zurück bis in die Jungsteinzeit, als die ersten Menschen die Münchner Schotterebene dauerhaft besiedelten.

# 33 Durch den Perlacher Forst zur Kugler Alm

## Bekanntestes Schwammerlrevier der Münchner

Leicht | 13 km | Keine Hm | 3.30 Std.

**Tourencharakter**
Überwiegend Asphalt und Forstwege

**Ausgangspunkt**
Trambahn-Endhaltestelle Derbolfinger Platz/Grünwald (Linie 25). GPS: 48.04218, 11.52346

**Endpunkt**
Trambahnhaltestelle Menterschwaige (Linien 15, 25)

**MVV**
Man kann die Tour nicht abkürzen.

**Einkehr**
Forsthaus Wörnbrunn, Kugler Alm, Nussbaum-Ranch, Menterschwaige

**Wir wandern zur berühmten Kugler Alm, wo die Radlermaß erfunden worden sein soll. Auch heute treffen sich dort meist Radler, da die Wege durch die Fichtenwälder für Fußgänger etwas eintönig sind. Es wurde der Versuch unternommen, attraktive Pfade neben den breiten Radwegen zu finden – ohne Pfadfindergespür kann man sich jedoch schnell verlaufen, was allerdings auch nicht so schlimm wäre.**

Wörnbrunn und Kugler Alm Ausgangspunkt unserer Wanderung ist die **Trambahn-Endhaltestelle Derbolfinger Platz** in **Grünwald**. Wir gehen die Schlossstraße Richtung Osten, überqueren die Südliche Münchner Straße und erreichen über den Franz-Rieger-Weg und die Wörnbrunner Straße den Eingang zum **Grünwalder Forst** sowie kurz darauf die **Gaststätte Forst-**

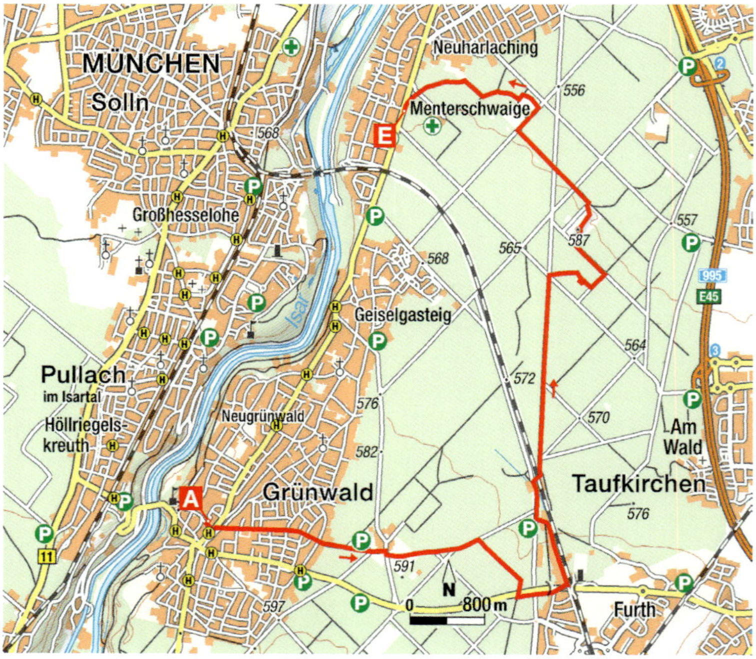

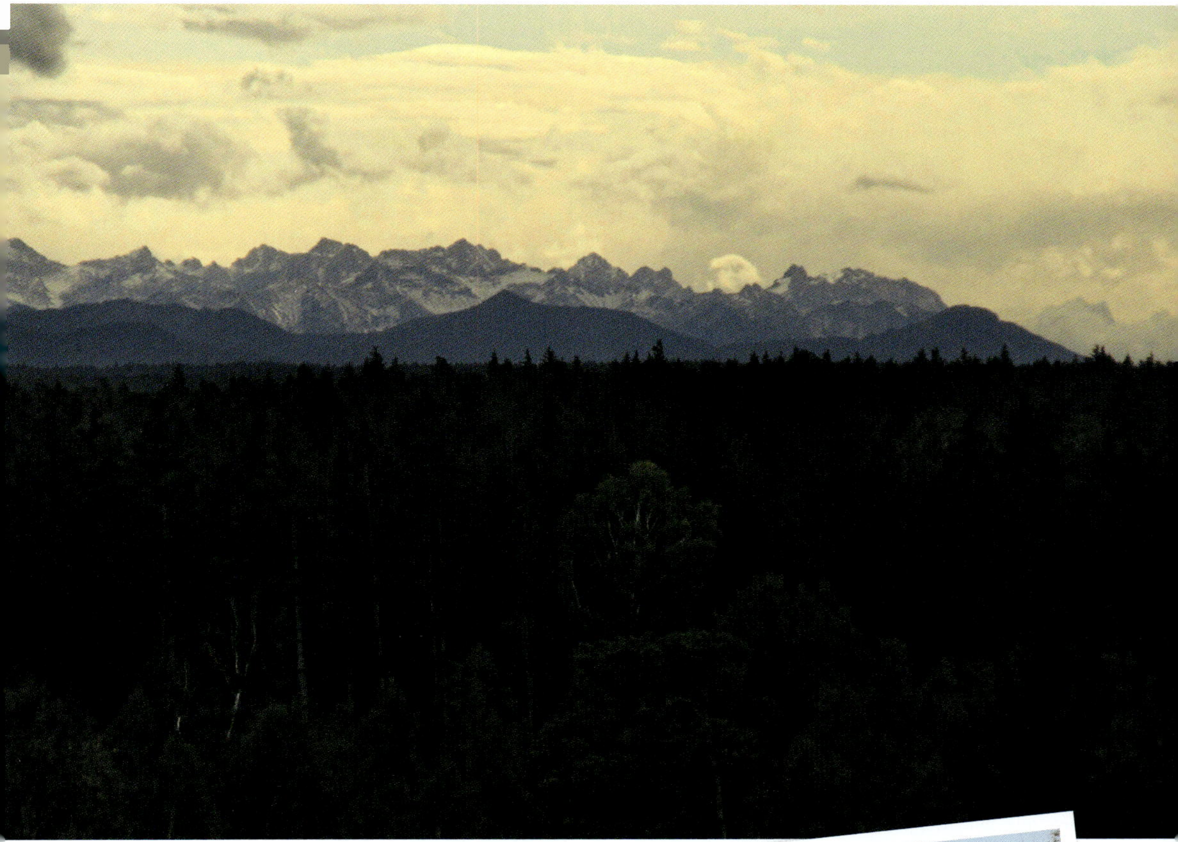

**haus Wörnbrunn**. Der Taufkirchner Weg führt uns nach etwa einem Kilometer zum Schilcher Geräumt, in das wir rechts einbiegen. Nach etwa einem knappen Kilometer stehen wir vor einer Autostraße, der Unterhachinger Straße, der wir nach links folgen und von der wir, indem wir uns vor der Eisenbahnunterführung nach links wenden, bald zur **Kugler Alm** kommen.

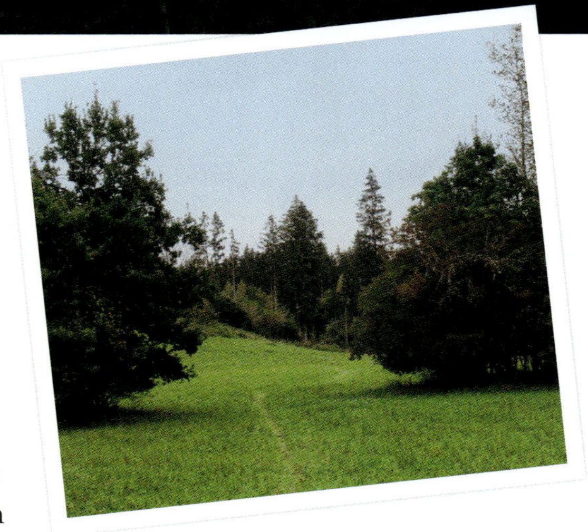

Zum Perlacher Mugl Unser Weiterweg führt entlang der Bahngleise nach Norden. Nach der Radlfahrer-Einkehr **Nussbaum-Ranch** gehen wir unter den Gleisen hindurch und folgen für etwa zwei Kilometer der Fahrradstraße bis zum **Hartmann Stern**. (Wenn uns die vielen Radfahrer stören, müssen wir uns unseren Weg durch die Geräumte weiter östlich suchen, also

Die Hirschbrunftwiese unterhalb des Mugls

Ganz oben: So schön ist der Blick vom Perlacher Mugl ins Karwendel nur bei Föhn.

## Wissenswertes

Der Ort **Grünwald** hieß früher Derbolfing. Ende des 12. Jh. saßen dort wohl Ministerialen der Andechser Grafen, und vermutlich wurde damals eine erste Burg errichtet. 1293 übernahmen die Wittelsbacher Herzöge Ort und Feste. Die Burg wird in der Folge weiter ausgebaut und in Grünwald umbenannt, verliert aber schon bald ihre strategische Bedeutung. Ab 1348 dient sie nur noch »zur Jagd und anderer Kurzweil«, was nichts anderes bedeutet, als dass die Münchner Herzöge sie für ihre erotischen Eskapaden nutzen.
1486 ließ Herzog Albrecht der Weise die Burg Grünwald noch einmal aufwendig ausbauen. Doch die Zeit der Burgen war bereits vorbei und ihr militärisches Äußeres eigentlich nur noch Staffage. Das gotische Jagdschloss wurde von seinen Nachfolgern nicht mehr genutzt und verfiel. 1698 wurde die Burg zum Gefängnis für adelige Straftäter und 100 Jahre später zu einem Pulverlager und Munitionsdepot. 1879 erwarb sie der Bildhauer Paul Zeiler und veranstaltete historische Ritterfeste. 1978 übernahm schließlich der Freistaat Bayern das Bauwerk, renovierte es großzügig und richtete hier eine Zweigstelle der Archäologischen Staatssammlung ein. Das sehr gut gemachte Museum zeigt die Geschichte der Burgen und ihrer Bewohner mit hochwertigen originalen Ausstellungsstücken. Karl Valentin setzte der Burg Grünwald ein unsterbliches Denkmal mit seinem Lied »Die oiden Rittersleit«, dessen erste Strophe lautet:

*Zu Grünwald im Isartal,*
*liabe Leid, es war amal,*
*do ham edle Ritter g'haust,*
*dene hot's vor gar nix graust.*

Der Biergarten **Kugler Alm** ist ein beliebtes Ausflugsziel, vor allem für Radfahrer. Um die Kugler Alm rankt sich die Legende, dass hier 1922 die Radlermaß erfunden wurde. Auf Grund eines gewaltigen Besucherandrangs drohte an einem schönen Wochenende das Bier auszugehen. Also habe der Wirt das Bier zur Hälfte mit Zitronenlimonade gemischt und dieses Getränk seinen Gästen als »Radlermaß« serviert. Das hat sich inzwischen aber als falsch herausgestellt. Wahrscheinlich ist, dass die Radlermaß schon um das Jahr 1900 getrunken wurde, und zwar von den Mitgliedern der meist sozialdemokratisch geprägten Radlerklubs, die um ihre Fahrtüchtigkeit bangten.

Der **Perlacher Mugl** ist ein kleiner künstlicher Hügel. Im Zweiten Weltkrieg wurde hier ein Bunker mit Flugabwehrgeschützen errichtet, der nach Kriegsende wegen seiner massiven Bauweise nicht abgetragen werden konnte. 1970 schüttete man hier das Aushubmaterial des McGraw-Grabens auf, und es entstand der Mugl (bairisch für kleiner Hügel oder Buckel).

Der Begriff **Schwaige** (auf Bairisch auch Schwoag) leitet sich vom mittelhochdeutschen »sweige« ab, also einen Bauernhof, auf dem nur Vieh gehalten wurde. 1807 erwarb Peter Johann Gaibl, der in München die Brauerei und Gaststätte Menter betrieb, eine Schwaige am Isarhochufer. Seitdem heißt dieser Gasthof Menterschwaige. Hier soll sich übrigens der Schürzenjäger und Schwerenöter König Ludwig I. mit seiner Geliebten Lola Montez getroffen haben, was aber trotz des Lola-Montez-Häusls direkt neben der Wirtschaft von einigen Historikern bezweifelt wird.

im Zickzack weiterwandern, bis wir schließlich das Isar Geräumt erreichen, in das wir links (westlich) einbiegen. Auch dieser Weg führt zum Perlacher Mugl.

Am Hartmann Stern biegen wir rechtwinklig nach rechts ab, um kurz darauf zum **Waldweiher-Biotop** zu gelangen. Nun am Wörnbrunner Geräumt links abbiegen und gleich wieder links auf dem Isar Geräumt zum **Perlacher Mugl**. (Hierher können wir auch schneller vom Stern halb rechts auf dem Jägersteig Geräumt gelangen.) Ihn zu besteigen ist Ehrensache – bei gutem Wetter kann man sogar die Alpenkette im Süden erkennen. Ein paar Schautafeln informieren uns über den Perlacher Forst und die Entstehung des Mugls.

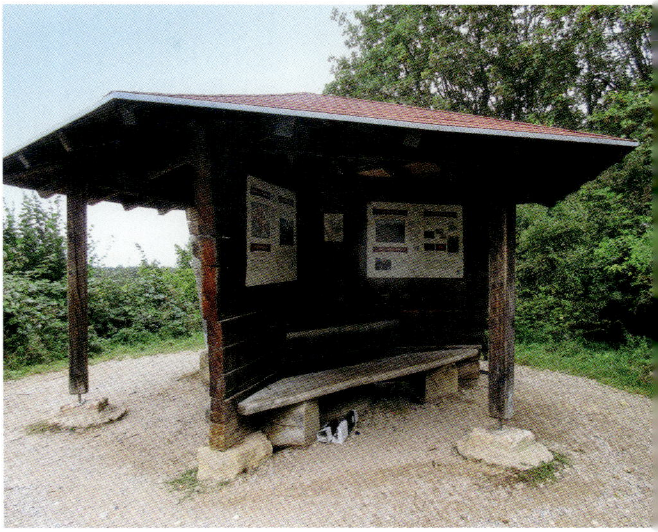

Pavillon am Gipfel des Perlacher Mugls: Schautafeln informieren über den Perlacher Forst.

Von Geräumt zu Geräumt Für den Weiterweg bietet sich wieder das Fahrradsträßchen nach Harlaching an. Wenn wir aber den Radlern ausweichen wollen, dann folgen wir besser dem Mitter Geräumt, das uns nach etwa einem Kilometer zu zwei großen Waldwiesen bringt, der **16er-Wiese**. Wir wandern um die beiden Wiesen herum und kurz vor dem Winkelweg Geräumt nach links. Über das Sulz Geräumt erreichen wir wieder das Mitter Geräumt und biegen kurz vor dem Klinikum Harlaching nach links ab, wo wir dann entweder im Wald oder quer über die Wiese am Zaun entlang in Kürze zur Geiselgasteigstraße gelangen. Nun geht's nach links zur **Trambahnhaltestelle Menterschwaige**.

## Varianten

- Im Perlacher Forst kann sich jeder seinen eigenen Weg suchen. Es gibt unzählige Möglichkeiten, z. B. vom Ausgangspunkt U-Bahnhof Mangfallplatz (U1) aus. Am schönsten sind Touren am Nordrand, weil es dort nicht nur schnurgerade Geräumte gibt.
- Von der Einkehr Menterschwaige könnte man an der Isar entlang oder auf ihrem Hochufer weiter Richtung München wandern, z. B. nach Thalkirchen (Tour 11).

# 34 Vom Riemer Park nach Waldperlach

## Stadtpark und Forst im Münchner Osten

Leicht | 10,5 km | ↑↓ 25 Hm | 2.45 Std.

**Tourencharakter**
Überwiegend Schotterwege

**Ausgangspunkt**
U-Bahnhof Messestadt Ost (U2). GPS: 48.13354, 11.70433

**Endpunkt**
Bushaltestelle Waldheimplatz (Linie 55)

**MVV**
Man kann die Tour am S-Bahnhof Haar (S4) unterbrechen bzw. von hier starten (s. Variante): Um abzukürzen, kann man nach Überqueren des Bahngleises links gehen und über die Peter-Henlein-Straße nach gut 1 km den S-Bahnhof Haar erreichen.

**Einkehr**
Rothmeyer's Zur Einkehr in Solalinden

**Die Gegend um Riem ist nicht unbedingt die erste Adresse für Wanderungen innerhalb Münchens, hier wurde nach dem Krieg viel zu viel gebaut, meist ohne städtebauliches Konzept. Erst die BUGA hat mit der Schaffung des Riemer Parks diese Stadtteile etwas aufgewertet. Und wenn man noch ein wenig die Augen offenhält, findet man auch hier lohnende Touren.**

Vom Riemer Park nach Haar Wir verlassen den **U-Bahnhof Messestadt Ost** auf der Ostseite und folgen etwa einen halben Kilometer dem De-Gasperi-Bogen. Wo er sich nach links wendet, gehen wir geradeaus weiter in den **Riemer Park** hinein. Wo das rechts gelegene kleine Wäldchen endet, biegen wir rechts ab und besteigen den **Rodelhügel**. Unser Weiterweg führt uns nun nördlich des **Riemer Sees** bis zum Fußgängersteg, der uns zum Südufer bringt. Hier kann man meist riesige Karpfen beobachten.

Wir folgen ein kurzes Stück dem Südufer und wenden uns nach den Schaukeln halb rechts. Wir kommen am **Ort der Besinnung** vorbei und wandern schließlich über die Peter-Wolfram-Straße bis zur **Kronsdorfer Kirche**. In dieser Richtung weiter erreichen wir die Keferloher Straße, der wir nun etwa einen Kilometer folgen. Wir gehen unter dem Bahngleis hindurch und treffen schließlich auf die B 304 (Wasserburger Landstraße).

Über Solalinden nach Waldperlach Wir überqueren sie, halten uns ein bisschen rechts und folgen dem **Grünzug** am Trachtlerweg nach Süden. Der Weg führt weiter nach Süden, die Tangastraße bleibt dabei rechts von uns, geradeaus in den Wald hinein. Nach etwa einem Kilometer wendet sich der Feldweg nach rechts und trifft dann auf den Kirchtruderinger Weg. Hier biegen wir links ab und kommen bald darauf nach **Solalinden**, wo wir in der **Wirtschaft Rothmeyer's Zur Einkehr** auf eine Brotzeit einkehren können.

Nun folgen wir der Keferloher-Markt-Straße nach rechts bis zum Waldrand, biegen kurz rechts ab, um gleich darauf links in den Wald abzuzweigen. Nach gut einem Kilometer kommen wir bei einem freien Feld zu einer Überlandleitung. Wir folgen nun der Schneise etwa einen Kilometer und treffen bei einer Wegtafel auf den Friedrich-Panzer-Weg. Hier biegen wir links ab und gehen noch etwa einen knappen Kilometer weiter nach Süden, dann ist die Putzbrunner Straße in **Waldperlach** erreicht. Die **Bushaltestelle Waldheimplatz** finden wir rechter Hand.

Im Riemer See kann man baden, stand-up-paddeln und sogar tauchen.

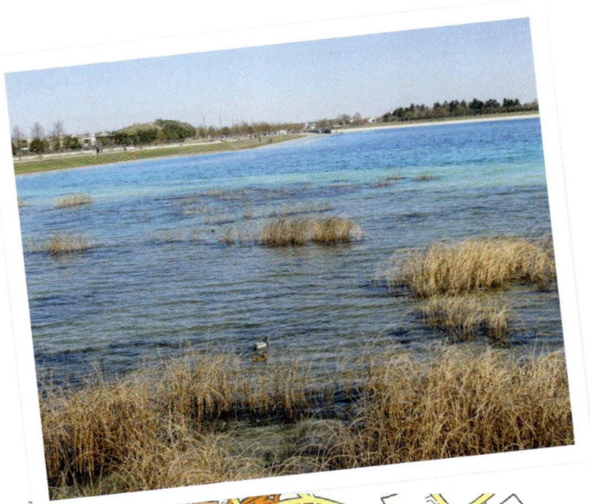

## Variante

Wir können die Wanderung auch am S-Bahnhof Haar beginnen, sie verkürzt sich dann auf etwa 7,5 Kilometer. Dazu verlassen wir den S-Bahnhof auf der Südseite und gehen die Bahnhofstraße hinunter bis zum Kirchplatz. Hier biegen wir rechts ab in die Kirchstraße, über die wir die Münchner Straße (B 304) erreichen. Nun gehen wir rechts Richtung München, bis wir nach etwa einem guten halben Kilometer zum Grünzug am Trachtlerweg kommen. Dann weiter wie oben beschrieben.

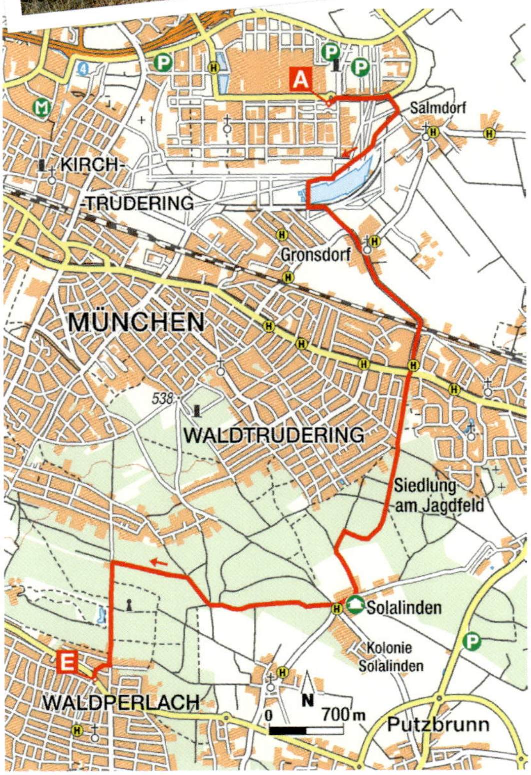


## Wissenswertes

Der **Riemer Park** (auch Landschaftspark Riem) ist der letzte große Landschaftspark, der in München geschaffen wurde. Früher befand sich auf diesem Gelände der ehemaligen Flughafen München-Riem. 2005 fand hier die Bundesgartenschau statt. Es gibt einen 10 ha großen See und zwei bis zu 20 m hohe künstliche Aussichts- und Rodelhügel. Die langen geradlinigen Wege sollen an die Start- und Landebahnen des ehemaligen Flughafens erinnern, wirken aber etwas eintönig.

# 35 Von der Josephsburg nach Waldperlach

## Durch den unbekannten Osten der Stadt

| Leicht | 9 km | Keine Hm | 2.15 Std. |
|---|---|---|---|

**Tourencharakter**
Überwiegend Asphalt und Kiespfade, im Bereich des Truderinger Walds auch Wurzelwege

**Ausgangspunkt**
U-Bahnhof Josephsburg (U2). GPS: 48.12697, 11.63488

**Endpunkt**
Bushaltestelle Waldheimplatz (Linie 55)

**MVV**
Man kann die Tour an folgenden U-Bahnhöfen unterbrechen: Michaelibad (U5, U7), Quiddestraße (U5, U7)

**Einkehr**
Michaeligarten im Ostpark

**Von der barocken Klosterkirche St. Michael in Berg am Laim geht's durch den Ostpark und den Truderinger Wald nach Waldperlach – eine klassische Wanderung innerhalb der Stadtgrenzen von München.**

Durch Berg-am-Laim zum Ostpark Vom **U-Bahnhof Josephsburg** gehen wir nach rechts die Josephsburgstraße entlang, bis wir nach ca. 200 Metern links in die Clemens-August-Straße abbiegen. Wir erreichen die **Klosterkirche St. Michael**, die allemal einen Besuch lohnt. Nun folgen wir dem Kiesweg, der in südlicher Richtung zwischen den eingezäunten Anlagen hindurchführt, und wenden uns am Ende der Anlage nach links, überqueren die St.-Michael-Straße und folgen dem Grünstreifen gegenüber, dem (bis jetzt) trockenen Bett des **Harlachinger Bachs**, nach Süden. Nach einem knappen halben Kilometer überqueren wir die Bad-

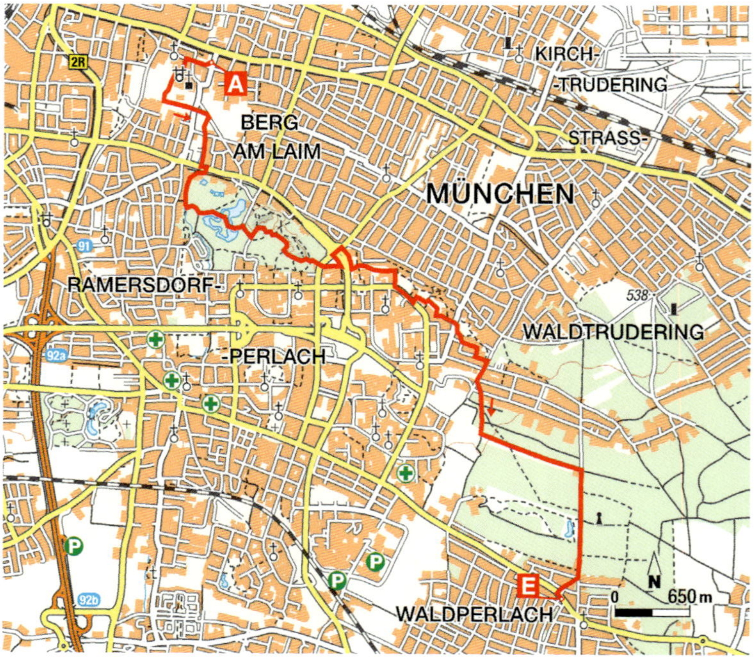

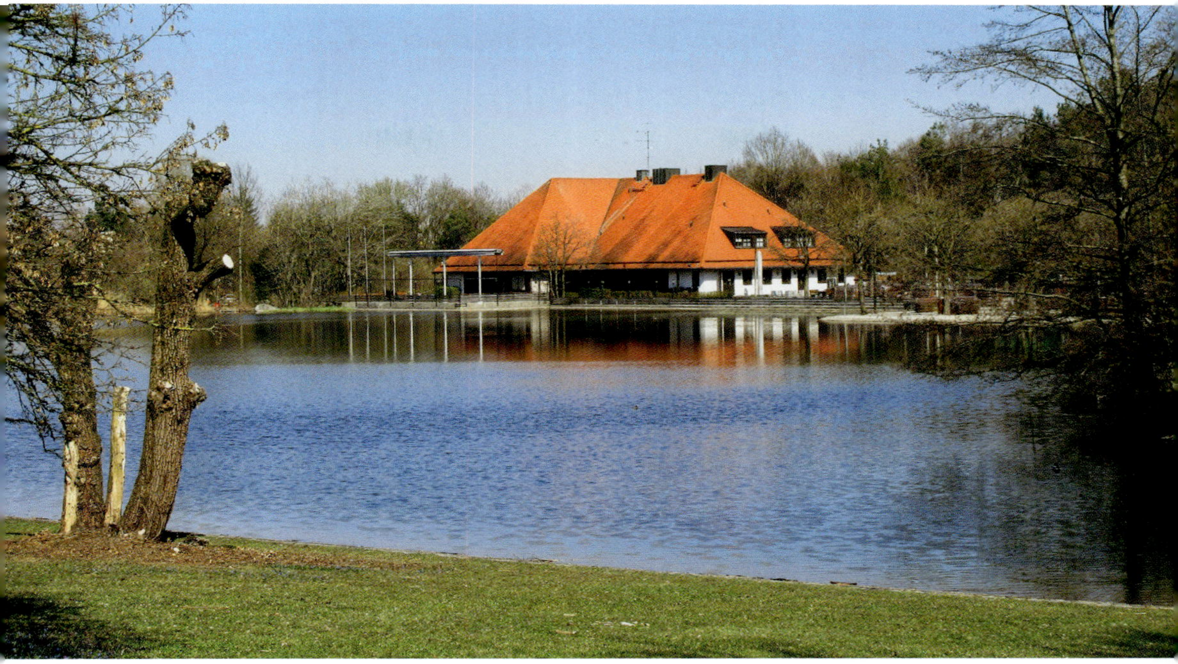

Beliebte Einkehr: der Michaeligarten im Ostpark

Schachener-Straße und erreichen den **Ostpark**. Zwischen dem Bach und dem **Michaelibad** gehen wir weiter nach Süden, biegen nach ca. 400 Metern links ab und kommen zum **Ostparksee**, den wir auf zwei Brücken queren. Wir gehen weiter Richtung Osten und erreichen beim **Abenteuerspielplatz Maulwurfshausen** die Fußgängerbrücke über die Albert-Schweitzer-Straße.

Durch den Truderinger Wald Vorbei am **Hochseilgarten** am Schulzentrum an der Quiddestraße kommen wir zur Heinrich-Wieland-Straße und wandern, nachdem wir sie rechts an der Ampel überquert haben, in den **Grünzug** gegenüber hinein. Wir treffen nach etwa einem Kilometer auf den Hugo-Lang-Bogen, den wir ebenfalls überqueren. Auf Kieswegen geht's weiter und nach 500 Metern rechts in die Friedrich-Creuzer-Straße. Wir folgen ihr nach Süden und erreichen bald den **Truderinger Wald**, in den wir hineinwandern.

Bei der Hochspannungsleitung wenden wir uns nach links und spazieren weiter bis zum breiten Friedrich-Panzer-Weg. Nun gehen wir nach rechts, an der **Josefskapelle** vorbei bis zur Putzbrunner Straße, in die hier die Gänselieselstraße einmündet. Wir wenden uns nach rechts und erreichen so die **Bushaltestelle Waldheimplatz**.

# 36 Von Bogenhausen nach Johanneskirchen

## Durch die neuen Grünzüge im Münchner Osten

Leicht | 7 km | Keine Hm | 2 Std.

**Tourencharakter**
Überwiegend Asphalt

**Ausgangspunkt**
U-Bahnhof Richard-Strauss-Straße (U4).
GPS: 48.148764, 11.616401

**Endpunkt**
S-Bahnstation Johanneskirchen (S8)

**MVV**
Man kann die Tour an folgenden MVV-Haltestellen unterbrechen: Arabellapark (U4), Prinz-Eugen-Park (Tramlinie 17).

**Einkehr**
Unterwegs keine

Rechte Seite: Wandern durch die Grünzüge im Osten der Stadt: hier am Salzsenderweg

**Der Osten Münchens ist für Wanderer nicht so attraktiv wie andere Stadtteile. Trotzdem findet man auch hier Möglichkeiten, durchs Grüne zu spazieren. Mit den Highlights, etwa den Touren entlang der Isar, kann diese Wanderung natürlich nicht mithalten – das muss sie aber auch nicht, sie findet sicher ebenfalls ihre Liebhaber.**

Durch den Denninger Anger Wir verlassen den **U-Bahnhof Richard-Strauss-Straße** auf der Südseite, folgen noch ein Stück der Richard-Strauss-Straße und biegen vor dem Siemens-Gebäude in den Grünzug des **Denninger Angers** ein. Nach einem knappen Kilometer überqueren wir die Weltenburger Straße; hier entsteht zurzeit ein neuer Park. Nach etwa einem halben Kilometer treffen wir auf eine Querstraße, die Pühnstraße, der wir nach links bis zur Denninger Straße folgen. Unser Weg führt weiter durch den Denninger Anger nach Norden zur Englschalkinger Straße. Wir biegen links ab, überqueren die Vollmannstraße und gehen nach dem Jugendtreff COSI rechts in die **Grünanlage**. Nachdem wir ein kleines Bergerl überwunden haben, treffen wir auf die Odinstraße, der wir etwa 300 Meter nach links bis kurz vor die Teutonenstraße folgen. Hier wenden wir uns rechts, gehen am **Höchl-Schlössl** vorbei und folgen dem **Grünzug** zwischen der Kleingartenanlage und der Wahnfriedallee nach Osten.

Nach Johanneskirchen Wir überqueren die Cosimastraße und folgen noch etwa einen halben Kilometer dem Grünzug nach Osten, bis wir kurz nach dem Spielplatz links in die Stradellastraße abbiegen. Wir folgen dem Grünzug weiter nach Norden und erreichen nach etwa einem halben Kilometer den Salzsenderweg. Weiter auf dem Ringofenweg kommen wir zur Wohnanlage an der Grimmeisenstraße. Unser Weiterweg überquert die Grimmeisenstraße und führt durch die beiden Torbögen hindurch bis zur Ampel an der Johanneskirchner Straße. Dort überqueren wir die Straße und erreichen die **S-Bahnstation Johanneskirchen**.

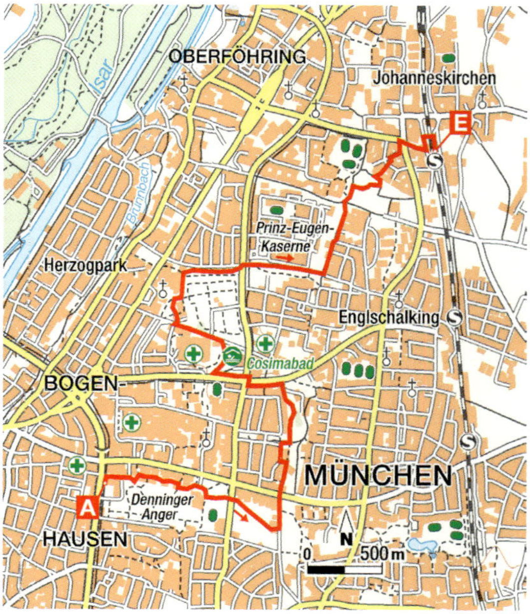


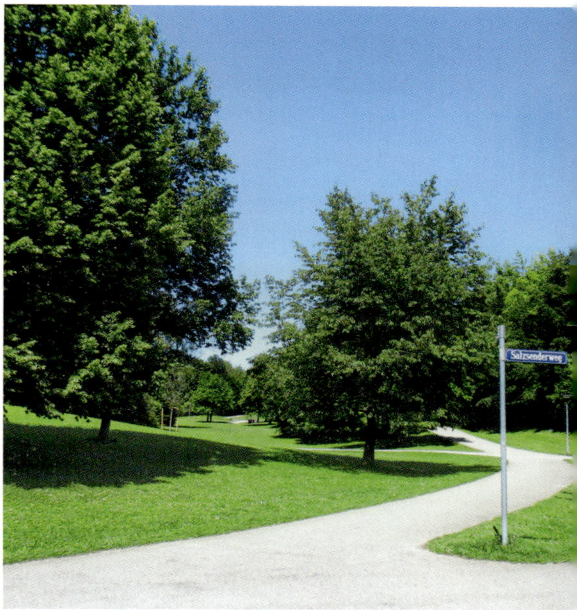


## Wissenswertes

Seit Ende des Mittelalters bis in die Mitte des 20. Jh. wurden die Häuser Münchens aus Ziegeln gebaut. Die Frauenkirche ist ein typisches Beispiel der sogenannten Backsteingotik. Dieser Baustoff wird aus Lehm gewonnen. In der Umgebung von München war er vor allem auf der Hochfläche im Osten der Stadt zu finden. Eine **Lehmzunge** erstreckte sich von Ramersdorf bis nach Ismaning, wo in etwa 100 Ziegeleien der »Loam« (bairisch für Lehm, deshalb auch »Berg am Loam«) zu Ziegeln verarbeitet wurden. Um 1900 kamen die ersten italienischen Gastarbeiter nach München, um in den Sommermonaten unter heute als menschenunwürdig erachteten Bedingungen hier zu arbeiten. Mit den Ziegeleien kam mancher Bauer als »Loambaron« zu Wohlstand.

Das **Höchl-Schlössl** wurde als Wohnanwesen des Stadtbaumeisters Joseph Höchl um 1800 errichtet. Er erwarb mehrere Ziegeleien in Bogenhausen. Das machte ihn reich, und so wurde er in der Zeit König Ludwigs I. zum größten Bauunternehmer Münchens.

Auf der **Salzstraße** wurde im frühen Mittelalter das Reichenhaller »Gold« nach Augsburg transportiert. Heinrich der Löwe ließ 1158 die Brücke des Freisinger Bischofs in Föhring zerstören – die Geburtsstunde der Stadt München, denn seitdem musste die kostbare Fracht beim kleinen Ort Munichen (»bei den Mönchen«) über die Isar gebracht werden, und der Brückenzoll machte die Münchner Herzöge und Patrizier reich. Auch die Bürger profitierten, besaß die Stadt doch das sogenannte Niederlage- oder Stapelrecht, d. h., das Salz musste für einige Tage in der Stadt abgeladen und zum Verkauf angeboten werden, bevor es weitertransportiert werden durfte.

# Tiere in und um München

Wandervögel, wie der Name schon sagt, interessieren sich meist auch für die Tierwelt. Deshalb darf ein kleines Kapitel zur Tierwelt Münchens in solch einem Bücherl natürlich nicht fehlen. Es ist erstaunlich, welche Tiere, als Kulturfolger, innerhalb der Stadtgrenzen zu finden sind. Das häufigste Tier, dem man auf diesen Wanderungen begegnen wird, ist allerdings der Hund. Auf jedes andere Tier, das Sie sehen werden, kommen geschätzt (oder zumindest gefühlt) 15 Hunde.

Neben kleinen Säugern wie Igeln, Eichhörnchen, Maulwürfen, Steinmardern, Mäusen usw., die nicht auffallen und überall zu finden sind, gibt es auch eine ganze Reihe von großen Wildtieren mitten in der Stadt, was man so nicht vermuten würde, z. B. Rehe, die in allen Wäldern der Stadt leben und sogar im Nymphenburger Schlosspark zu finden sind. In allen Parks kann man bei Beginn der Dämmerung auch Wildkaninchen beobachten, sogar in der Nähe des Stachus. Feldhasen haben es da schon schwerer, aber auf den großen Feldern im Norden kann man sie zumindest im Frühjahr entdecken. Füchse kommen im gesamten Stadtgebiet vor, es soll sogar schon einer am Marienplatz gesichtet worden sein. Der Dachs, unsere größte einheimische Marderart, soll sowohl im Englischen Garten als auch in der Aubinger Lohe und im Allacher Forst leben. Im Gegensatz zu anderen Großstädten wie Berlin sind Wildschweine bis jetzt nur im Wildpark des Forstenrieder Parks heimisch. Hier in den großen Forsten im Süden Münchens leben auch Rothirsche, man findet sie angeblich auch im nördlichen Teil des Englischen Gartens. Die Spuren eines anderen Säugers sind in den letzten Jahren häufig zu finden, nämlich die des Bibers. An der Isar am Deutschen Museum lebte er schon lange, nun hat er auch alle anderen Flüsse und Bäche Münchens entdeckt und besiedelt, z. B. die Seen und Kanäle im Norden. Seine Nagespuren an den Uferbäumen fallen ins Auge, ihn selbst bekommen aber nur wenige zu sehen.

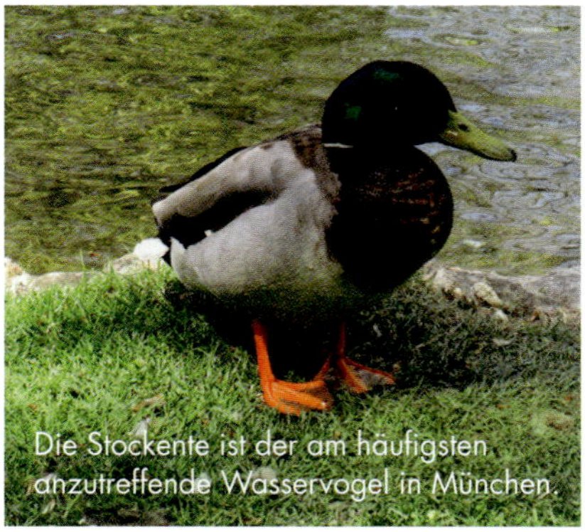

Die Stockente ist der am häufigsten anzutreffende Wasservogel in München.

Wenn man im Sommer spät abends noch unterwegs ist, sieht man inzwischen wieder häufig Fledermäuse, die in der Dämmerung auf Insektenjagd gehen.

Im Stadtgebiet leben sehr viele Vogelarten, mehr als auf dem Land, wo ihnen durch die industrialisierte Landwirtschaft mehr und mehr der natürliche Lebensraum entzogen wird. Zu sehen sind alle Arten von Singvögeln, aber auch Spechte, Eichelhäher, Mauersegler, Raben, Krähen und Elstern. An den Gewässern sind verschiedene Arten von Wasservögeln zu finden. Neben den bekannten Entenarten sei auf kleine Populationen von Mandarinenten hingewiesen, die z. B. im Englischen Garten leben und dort in Baumhöhlen brüten. Weiterhin sind hier das ganze Jahr Wildgänse wie Grau- und Kanadagänse, neuerdings auch Weißwangengänse zu finden. Die Steintaube, im Bereich der Altstadt als Problemvogel angesehen, ist im Grünen eher selten anzutreffen. In den Heiden im Norden brütet der Kiebitz; diese Wiesen dürfen im Frühjahr deshalb nicht betreten werden.

Reptilien und Amphibien leben eher versteckt, man kann ihnen aber auch in der Stadt begegnen: In den Isarauen und in den Lohwäldern sieht man hin und wieder Kreuzottern, und die Ringelnatter ist in der Gegend des ehemaligen Dachauer Mooses heimisch. Besonders im zeitigen Frühjahr findet man an den Straßenrändern Krötenzäune, mit denen verhindert werden soll, dass Lurche auf dem Weg zu ihren Laichplätzen totgefahren werden. Die stark gefährdete Wechselkröte hat im Bereich der Garchinger Heide einen ihrer bevorzugten Lebensräume.

Die Isar ist im Bereich der Stadt München eine Äschen-Region. In ihr finden sich zudem Regenbogen- und Bachforellen, Huchen, Nasen, Barben, Aiteln, Aale und Hechte. Sie lassen sich von vielen Isarbrücken aus gut beobachten. Es gibt auch eine kleine Population von knapp hundert Rot- und Gelbwangenschildkröten im Westpark, die hier wohl nach kurzem Aufenthalt in einem heimischen Aquarium im Mollsee ausgesetzt wurden. Da der Winter bei uns für sie viel zu kalt ist, werden sie inzwischen regelmäßig eingefangen und in die Reptilien-Auffangstation gebracht.

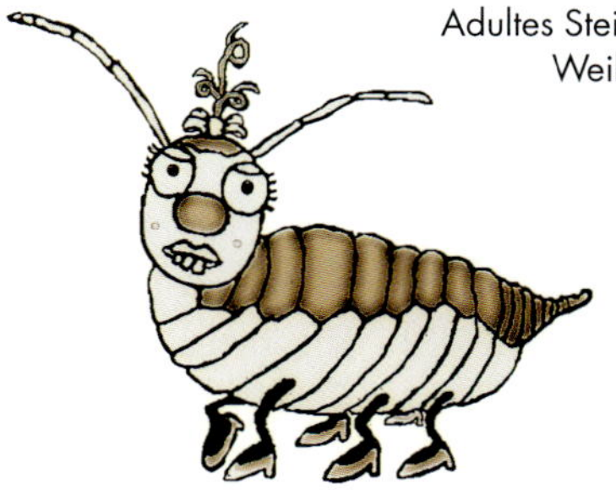

Adultes Steinlaus-Weibchen

Zum Schluss muss noch – augenzwinkernd – auf die Steinlaus (Petrophaga lorioti) hingewiesen werden. Sie ist im Großraum München häufig zu finden, bieten doch sowohl die Gegebenheiten der Schotterebene als auch die der Großstadt diesem winzigen Tier ideale Lebensvoraussetzungen. Besonders ist die häufig anzutreffende Unterart der Ziegelsteinlaus hier zu nennen. Wenn man den kleinen Nager nicht zu sehen bekommt, so sind seine Fraßspuren – ähnlich wie beim Biber – für den Kundigen unübersehbar, z. B. an den alten unverputzten Ziegelsteinmauern des Alten Münchner Südfriedhofs.

# 37 Die Feldkirchner Tangente

## Am alten Bahndamm zwischen Johanneskirchen und Riem

Leicht | 8,5 km | Keine Hm | 2.15 Std.

**Tourencharakter**
Überwiegend Kies- und Trampelpfade

**Ausgangspunkt**
S-Bahnhof Johanneskirchen (S8). GPS: 48.16829, 11.64597

**Endpunkt**
S-Bahnhof Feldkirchen (S2)

**MVV**
Man kann die Tour eventuell in Dornach unterbrechen (Buslinie 263).

**Einkehr**
Unterwegs keine

**Die ehemalige Feldkirchner Tangente diente noch vor 75 Jahren als Bahnverbindung vom Münchner Nordring zur Bahnstrecke München–Mühldorf. Heute ist von ihr nur noch ein Bahndamm übriggeblieben, der inzwischen unter Landschaftsschutz steht – man kann ihn aber wunderbar als kurzweiligen Wanderweg benutzen.**

Auf dem Bahndamm … Wir verlassen den **S-Bahnhof Johanneskirchen** auf der Ostseite und folgen der Musenbergstraße nach Norden bis zur Johanneskirchner Straße. Wir biegen rechts ab und kommen bald darauf zur **Kirche St. Johann Baptist**. Unser Weg zweigt links in die Gleisenbachstraße ab. Nach einem knappen Kilometer erreichen wir den Bahndamm der **Feldkirchner Tangente**. Nach der Unterführung führt unser Weiterweg rechts den Bahndamm hinauf.

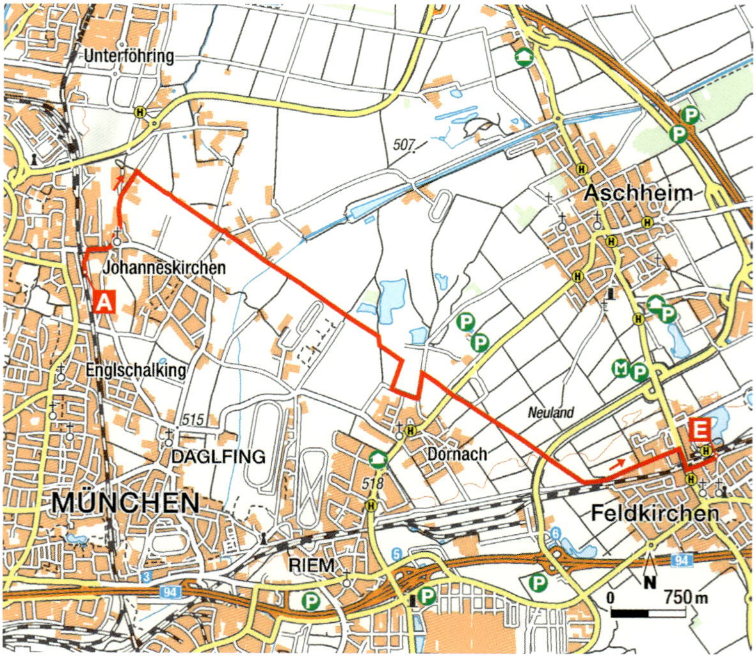

## Wissenswertes

Die romanische Kirche **St. Johann Baptist** lohnt einen Besuch. Sie ist eine der ältesten Kirchen innerhalb der Stadtgrenzen Münchens (13. Jh.) und wurde als Kirchenburg erbaut, d. h., sie ist auch heute noch von einer Ringmauer umgeben. So diente sie der Bevölkerung als Wehranlage und Zufluchtsstätte.
Die **Feldkirchner Tangente** war eine ca. 7,5 km lange Eisenbahnstrecke, die einst durch das flache, teils moorige Gelände des Johanneskirchner und des Erdinger Mooses führte. Dazu musste ein mehrere Meter hoher Damm aufgeschüttet bzw. ein nicht ganz so tiefer Graben angelegt werden. Er ist heute als geschützter Landschaftsbestandteil ausgewiesen.

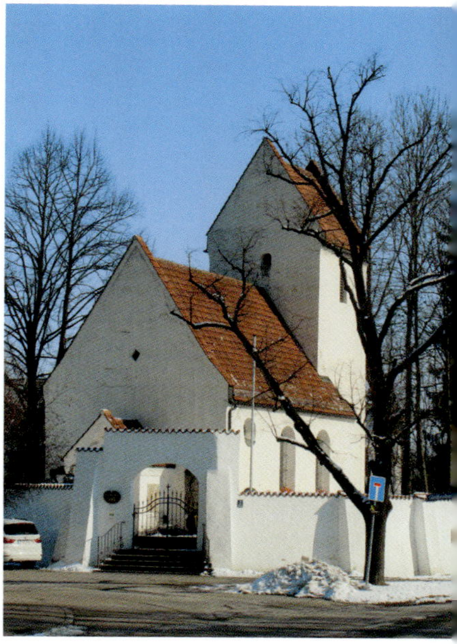

St. Johann Baptist, die erste Pfarrkirche der Urpfarrei Föhring, ist eine der ältesten Kirchen innerhalb Münchens.

Wir folgen nun der ehemaligen Bahntrasse bis zu einer Brücke über den **Hüllgraben**. Wir könnten auch auf der Straße nördlich der Traverse gehen, oben ist es aber schöner. Entlang der Trasse kann man sich eigentlich nicht verlaufen, nur einmal, nach dem links liegenden Kieswerk Radmer, müssen wir die ehemalige Bahntrasse verlassen, da hier nicht einmal ein Pfad vorhanden ist – hier gehen wir kurz nach rechts auf eine Sandstraße, um ein undurchdringliches Dickicht zu umgehen. (Für Pfadfindernaturen führt auch ein schmaler Pfad am Feldrand entlang.)

... bis nach Feldkirchen Wir kommen zu einem asphaltierten Radweg, der auf einer Brücke die ehemalige Bahntrasse überquert. Hier gehen wir links neben(!) dem Radweg den Feldweg entlang und biegen unter der Brücke wieder rechts ab. Der Weiterweg ist nicht zu verfehlen, wir wandern immer auf dem **Bahndamm**, später neben und in dem Graben weiter, in dem früher die Gleise verliefen. Dann geht's unter der St 2082 hindurch und bis zur Bahnlinie München–Mühldorf.
Wir biegen links ab, folgen zuerst dem Feldweg, der in der Ortschaft zur Dornacher Straße wird, bis zur Aschheimer Straße und biegen dort rechts ab. Nachdem wir die Bahngleise überquert haben, folgen wir links der Raiffeisenstraße und kommen in Kürze zum **S-Bahnhof Feldkirchen**.

# 38 Von Johanneskirchen nach Ismaning

## Wasserspaß im Feringasee

Leicht | 11 km | Keine Hm | 3 Std.

**Tourencharakter**
Überwiegend Asphalt und Kiespfade

**Ausgangspunkt**
S-Bahnhof Johanneskirchen (S8). GPS: 48.16829, 11.64597

**Endpunkt**
S-Bahnhof Ismaning (S8)

**MVV**
Man kann die Tour nicht abkürzen.

**Einkehr**
Gasthof Feringasee, Kioske am Feringasee, Cafés in Ismaning

Im Osten Münchens wandern wir durch überwiegend landwirtschaftlich genutztes Bauernland.

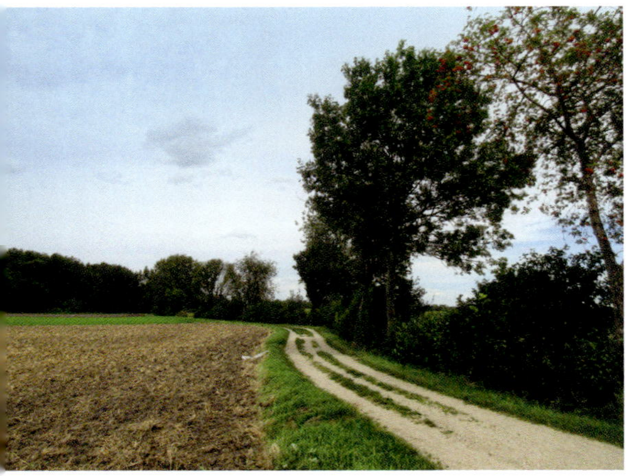

**Der Feringasee ist einer der beliebtesten Badeseen der Münchner. Der Weg dorthin ist aber weit und meist ohne Schatten, also darf man im Sommer weder eine Kappe noch etwas zu trinken bzw. die Badesachen vergessen. Der Weiterweg führt über den Isarkanal nach Ismaning, das einst zum Hochstift Freising gehörte und heute im Landkreis München liegt.**

Badefreuden am Feringasee Wir verlassen den **S-Bahnhof Johanneskirchen** auf der Ostseite und folgen der Musenbergstraße nach Norden bis zur Johanneskirchner Straße. Wir biegen rechts ab und kommen bald darauf zur **Kirche St. Johann Baptist**. Unser Weiterweg zweigt links in die Gleisenbachstraße ab. Nach einem knappen Kilometer erreichen wir den Bahndamm der Feldkirchner Tangente, und nach der Unterführung weist uns ein Wegweiser nach links Richtung Feringasee.
Wir folgen nun etwa einen Kilometer dem Etzweg, überqueren dabei die Autostraße M 3 und die Dieselstraße. Nach dem Entsorgungsunternehmen Matzinger biegen wir rechts in den Feldweg ab, der uns schnell zum Flüsschen **Geisach** bringt, dem wir nun bis zum **Feringasee** folgen. Es ist egal, ob wir links (etwas kürzer) oder rechts (etwas länger) um den See herumwandern – bei schönem Wetter werden wir der Versuchung nicht widerstehen, kurz ins Wasser zu springen. Ansonsten können wir in die Gaststätte einkehren oder an einem der Kioske Brotzeit machen.

Isarkanal und Eisweiher Egal wie wir gegangen sind: Wir verlassen das Erholungs- und Freizeitgelände im Nordwesten, folgen entlang der Kleingartenanlage dem Aschheimer Weg und kommen schließlich wieder zum Etzweg, dem wir nach rechts bis zum

**Isarkanal** folgen. Über die Moosbahnbrücke wechseln wir auf die andere Seite und folgen dem Isarkanal einen guten Kilometer. Dabei können wir den unteren oder den oberen Weg wählen – mit Kindern muss man hier aufpassen, Schilder warnen vor einem Sturz in den Kanal.

Bei einer kleinen Treppe biegen wir links nach Norden ab und erreichen nach einem halben Kilometer das **Schinder Taxet**, ein kleines Nadelholzwäldchen. Wir gehen geradeaus weiter und kommen zum **Eisweiher** und somit zum Grünzug auf dem S-Bahntunnel. Diesem folgen wir bis zum **S-Bahnhof Ismaning**.

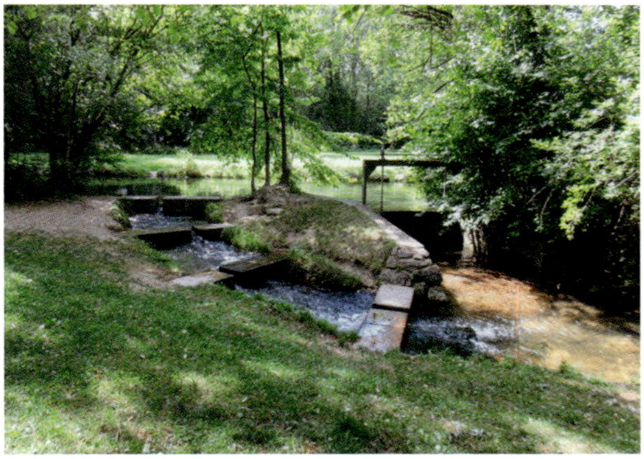

Brücke und Wehr über den Seebach in Ismaning

## Wissenswertes

Der Name **Feringasee** geht auf die lateinische Bezeichnung von Föhring zurück. Der See war einst ein Baggersee und dient heute den Münchnern als beliebtes Naherholungsgebiet. Achtung, das Gewässer kann von Zerkarien-Larven befallen sein, die einen Ausschlag (Zerkariendermatitis) verursachen können.

Daxet oder **Taxet** ist die mundartliche Bezeichnung für ein kleines Nadelholzwäldchen, der Altbaier kennt auch die Daxn, also die Tannen- oder Fichtenzweige, aus denen z. B. der Adventskranz gebunden wird. Der **Schinder** war der Abdecker, der tote Tiere entsorgen musste.

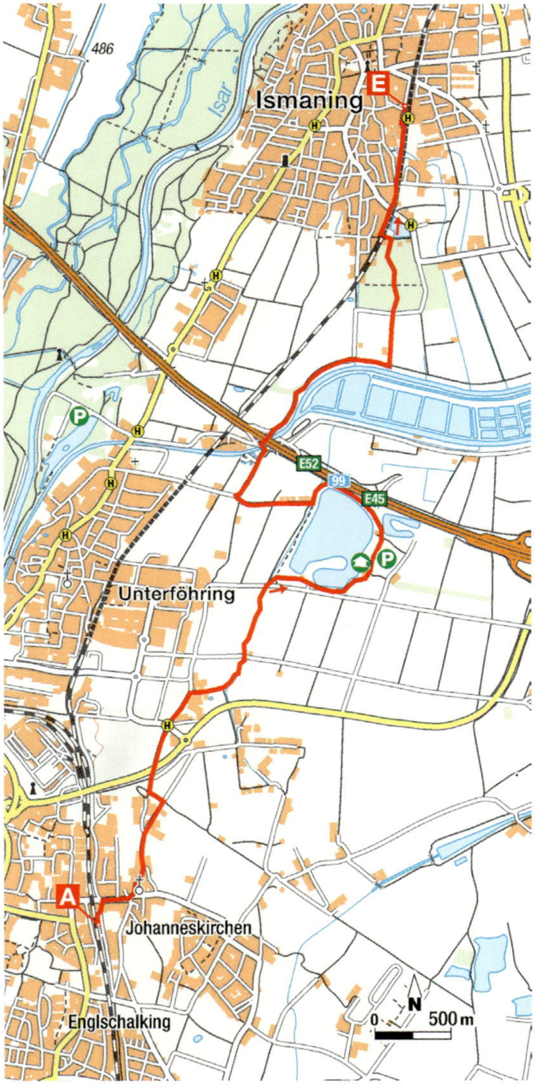

# 39 Am Hüllgraben entlang

## Durch das ehemalige Johanneskirchner Moos

Leicht | 8,2 km | Keine Hm | 2 Std.

**Tourencharakter**
Überwiegend Asphalt und Kiespfade

**Ausgangspunkt**
S-Bahnhof Riem (S2).
GPS: 48.14414,11.67857

**Endpunkt**
Bushaltestelle Gartenstraße/ Aschheim (Linien 230, 234)

**MVV**
Man kann die Tour nicht abkürzen.

**Einkehr**
Unterwegs keine

**Eine Tour entlang des Hüll- und des Abfanggrabens durch das heute intensiv landwirtschaftlich genutzte Johanneskirchner Moos ist nicht allzu lang und hat ihren speziellen Reiz, denn zahlreiche kleine Biotope säumen den Weg durch die freie weite Landschaft.**

Über die Felder … Wir verlassen den **S-Bahnhof Riem** und folgen den Gleisen nach Westen zur Graf-Lehndorff-Straße. Hier gehen wir am Bahnübergang nach rechts und gleich wieder links. Wir folgen zuerst der Frobenstraße, biegen dann links beim **Denkmal »Der Pferdebändiger«** in die Landshamer Straße ab und erreichen schließlich den **Hüllgraben**, dem wir nun mal mehr, mal weniger folgen. Wir gehen den Pfad nach Norden, bis wir auf die Feldkirchner Straße treffen, in die wir links und gleich wieder rechts abbiegen. An der Schichtlstraße wenden wir

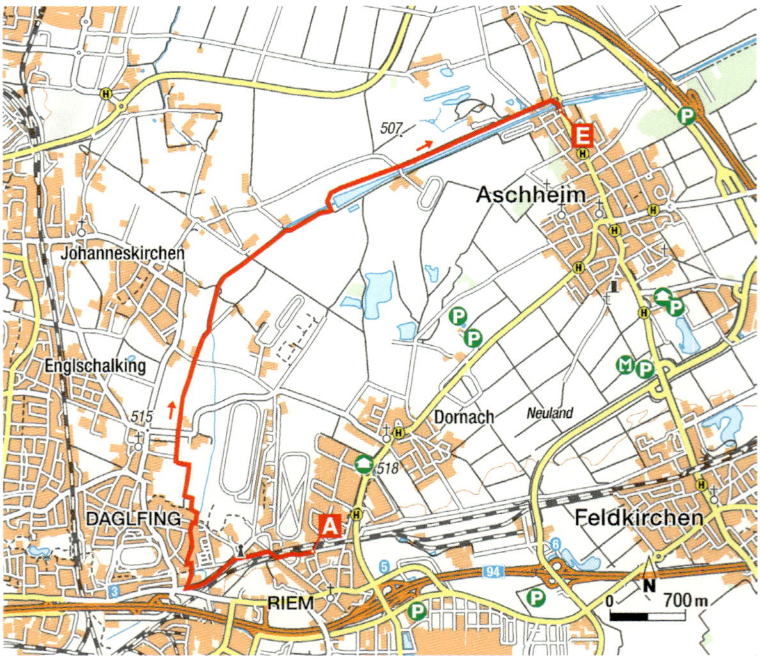

## Wissenswertes

Der **Hüllgraben** ist ein künstlich angelegter Wasserlauf und die Fortsetzung des unterirdisch zugeleiteten Hachinger Bachs. Es gibt übrigens zwei Hüllgräben – in Daglfing vereinigt sich der oben genannte mit dem Truderinger Hüllgraben. Von dort aus fließt er zunächst nach Norden, dann nach Nordosten. Über den Auffanggraben verlässt er die Landeshauptstadt und wird in den Ismaninger Speichersee geleitet. All diese Gewässer haben sich zu wertvollen Biotopen entwickelt.

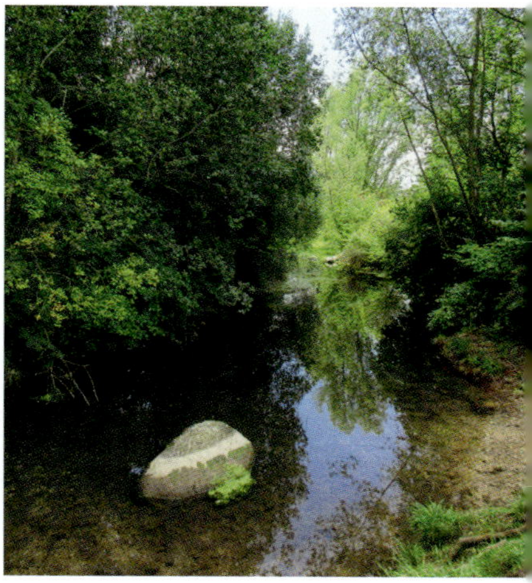

Das Wasser des Hüllgrabens fließt durch die Grünanlage Am Riemer Feld.

kurz nach rechts und gehen links am Rand des Ufers in die **Anlage Am Riemer Feld** hinein. Nun links um die Kleingartenanlage herum und bald zu einem Parkplatz. Hier können wir den Feldweg links nehmen, der kurz darauf nach Norden abbiegt.

... zu Tangente und Abfanggraben Nach etwa einem Kilometer passieren wir die Salzstraße und erreichen kurz darauf wieder das Ufer des Hüllgrabens, der kleine Trampelpfad daneben ist unser Weiterweg. Nach einem knappen Kilometer kommen wir zur **Feldkirchner Tangente** (s. Tour 37). Wir bleiben auf dem Pfad am Ufer, gelangen bei einer kleinen Brücke zu einer Fahrstraße und schließlich zur Einmündung des Hüllgrabens in das Becken des **Abfanggrabens**. Ob wir nun auf der linken oder rechten Seite weitergehen, ist egal – der bequemere Weg führt ab der nächsten Brücke auf alle Fälle auf der rechten, nordwestlichen Seite weiter.
Zwischen Abfanggraben und dem Golfplatz München-Aschheim erreichen wir die Ismaninger Straße (B 471), biegen auf sie nach rechts ab und erreichen nach 200 Metern die **Bushaltestelle Gartenstraße**.

## Variante

Ab dem Riemer Feld können wir eigentlich immer am Hüllgraben entlanggehen. Das erste Stück ist aber sehr schmal und führt z. T. recht abschüssig am Ufer entlang – es braucht hier also eine gute Portion Trittsicherheit. Nach einer Brücke führt ein Trampelpfad am Bach entlang (am besten am linken Ufer weiter).

# 40 Vom Marienplatz nach Großhesselohe

## Auf dem Jakobsweg raus aus München

Leicht | 11,5 km | ↑ 120 Hm ↓ 90 Hm | 3 Std.

**Tourencharakter**
Überwiegend Asphalt und Kiespfade

**Ausgangspunkt**
Mariensäule am Marienplatz (zahlreiche MVV-Anbindungen). GPS: 48.13724, 11.57551

**Endpunkt**
S-Bahnhof Großhesselohe (S7)

**MVV**
Man kann die Tour an folgenden MVV-Haltestellen unterbrechen: Brudermühlstraße (U3), Candidplatz (U1), Tierpark Hellabrunn (Buslinie 52), Thalkirchen (U3).

**Einkehr**
Flaucherwirtschaft, Ronnie's Kiosk, Waldwirtschaft

**Noch einmal der Klassiker Isartal vom Marienplatz aus – das ist auch der erste Abschnitt auf dem Weg nach Venedig bzw. auf dem Jakobsweg nach Santiago de Compostela. Für die meisten Wanderfreunde wird die Wanderung allerdings in der Waldwirtschaft im Isartal oder spätestens in Grünwald zu Ende sein. Auch hier gibt es einige Teilstrecken, die nicht allgemein bekannt sind.**

Viktualien-, Rindermarkt und Asamkirche Von der **Mariensäule am Marienplatz** gehen wir zuerst zum **Alten Rathaus**, um der »Julia«, einem Geschenk der Partnerstadt Verona, einen kurzen Besuch abzustatten – falls wir nun quer über die Alpen nach Verona wollen, ist das natürlich Pflicht! In der Metzgerzeile am **Viktualienmarkt** hat man noch die Gelegenheit, sich eine Leberkässemmel zu kaufen, eine Münchner Brotzeitspezialität, die man als München-Besucher auf keinen Fall versäumen darf. Dann steigen wir wieder das Petersbergl hinauf und gehen über den **Rindermarkt** zur Sendlinger Straße. Hier endete einst die Stadt München, die erste befestigte Siedlung Herzog Heinrichs des Löwen.

Rechts am Rinderbrunnen vorbei, biegen wir links in die Sendlinger Straße ein und folgen der Fußgängerzone weiter nach Süden. Kurz darauf erreichen wir die **Asamkirche**, ein weltbekanntes Rokoko-Kleinod, dessen Besuch man auf keinen Fall versäumen sollte (außer, es findet gerade eine Messe statt). Weiter geht es zum **Sendlinger Tor** am gleichnamigen Platz.

Alter Südfriedhof und Westermühlbach Wir überqueren ihn und biegen rechts in die Thalkirchner Straße ein. Beim **Stefanskirchl** führt unser Weg in den **Alten Südfriedhof** hinein. In diesem ehemaligen Pestfriedhof haben viele bekannte und berühmte Münchner und Zugezogene ihre letzte Ruhestätte gefunden. Bald treffen wir auf einen breiten Querweg, dem wir nach links folgen.

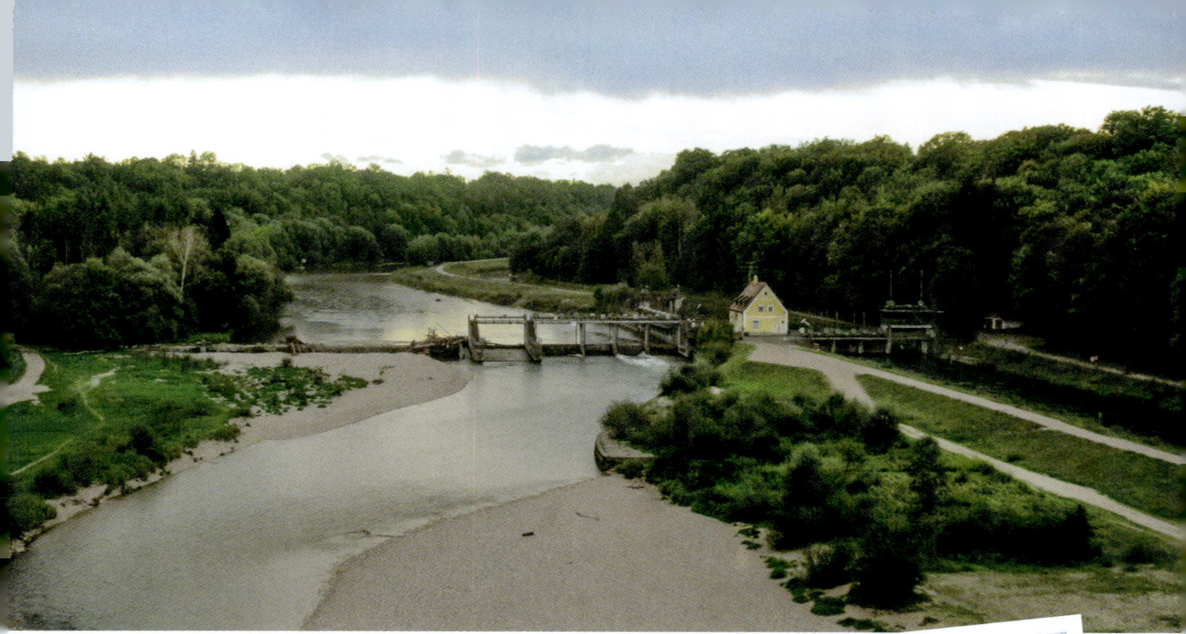

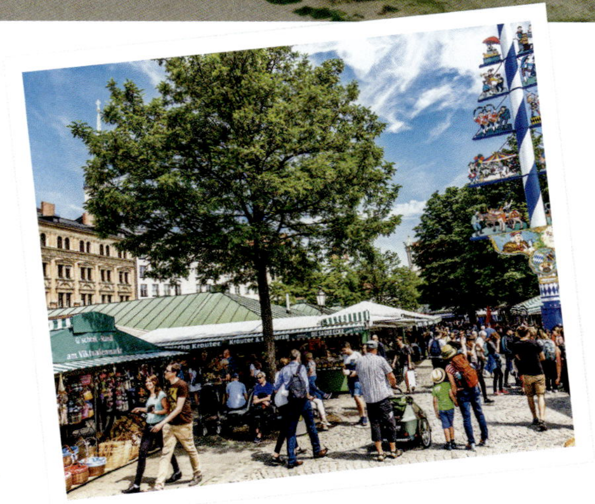

Wir verlassen den Friedhof, wenden uns an der Pestalozzistraße kurz nach rechts und biegen dann in den Grünzug ein, der am **Westermühlbach** entlang nach Süden führt. In einem Tunnel unterqueren wir die Kapuzinerstraße und kommen, immer am Bach entlang, zu mehreren kleinen Brücken. Wo wir uns den Weg suchen, ist egal, den Röcklplatz können wir nicht verfehlen. Wir überqueren die Auenstraße und biegen gleich in den kleinen Fußgängerweg rechts ein, der uns am Westermühlbach entlang in kurzer Zeit zum **Isarufer** bringt.

Der Viktualienmarkt, Münchens Feinschmecker-Meile

Ganz oben: Blick von der Großhesseloher Eisenbahnbrücke ins Isartal

Vom Flaucher nach Thalkirchen Nun wandern wir immer weiter isaraufwärts durch den **Flaucher**, unter der **Braunauer Eisenbahnbrücke** und der **Brudermühlbrücke** hindurch und vorbei an der **Flaucherwirtschaft** zur **Schinderbrücke**. Hier biegen wir links ab und gehen über den Schindersteg und weiter zur **Thalkirchner Brücke**, wo wir den Münchner **Tierpark Hellabrunn** erreichen.

Rechts über die Brücke biegen wir dann an der **U-Bahn-Haltestelle Thalkirchen** nach links in die Schäftlarnstraße und nach wenigen Metern gleich wieder rechts in die Fraunbergerstraße ein. Kurz darauf erreichen wir die **Wallfahrtskirche St. Maria Thalkirchen**, die ebenfalls einen kurzen Besuch lohnt.

Vom Hauptportal der Kirche führt uns der Kirchweg nach Süden zum **Gierlinger Park**, in den wir nach etwa 200 Metern nach rechts einbiegen. Unsere Wanderung bringt uns durch den Grünzug unter der Isarkante bis zum **Asamschlössl**, einst der repräsentative Landsitz des Barockkünstlers Cosmas Damian Asam, dem wir zusammen mit seinem Bruder den Bau der Asamkirche in der Sendlinger Straße verdanken. Heute wird das Gebäude als Gaststätte genutzt (hier würde die erste Variante nach links abzweigen).

Am Isarwehrkanal zur Waldwirtschaft Nachdem wir kurz nach links der Benediktbeuerer Straße gefolgt sind, biegen wir rechts in den Hinterbrühler Weg ein, dem wir etwa einen Kilometer bis zum **Gasthof Hinterbrühl** folgen. Unser Weg führt weiter nach Süden, zuerst am Ländkanal und dann am **Isarwerkkanal** entlang, wo man im Sommer ab dem Nachmittag die Flöße beobachten kann, mit denen sich das Partyvolk von Wolfratshausen nach München treiben lässt – eine Mordsgaudi, aber nicht ganz billig.

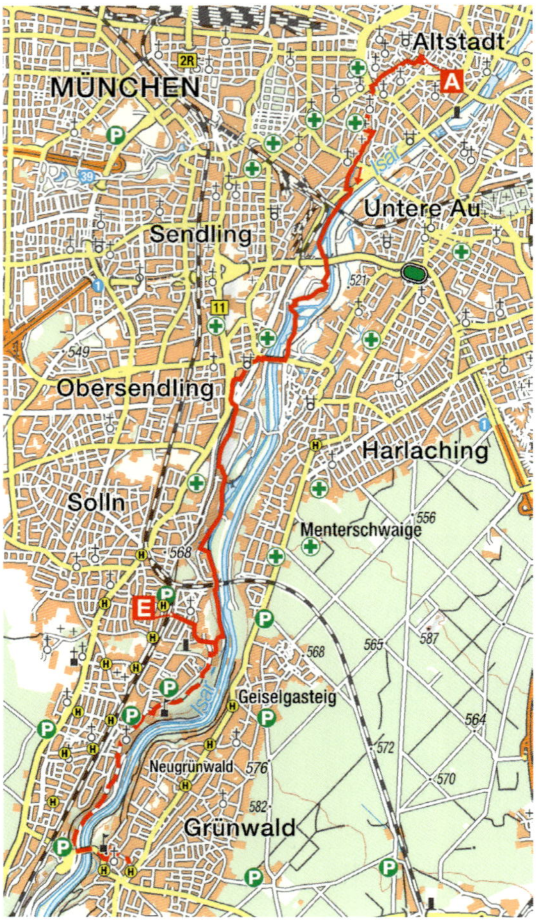


Bei der **Großhesseloher Eisenbahnbrücke** erreichen wir in etwa die Münchner Stadtgrenze im Süden. Hinter **Ronnie's Kiosk** führt unser Weg nach rechts und etwas später die Isarleite hinauf zu unserem Ziel, zur **Waldwirtschaft**. Nach einer zünftigen Einkehr führt unser Weg dann über die Georg-Kalb-Straße und rechts abbiegend durch die Kastanienallee zur **S-Bahnstation Großhesseloher Isartalbahnhof**.

## Varianten

- Vom Asamschlössl können wir links die Benediktbeuerer Straße nehmen; nach kurzer Zeit überqueren wir die Zentralländstraße, gehen links haltend über die Brücke über den Mühlbach und biegen rechts in die Floßlände ein. Wir folgen dem Ländkanal nun bis zum Hinterbrühler See, wo wir beim Gasthof Hinterbrühl wieder auf die vorgeschlagene Originalroute treffen.

• Für noch nicht ausgelastete Wanderer bietet es sich an, von der Waldwirtschaft noch weiter isaraufwärts bis Grünwald zu wandern (dadurch verlängert sich die Route um 5 auf 16,5 km): Von der Waldwirtschaft geht es weiter Richtung Süden immer am Isarhochufer entlang zur Burg Schwaneck. Der Weg führt durch die Ortschaft Pullach, bis wir nach etwa einem Kilometer wieder im Grünen weiterwandern können. Kurz vor Höllriegelskreuth kommen wir an einigen Hügelgräbern vorbei.
Bei der Grünwalder Brücke biegen wir rechts ab und erreichen nach etwa einem halben Kilometer den S-Bahnhof Höllriegelskreuth oder wir gehen über die Isarbrücke zur Straßenbahnhaltestelle Grünwald (Linie 25).

• Für hartgesottene Wanderer: Wir wandern weiter durchs Isartal – für den Jakobsweg muss man beim Kloster Schäftlarn rechts abbiegen, nach Venedig geht's geradeaus an der Isar entlang.

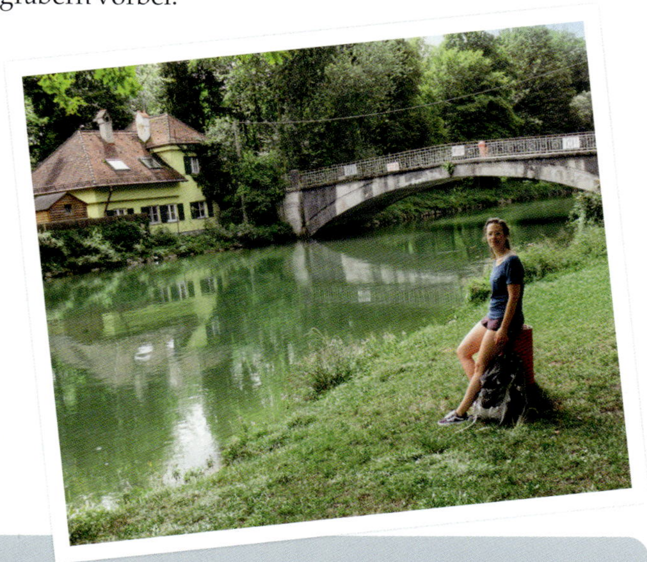

Klassiker Oberes Isartal: Hier geht's Richtung Münchner Hausberge.

## Wissenswertes

Die Wanderung führt in der Nähe der **Zentrallände** vorbei, die in Thalkirchen am Ende des Floßkanals liegt. Als München gegründet wurde, dienten die Isarflöße dem Holz- und Waren-, später auch dem Personentransport. Das Bauholz für den Dachstuhl der Münchner Frauenkirche schwamm z. B. die Isar hinab, und ab dem 16. Jh. kamen auch »welsche Waren« aus Venedig auf diesem Weg herbei, die in Mittenwald auf die nasse Rott umgeladen wurden. Früher gab es mehrere Floßländen (also Anlegestellen für Flöße). Die letzte heute noch verbliebene Floßlände, sie wurde 1899 gebaut, wird heute nur noch für Ausflugsfloßfahrten genutzt. Allerdings fahren die Flöße nur in der warmen Jahreszeit, also zwischen dem 1. Mai und Mitte September, dann endet mit der traditionellen »Eisfahrt« die Floßsaison. Das Vergnügen dauert fünf bis sieben Stunden, die befahrene Streckenlänge von Wolfratshausen nach Thalkirchen ist ca. 28 km lang. Unterwegs gibt es normalerweise in einem Wirtshaus ein Mittagessen. Bei Mühlthal wird die größte Floßrutsche Europas befahren bzw. »obig'rutscht«, eine Gaudi sowohl für die Floßfahrer als auch für die Zuschauer. Der Spaß ist allerdings nicht billig, mit ca. 170 Euro ist man dabei – pro Person, wohlgemerkt, und auch nur, wenn man rechtzeitig, sprich: etwa ein Jahr im Voraus gebucht hat.

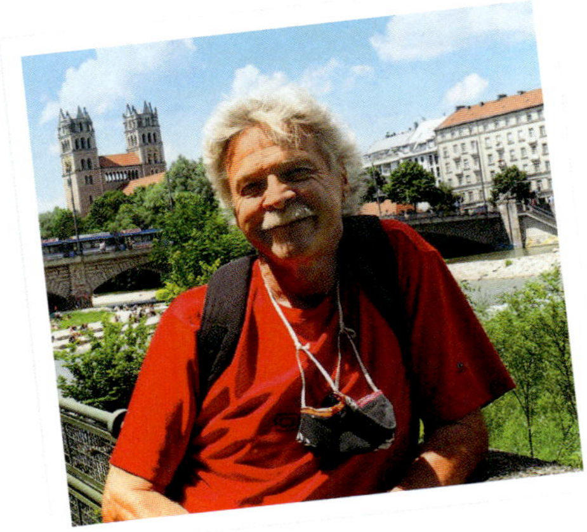

# Zugabe

***Ich hätte nie gedacht,*** *dass aus der witzigen Idee, für meine Bergspezln einen Wanderführer für München zu schreiben, tatsächlich ein Buch wird. Und so wie es aussieht, ein praktisches Buch für viele, die im Augenblick Erholung in nächster Umgebung suchen (müssen).*

***Zugegeben,*** *mit dem Panorama vom Rotwandhaus kann der Ausblick vom Fröttmaninger Schuttberg nicht mithalten. Aber wer hätte gedacht, dass sich auch in der nahen Umgebung der Stadt lohnende Wanderungen finden? Natürlich keine Geheimtipps, wie soll das in einer Großstadt auch möglich sein? Ich wünsche also allen München-Wanderern, dass sie die stillen und weniger bekannten Eckerl und Fleckerl Münchens kennen und lieben lernen, und hoffe, dass diese Touren nicht nur aus Verlegenheit – weil halt nix Besseres hergeht – gemacht werden.*

***Und noch ein kleiner Rat zum Schluss:*** *Schickt's euch! Wenn München weiter so rasant wächst, dann werden bald einige Touren nicht mehr zu machen sein. Also, auf geht's – morgen ist es vielleicht für die eine oder andere Tour schon zu spät.*

***Ganz zum Schluss noch eine kleine Bemerkung:*** *Wer jetzt glaubt, dass das Bücherl von einem Flachlandtiroler geschrieben worden ist, der nicht in die Berge kommt, den muss ich enttäuschen. Immerhin bin ich schon durchs Höllental auf die Zugspitze gestiegen, auf dem Similaun gestanden, aufs Totenkirchl geklettert, den Kaiser-Max-Klettersteig hinaufgeturnt, zu Fuß von München bis (fast) nach Venedig marschiert und hab auf der Capanna Regina Margherita Kaffee getrunken.*

*Viel Freude beim München-Entdecken wünscht*

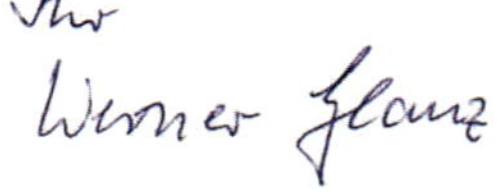

# Register

# Ebenfalls erhältlich …

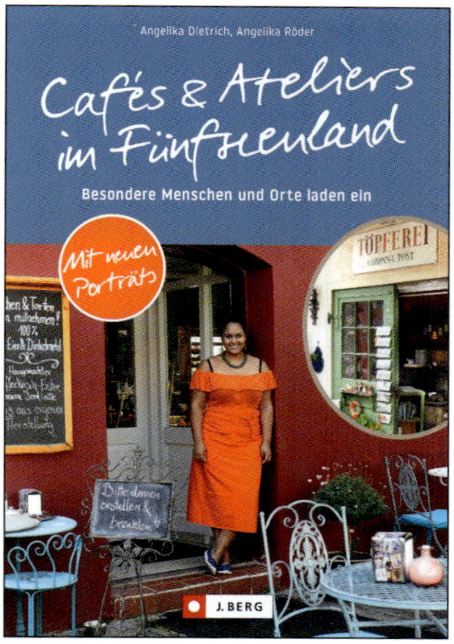


ISBN 978-3-86246-605-4

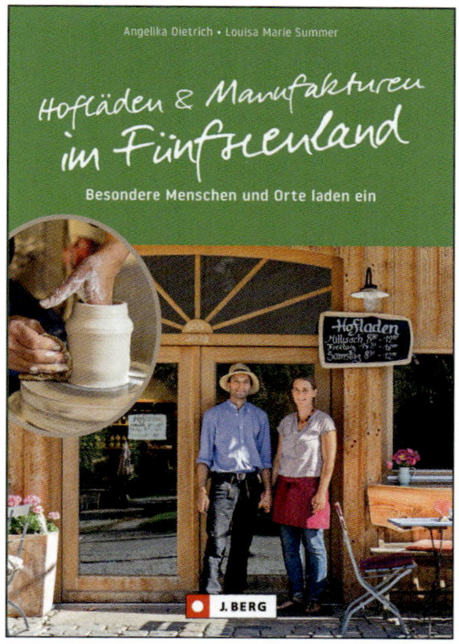


ISBN 978-3-86246-740-2

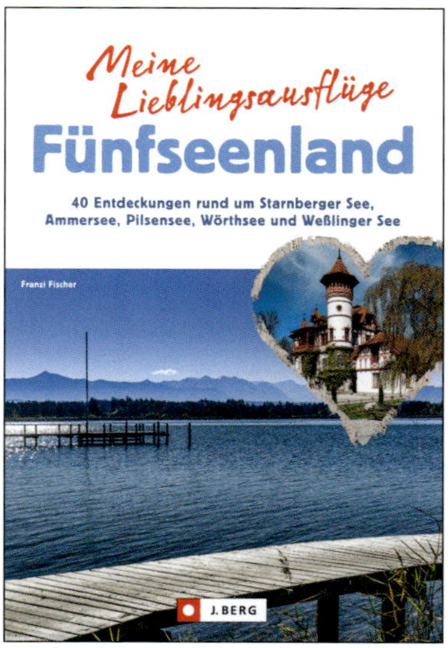


ISBN 978-3-86246-538-5

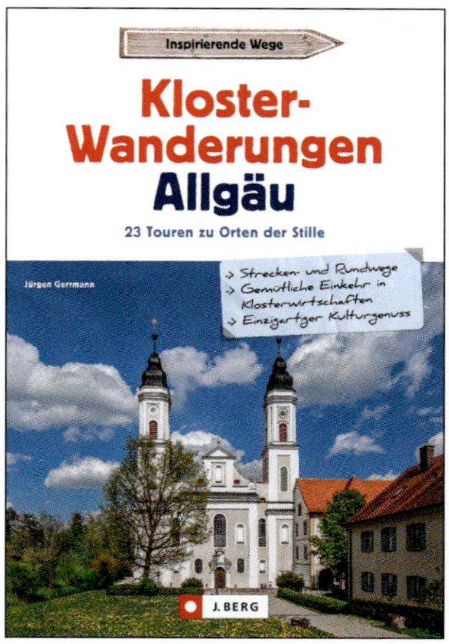


ISBN 978-3-86246-626-9

J. BERG

www.j-berg-verlag.de

# Impressum

Verantwortlich: Sabine Klingan
Redaktion: Anette Späth
Layout: Eva-Maria Klaffenböck
Repro: Cromika
Kartografie: Bruckmann Verlag GmbH, Heidi Schmalfuß
Herstellung: Stephanie Schlemmer
Printed in Slovenia by Florjancic

★★★★★

Sind Sie mit diesem Titel zufrieden? Dann würden wir uns über Ihre Weiterempfehlung freuen. Erzählen Sie es im Freundeskreis, berichten Sie Ihrem Buchhändler, oder bewerten Sie bei Onlinekauf. Und wenn Sie Kritik, Korrekturen, Aktualisierungen haben, freuen wir uns über Ihre Nachricht an Bruckmann Verlag, Postfach 40 02 09, D-80702 München oder per E-Mail an lektorat@verlagshaus.de.

Unser komplettes Programm finden Sie unter www.j-berg-verlag.de

Alle Angaben dieses Werkes wurden vom Autor sorgfältig recherchiert und auf den neuesten Stand gebracht sowie vom Verlag geprüft. Für die Richtigkeit der Angaben kann jedoch keine Haftung übernommen werden, weshalb die Nutzung auf eigene Gefahr erfolgt. Insbesondere bei GPS-Daten können Abweichungen nicht ausgeschlossen werden. Sollte dieses Werk Links auf Webseiten Dritter enthalten, so machen wir uns die Inhalte nicht zu eigen und übernehmen für die Inhalte keine Haftung.

In diesem Buch wird aus Gründen der besseren Lesbarkeit das generische Maskulinum verwendet. Weibliche und anderweitige Geschlechteridentitäten sind dabei ausdrücklich mitgemeint, soweit es für die Aussage erforderlich ist.

**Empfehlung der Redaktion**
Sie sind auf der Suche nach weiterführender Literatur? Dann empfehlen wir Ihnen den Titel »Raus ins Grüne München« von Lisa und Wilfried Bahnmüller. Oder Sie werfen einen Blick in die Zeitschrift »BERGSTEIGER«. Hier werden Sie bestimmt fündig.

Bildnachweis: Alle Bilder im Innenteil stammen vom Autor mit Ausnahme von S. 3 oben: Starz12/Shutterstock; S. 3 unten: Fotos593/Shutterstock, © Bayerische Schlösserverwaltung, www.schloesser.bayern.de; S. 8: streetflash; S. 11: RossHelen (alle Shutterstock); S. 14/15, 131 unten: SusaZoom; S. 25: Ernest Rose; S. 41: travelview (alle Shutterstock); S. 29: Nenad Nedomacki/Shutterstock, © Bayerische Schlösserverwaltung www.schloesser.bayern.de; S. 31: photopoems/Shutterstock; S. 35: guentermanaus/Shutterstock; S. 55: Juan Servera; S. 59: Jordan Tan; S. 63: Daniel Sarba (alle Shutterstock); S. 73: jeffersonfaber/Shutterstock, © Bayerische Schlösserverwaltung www.schloesser.bayern.de; S. 77: NaughtyNut; S. 110: Soru Epotok; S. 111: Sarah Bray (alle Shutterstock); S. 125: Thomas Glanz; S. 145: Leif Czerny auf Basis der Zeichung file:Steinlauswlp.png von Anton via Wikimedia Commons; S. 153: FooT-Too/Shutterstock; S. 13: Ursula Glanz; S. 43, 156 Angela Glanz; S. 17, 18, 21, 37, 75, 85, 105: Werner Glanz, © Bayerische Schlösserverwaltung, www.schloesser.bayern.de
Umschlagvorderseite: Im Oberen Isartal (Tour 40)
Umschlagrückseite: Lerchenauer See (Tour 13)

Die Deutsche Nationalbibliothek verzeichnet diese Publikation in der Deutschen Nationalbibliografie; detaillierte bibliografische Daten sind im Internet über http://dnb.d-nb.de abrufbar.

2., durchgesehene Auflage

Infanteriestraße 11a
80797 München

ISBN 978-3-86246-742-6